古籍保护研究

《古籍保护研究》编委会 编

第六辑

中原出版传媒集团
中原传媒股份公司
大象出版社
·郑州·

图书在版编目（CIP）数据

古籍保护研究. 第六辑／《古籍保护研究》编委会编.— 郑州：大象出版社，2020.10
ISBN 978-7-5711-0751-2

Ⅰ.①古… Ⅱ.①古… Ⅲ.①古籍-图书保护-中国-文集 Ⅳ.①G253.6-53

中国版本图书馆 CIP 数据核字（2020）第 173876 号

古籍保护研究（第六辑）
GUJI BAOHU YANJIU(DI-LIU JI)
《古籍保护研究》编委会　编

出 版 人	汪林中
责任编辑	吴韶明
责任校对	安德华
装帧设计	付锬锬

出版发行　大象出版社（郑州市郑东新区祥盛街 27 号　邮政编码 450016）
　　　　　　发行科　0371-63863551　总编室　0371-65597936

网　　　址	www.daxiang.cn
印　　　刷	郑州新海岸电脑彩色制印有限公司
经　　　销	各地新华书店经销
开　　　本	720 mm×1020 mm　1/16
印　　　张	13.5
字　　　数	232 千字
版　　　次	2020 年 10 月第 1 版　2020 年 10 月第 1 次印刷
定　　　价	58.00 元

若发现印、装质量问题，影响阅读，请与承印厂联系调换。
印厂地址　郑州市鼎尚街 15 号
邮政编码　450002　　　　电话　0371-67358093

国家古籍保护中心主办
天津师范大学古籍保护研究院承办

编辑委员会

顾　　　　问：李致忠　刘惠平　安平秋　顾　青
　　　　　　　史金波　杨玉良　王余光　程焕文
　　　　　　　郑杰文　李　培　王刘纯　沈　津
　　　　　　　艾思仁（美）
主　　　　编：饶　权　钟英华
常 务 副 主 编：张志清　姚伯岳
副　　主　　编：李国庆　林世田
编　　　　委：陈红彦　王红蕾　杜伟生　接　励
　　　　　　　顾　钢　黄显功　杨光辉　林　明
　　　　　　　刘家真　孔庆茂　陈　立　刘　强
　　　　　　　朱本军　吴晓云　刘心明　韦　力
编 辑 部 主 任：王振良
编辑部副主任：周余姣
编　　　　辑：凌一鸣　王鸳嘉　付　莉
　　　　　　　强　华　胡艳杰　李华伟
编　　　　务：李　理

目 录

古籍保护综述

2019年"中华古籍保护计划"实施情况综述
　　　　　　　　　　　　　　　　　国家古籍保护中心办公室　001
2019年"中华古籍保护计划"宣传工作综述
　　　　　　　　　　　　　　　　安　平　陈怡爽　赵洪雅　007
基于开放共享理念的古籍数字资源服务
　　——以"中华古籍保护计划"为中心……………………赵文友　021
民族高校图书馆古籍保护工作机制探索 ………………黄金东　029

普查与编目

全国古籍普查登记工作收尾及发展方向 ………………洪　琰　037
"国际视野下的图书馆古籍编目"高级研修班综述 …… 李　理　姚小燕　042
中国古籍编目标准化工作的回顾与展望 ………………鲍国强　049

保藏与修复

古籍修复技艺的传承与发展综述 ………………庄秀芬　杨照坤　063
中国古籍纸张老化特性研究 ……………………………吕淑贤　073

藏文古籍修复的探索与实践
　　——以纳格拉藏经的修复为例 ················· 杨敏仙　张庆尧　089
论宋代蝴蝶装的两种改装形式 ····················· 邱晓刚　邱　敏　098

再生与传播

试论古籍的"传承性保护"
　　——以甘肃省博物馆为例 ····················· 田　晨　周余姣　107
"古籍"名称英译刍议 ······································ 罗　彧　118

版本与鉴定

五台徐氏批校抄本《敦艮斋时文》考述 ························· 凌一鸣　127
国家图书馆古籍著录订误一则
　　——兼及《室名别号索引》失收二例 ····················· 翟新明　137

人才与培养

鉴往知来　作育英才
　　——谈古籍版本鉴定人才的培养 ························· 沈　津　142

历史与人物

藏书楼文化在中国文化传承中的历史地位
　　——以天一阁、文澜阁、退园为中心的调查 ········· 李勇慧　马晓钰　161

名家谈古籍

发明于清代的活字泥版和锡活字印书技术略述 ················· 李国庆　170

书评与书话

《陆心源全集》前言 ······································ 陈东辉　181

研究生园地

略论哈佛燕京图书馆齐如山藏书的再生性回归及价值 ············ 黎冬瑶　188

编后记 ··· 王振良　201

CONTENTS

1. An Overview of the Implementation of the Protection and Conservation Project for Ancient Chinese Books in 2019
   .... The Office of the National Preservation Center for Ancient Books 001

2. Reviews of the Publicity Work of the Protection and Conservation Project for Ancient Chinese Books in 2019
   .... An Ping, Chen Yishuang, Zhao Hongya 007

3. Digital Resource Service for Ancient Books Based on the Concept of Open Sharing: Focusing on the Protection and Conservation Project for Ancient Chinese Books .... Zhao Wenyou 021

4. A Research on Ancient Books Protection Mechanism in Library of University for Nationalities .... Huang Jindong 029

5. The Finishing Touches and the Developing Direction of the National Chinese Ancient Books General Investigation and Register Work ...... Hong Yan 037

6. Reviews of the Advanced Seminar of "Cataloging of Ancient Books in Libraries from a Global Perspective" .... Li Li, Yao Xiaoyan 042

7. The Review and Prospect of the Standardization of the Cataloguing of Chinese Rare Books .... Bao Guoqiang 049

8. An Overview of the Inheritance and Development of the Technique of Repairing Ancient Books .... Zhuang Xiufen, Yang Zhaokun 063

9. A Research on the Characteristics of Chinese Ancient Paper Aging
   .... Lü Shuxian 073

10. Exploration and Practice of the Restoration of Ancient Books in Tibetan: A Case Study of Nagela's Tripitaka .... Yang Minxian, Zhang Qingyao 089

11. On Two Modification Forms of Butterfly Binding
    .... Qiu Xiaogang, Qiu Min 098

12. On the Inheritance Conservation of Chinese Rare Books: Taking Gansu Provincial Museum as an Example .... Tian Chen, Zhou Yujiao 107

13. On the English Translation of the Name of "Ancient Books" ...... Luo Yu 118

14. A Study of the Manuscript of *Dungenzhai Shi Wen* by Xu Family in Wutai
    .... Ling Yiming 127

15. An Emendation to the Cataloguing of Ancient Books of the National Library of China: With Two Cases not Embodied in *The Index of Chinese Alias*
    .... Zhai Xinming 137

16. A Review and Outlook on the Talents Cultivation of Ancient Books Edition Identification .... Shen Jin 142

17. The Historical Position of Library Culture in Chinese Cultural Heritage: An Investigation Centered on the Tianyi Pavilion, Wenlan Pavilion and Xiayuan Garden .... Li Yonghui, Ma Xiaoyu 161

18. A Brief Description of the Printing Technology of Movable Type Clay Plate and Tin Movable Type in Qing Dynasty ·················· Li Guoqing　170

19. Preface to *The Complete Works of Lu Xinyuan* ··············· Chen Donghui　181

20. A Brief Discussion of the Reproduction Return and Value of Qi Rushan's Collection in Harvard-Yenching Library ························ Li Dongyao　188

2019年"中华古籍保护计划"实施情况综述

An Overview of the Implementation of the Protection and Conservation Project for Ancient Chinese Books in 2019

国家古籍保护中心办公室

摘　要：2019年，国家古籍保护中心和各省级古籍保护中心按照《"十三五"时期全国古籍保护工作规划》要求，深入推进古籍保护工作，坚持保护与利用并重，继续做好古籍普查、名录评审、人才培养、数字化、保护修复、整理出版和开发利用等工作，加强对古籍保护工作的宣传力度，"中华古籍保护计划"取得了一系列重要成果。

关键词：古籍保护；古籍普查；名录评审；人才培养；宣传推广

2019年是中华人民共和国成立70周年，更是完成古籍保护"十三五"规划的关键一年，全国古籍保护工作者紧密围绕"十三五"规划的目标任务，坚持重点，倒排进度，推进古籍保护各项工作，"中华古籍保护计划"各项工作有序开展。

一、围绕"十三五"规划，加强统筹协调，配合推进古籍保护相关国家重大项目

组织召开2019年全国省级古籍保护中心工作会议，以《"十三五"时期全国古籍保护工作规划》为时间表、路线图，部署2019年全国古籍保护重点工作。开展"中华古籍保护计划'十四五'发展规划预研调研"工作，进一步理清中华古籍保护计划"十四五"期间发展思路，为制定"十四五"规划提供参考依据。配合文化和旅游部做好山东大学"全球汉籍合璧工程"、《中华医藏》、《中华续道藏》等

项目的推进和协调等工作。

二、有序推进古籍普查登记，做好《全国古籍普查登记目录》出版、各类平台建设、数据成果发布等工作

（一）继续全面推进全国古籍普查登记工作。截至2019年12月底，全国古籍普查完成总量270余万部另1.8万函（含部分少数民族古籍数据，个别省份上报数据含民国数据），占预计总量的90%以上。2760家古籍收藏单位完成古籍普查登记工作，占预计总量的92%以上。同时，正式下发《古籍普查登记工作报告编制规范》，要求各省级古籍保护中心按照要求编制报告。

（二）加快《全国古籍普查登记目录》编纂出版速度。2019年新增出版65家收藏单位的15部15册《全国古籍普查登记目录》，累计完成301家收藏单位的《全国古籍普查登记目录》共计86种129册，收录91万余条款目。加大普查审校力度，全力保障审校。

（三）继续做好普查平台维护和数据发布工作。截至2019年12月底，"全国古籍普查登记基本数据库"新增发布48家单位古籍普查数据100394条905942册，累计发布217家单位古籍普查数据772861条7447203册。"2018—2020年度中华历代古籍书目数据库建设项目"完成第一批27万条的验收工作。

（四）继续推进《中华古籍总目》分省卷编制工作。目前，天津卷编纂基本完成，国图卷经部编纂完成。为更好推进分省卷编制工作，国家古籍保护中心于2019年3月下发《中华古籍总目编目手册》，向各省级古籍保护中心征求意见；6月组织专家召开《中华古籍总目编目手册》专家审定会，并根据专家意见修改。同时，在河南、广东举办3期《中华古籍总目》（分省卷）培训班。

（五）继续开展海外中华古籍调查。积极推进"海外中华古籍书目数据库""中华历代古籍书目数据库"建设以及"日本藏中国古籍总目""韩国藏中国古籍总目"编撰出版项目。

三、开展第六批《国家珍贵古籍名录》和"全国古籍重点保护单位"评审工作

开展第六批《国家珍贵古籍名录》和"全国古籍重点保护单位"评审工作。第六批国家珍贵古籍评审共收到全国31省（区、市）253家收藏单位和个人申报参评古籍3981部，16省（区、市）27家单位申报"全国古籍重点保护单位"。2019年3月初审会议完成，5月完成第六批《国家珍贵古籍名录》及"全国古籍重点保护单位"复核工作,6月完成第六批《国家珍贵古籍名录》复审工作,11月完成第六批《国家珍贵古籍名录》和"全国古籍重点保护单位"终审工作。下一步,将按照文化和旅游部要求,做好第六批评审推荐名单的上报工作。

同时,积极推动省级名录和古籍重点保护单位全覆盖,目前已有20个省(区、市)建立《省级珍贵古籍名录》,收录古籍25476部;19个省(区、市)命名246家"省级古籍重点保护单位"。

四、深入推进"三位一体"人才培养模式,加大古籍保护人才培养力度,拓宽人才培养渠道,推动古籍保护学科体系建设

(一)结合"十三五"工作重点开展古籍保护在职培训。面向古籍收藏机构从业人员,以培训带动古籍修复和普查审校工作,完成一批普查目录审校和一批馆藏珍贵古籍、拓片、民族古籍的修复工作。2019年共举办各类培训班22期,培训学员902人次。累计举办培训班221期,培训学员超过10640人次。

(二)推动古籍修复技艺传习工作。2019年增设吉林省图书馆、宁波市天一阁博物馆、厦门大学图书馆、南开大学图书馆为"古籍修复技艺传习所",增设西安碑林博物馆、山东省石刻艺术博物馆、桂海碑林博物馆(联合广西桂林图书馆)为"传拓技艺传习所"。国家级古籍修复技艺传习中心全国附设传习所达32家,传习导师21位,收徒241人。

(三)组织全国各省级古籍保护中心、国家级古籍修复中心、国家级古籍修复技艺传习所等单位,开展"全国古籍修复技艺竞赛暨古籍修复成果展示"活动,通过技艺竞赛展示古籍"中华古籍保护计划"实施以来的古籍修复技艺传承成果,进一步推广和提升古籍修复技艺。

(四)继续推进与高校的沟通与合作,在古籍保护高级人才培养方面创建条件,联合高校做好古籍保护专业硕士研究生培养工作,2019年全国新招收古籍保护专业硕士研究生38人。为促进古籍保护学科建设,建立人才培养长效机制,国家古籍保护中心组织编纂"古籍保护系列培训教材",推动古籍保护学科体系建设,总结古籍保护理论、古籍保护科技、古籍修复、古籍整理与利用等领域的学术研究成果。

五、继续加大古籍数字化力度,联合发布共享古籍资源

(一)依托国家图书馆丰富馆藏,采用多种方式开展数字资源建设。继续推进馆藏善本缩微胶片、普通古籍、少数民族文字古籍、日本永青文库捐赠汉籍等

数字化工作,对外购资源进行深加工。同时,与全国图书馆文献缩微复制中心合作,联合相关成员单位,启动缩微文献中心成员馆善本缩微胶片异质保存项目,保障重要文化遗产安全。

(二)推动古籍数字资源发布共享工作。2019年11月12日,举办古籍数字资源联合发布活动,国家图书馆(国家古籍保护中心)、吉林省图书馆、黑龙江省图书馆、南京图书馆、山东省图书馆、湖北省图书馆、云南省图书馆、宁波天一阁博物馆等20家单位联合发布古籍数字资源7200余部(件),免费服务大众阅览和学术研究。其中国家图书馆新发布善本古籍影像699部、日本永青文库捐赠汉籍影像17部、云南省图书馆善本古籍影像139部、芷兰斋藏稿抄校本古籍影像8部、明清碑刻拓片2595种等,"中华古籍资源库"发布古籍总量达到3.3万部,全国资源发布总量超过7.2万部,提前超额完成《"十三五"时期全国古籍保护工作规划》古籍资源发布任务。

六、以"国家级古籍修复中心"为依托,推进古籍修复工作,加强古籍原生性保护和科研建设

据统计,2019年12家国家级修复中心和西部文献修复中心修复古籍数量总计约30万页,全国累计修复古籍总量超过360万页,提前超额完成《"十三五"时期全国古籍保护工作规划》古籍修复目标。其中,国家图书馆开展的"天禄琳琅"修复项目已修复完成260余册。加强古籍保护科学化水平,编纂出版《水与纸质藏品的清洁修护》教材。加强古籍原生性保护,继续为馆藏古籍配置各类装具2万余个。支持古籍保护科技文化和旅游部重点实验室建设,开展古籍保护科学研究,在文献脱酸设备研制等方面取得重要突破。

七、推进古籍出版、利用和研究工作

推进"国学典籍基本丛刊"编纂出版工作,2019年出版15种146册,累计出版78种459册。继续开展《书志》项目、"中国珍贵典籍史话丛书"和"《国家珍贵古籍名录》中古籍题跋整理与研究"等项目,其中"中国珍贵典籍史话丛书"出版11种9册,累计出版31种29册。继续开展海外藏《永乐大典》、《孔子博物馆藏孔府档案汇编》、"海外中华古籍珍本丛刊"、"海外中华古籍书目书志丛刊"编撰出版工作,出版日本国立国会图书馆藏《永乐大典》、《书卷为媒 友谊长青——日本永青文库捐赠汉籍入藏中国国家图书馆特展图录》、"永青文库四种"、《哈佛燕京图书馆藏二齐旧藏珍稀文献丛刊》(全96册)等。

八、继续推进少数民族文字古籍保护工作

继续推进和指导少数民族地区开展古籍普查、修复、数字化工作,分别在云南、广西举办第十期、第十一期全国少数民族文字古籍修复培训班,在西藏举办一期古籍数字化培训班,在云南、甘肃各举办一期《全国古籍普查登记目录》审校人员培训班,培养少数民族文字古籍保护人才。与北京苹果慈善基金会签署合作框架协议,合作开展藏文古籍保护项目。国家古籍保护中心办公室荣获2019年"全国民族团结进步模范集体"称号。

九、大力开展古籍保护宣传推广工作,弘扬中华优秀典籍文化

(一)2019年举办各类展览3场。"中华传统文化典籍保护传承大展"由文化和旅游部、国家文物局主办,国家图书馆承办,全国高等院校古籍整理委员会及各古籍收藏单位协办。该展览以国家图书馆建馆110周年为契机,分为"国宝吉光""百代芸香""汲古润今""交流互鉴"四大展厅,展出来自20个省(区、市)40多家单位和30余位个人的330余件展品,展品数量规模之大、品种类型之多、文物价值之高,在同类展览中均属鲜见,受到广泛好评,开展至今,接待参观40余万人次。在黑龙江、大连举办"册府千华"系列展览。

(二)与北京大学中文系合作举办"风雅·风骨·风趣——中国古代文学名家名作讲座",讲座主题鲜明,紧扣时代需求,深受大众欢迎,场场爆满。2019年出版"国图名家讲座集"系列丛书2种——《孔子·儒学·儒藏:儒家思想与经典》《风雅·风骨·风趣:中国古代文学名家名篇》。2020年初出版《稽古·贯通·启新:中国古代史》《格致·考工·源流:中国古代技术发明》。

(三)多种形式弘扬传统文化。2019年春节期间响应中宣部、文旅部号召,赴湖南辰溪、凤凰开展"书香盈岁月 新桃换旧符——文化文艺小分队下基层活动";12月底,又组派小分队赴云南大理、怒江开展"我们的中国梦 文化进万家"活动。"文化和自然遗产日"期间,号召全国组织开展近50场"古籍保护 你我同行——古籍修复技艺进校园"活动;在孔子博物馆举办"中华传统晒书大会",号召全国开展"中华传统晒书"活动,各地图书馆开展馆长晒国宝、传承人晒技艺等活动;举办"思想启蒙 致敬经典——中华传统晒书活动暨中国古代思想家邮票主题产品发行"活动;配合《四库全书》申报世界记忆遗产,在甘肃、青海等地举办"走近四库全书"系列活动。

(四)开展"中华经典传习项目"工作调研、项目设计、方案及章程制定等工

作。计划联合全国公共图书馆和"中华优秀传统文化实践基地"等单位,以"中华传统文化百部经典"丛书为主要内容,在全国开展经典传习工作,推进中华优秀传统文化传承发展。

（五）依托传统媒体和新媒体平台,建立古籍保护宣传阵地。与《藏书报》合作刊发《古籍保护专刊》25期共100版,与《图书馆报》合作刊发《文献保护专刊》100版,央视网、光明网推出专题晒书视频;《人民日报》《光明日报》《中国文化报》等传统媒体多次刊发专版报道;"国家古籍保护中心"微信公众号累计刊发图文消息近900条,关注人数近2.3万人,受到社会各界广泛好评。

2019年"中华古籍保护计划"宣传工作综述

Reviews of the Publicity Work of the Protection and Conservation Project for Ancient Chinese Books in 2019

安 平 陈怡爽 赵洪雅

摘 要:2019年,"中华古籍保护计划"围绕党和国家重要时间节点,根据整体工作节奏,采用线上线下相结合的宣传推广方式,在专项工作、展览展示、线下活动、公益讲座等多个方面取得了丰硕成果。本文梳理"中华古籍保护计划"实施以来的宣传政策依据,在量化2019年宣传报道数据的基础上,进一步分析"中华古籍保护计划"的活动策划和宣传策略,为新时代古籍保护事业的宣传推广方向提供建设性思路。

关键词:古籍保护;宣传;策划;新媒体

"中华古籍保护计划"启动十余年来,古籍保护宣传工作坚持以党和国家的宏观政策为导向,在"保护为主、抢救第一、合理利用、加强管理"的方针指导下,以古籍普查、名录评审、人才培养、原生性保护、再生性保护、少数民族文字古籍保护、传承推广等工作为抓手,坚持以传统媒体和新媒体为平台,紧跟时代,锐意创新,逐步形成完善的宣传体系,取得了令人瞩目的成绩。

2007年"中华古籍保护计划"立项之初,《国务院办公厅关于进一步加强古籍保护工作的意见》(国办发〔2007〕6号)提出:"加强对古籍保护的宣传。各级各类图书馆要积极开拓文化教育功能,通过讲座、展览、培训、研讨等形式宣传古籍保护知识,促进古籍利用和文化传播。广播电视、报刊、互联网等新闻媒体要加大古籍保护工作宣传力度,普及保护知识,展示保护成果,培养公众的保护意识,营造全社会共同保护古籍的良好氛围ům。"此时宣传的关键词是"保护",强调古籍保护的"知识""成果"和"意识"。随着十余年来全国古籍从业者的全力推进,"古籍保护"的热度不断提升。

党的十八大以来,党中央、国务院高度重视传承和弘扬中华优秀传统文化。2014年,习近平总书记提出"让收藏在博物馆里的文物、陈列在广阔大地上的遗产、书写在古籍里的文字都活起来",为包括文物、古籍、文化遗产等在内的各领域文化工作者们提出了新的历史使命和工作方向。2017年1月25日,中共中央办公厅、国务院办公厅印发《关于实施中华优秀传统文化传承发展工程的意见》(以下简称《意见》),提出"加大宣传教育力度。综合运用报纸、书刊、电台、电视台、互联网站等各类载体,融通多媒体资源,统筹宣传、文化、文物等各方力量,创新表达方式,大力彰显中华文化魅力"。《意见》的关键词是"传承",宣传的着力点在"大力彰显中华文化魅力"。由此可知,"古籍"作为中华优秀传统文化的重要载体,其"保护"意义不止于技术层面,更进一步提升到"传承"的精神价值和国家战略层面,具有"传承中华文脉、全面提升人民群众文化素养、维护国家文化安全、增强国家文化软实力、推进国家治理体系和治理能力现代化"的重大意义。

2017年8月7日,文化部印发《"十三五"时期全国古籍保护工作规划》,提出"组织开展古籍宣传推广活动"。2018年1月1日,《中华人民共和国公共图书馆法》正式实施,规定"通过巡回展览、公益性讲座、善本再造、创意产品开发等方式,加强古籍宣传,传承发展中华优秀传统文化"。

从自上而下的党和国家的政策,到具有划时代意义的中国图书馆第一部正式法律,都明确提出了古籍保护和中华优秀传统文化"宣传"的方式方法和价值意义,为我们开展各项宣传工作提供了根本遵循。

一、2019年"中华古籍保护计划"宣传重点

2019年是中华人民共和国成立70周年,是"十三五"规划实施的关键之年,也是国家图书馆建馆110周年。习近平总书记给国家图书馆老专家回信,提出了对国家图书馆以及全国图书馆今后发展的目标要求和殷切期望,为我们做好新时代图书馆工作提供了理论指导和行动指南。

在这一系列背景下,2019年,国家古籍保护中心围绕党和国家重要时间节点,根据整体工作节奏,有序开展各项宣传推广工作。据不完全统计,2019年"中华古籍保护计划"通过广电媒体报道30余次,平面媒体报道200余篇,网络媒体报道300余篇,既有《古籍保护,"冷板凳"热起来》《古籍保护:不仅需要保护

网更企盼助推器》等综合性宣传文章，又有各类专题性报道，向广大社会公众普及古籍保护知识、展现古籍保护成果、弘扬中华优秀传统文化，全社会古籍保护意识显著提高。

（一）立足揭示成果的宣传报道

1.古籍普查工作

截至2019年12月底，全国古籍普查登记工作已累计完成270余万部古籍的登记，大部分地区普查工作接近收尾，《全国古籍普查登记目录》接连出版，部分地区依托志愿者开展重点难点普查，如暑期"西藏+志愿者+古籍"的组合，配上具有视觉冲击力的少数民族普查现场，一度成为宣传热点。4月，在国家古籍保护中心主办、山东省古籍保护中心和孔子博物馆承办的"第四期全国碑帖编目与鉴定研修班"上，专家们在孔子博物馆发现《乾隆御定石经》初拓本，引起了社会的广泛关注。11月，国家古籍保护中心办公室管理组撰稿的《十年风雨书与人——全国古籍普查登记侧记》在《中国文化报》刊发两个大篇幅专版，系统介绍了"中华古籍保护计划"实施以来在古籍普查开展过程中鲜活的人与事，在广大古籍普查工作者中产生了共鸣。目前，国务院已公布五批《国家珍贵古籍名录》计12274部，已命名五批180家"全国古籍重点保护单位"。因2019年重点工作为第六批的申报考察和评审，为保证评审的公平公正，并未就此开展大量报道。

据不完全统计，2019年围绕古籍普查和名录评审等工作，通过平面及网络媒体共计发稿17篇，"两微一端"（微博、微信及新闻客户端）推送34篇。

2.古籍数字化工作

古籍数字化是解决古籍藏与用矛盾的关键手段，成为近年各类媒体中有关古籍保护工作的高频词。随着学术、科技、网络的不断发展，读者对古籍数字化的需求也被不断激发，诉求与日俱增。"中华古籍保护计划"实施以来，国家图书馆（国家古籍保护中心）和全国各古籍收藏单位在经费紧张的情况下，克服重重困难，紧锣密鼓地推进古籍数字化建设和公益发布，在一定程度上缓解了双方供需不平衡的矛盾。

2019年11月12日，国家图书馆（国家古籍保护中心）继2016年之后，第四次组织全国范围的古籍数字资源联合发布活动，山东省图书馆、南京图书馆、宁波天一阁博物馆等单位积极参与，20家单位共同在线发布古籍数字资源7200余部（件），全国累计发布7.2万部，免费服务大众阅览和学术研究。"国家古籍保护中心"微信公众号当天发出《7.2万部古籍，网上免费阅览——国家图书馆等全国二十家单位联合在线发布古籍数字资源》一文，详细介绍了每个参与联合发布的数据库。此文当天下午发出,第二天一早阅读量已突破6万,多家网站和微信平台转发。不久,《中国文化报》整版刊发荣新江、杜泽逊等业内名家在此次联合发布会上的发言,主题包括"古籍数字化关系国家文化命脉""古籍数字化解古人未解之题"等,人民网、光明网等多家媒体迅速转载报道,产生了深远的影响。

据不完全统计,2019年,古籍数字化通过中央电视台新闻频道、北京电视台等多家广电媒体报道7次,《人民日报》(海外版)、《光明日报》等平面媒体报道55篇,新华社、中国新闻网等网络媒体报道26篇,"两微一端"相关推送27篇。

3.少数民族古籍保护工作

2019年7月,习近平总书记在内蒙古大学图书馆蒙古文古籍展阅室察看蒙古学有关古籍文献的收藏与保护情况时指出,要加强对蒙古文古籍的搜集、整理、保护,挖掘弘扬蕴含其中的民族团结进步思想内涵,激励各族人民共同团结奋斗、共同繁荣发展。随之跟进的中央媒体及地方媒体的各级报道,为少数民族古籍保护工作注入了一支强心针。

2019年9月27日,全国民族团结进步表彰大会召开,国家古籍保护中心办公室被评为"全国民族团结进步模范集体",这也成为全国少数民族古籍保护工作者的共同荣誉。《少数民族古籍保护工作:有成果,亦有挑战》《少数民族古籍:珠玑锦绣多珍爱》《越来越多的少数民族古籍被发现、修复、整理——唤醒不可或缺的文化记忆》等文围绕少数民族文字古籍保护做了专题介绍,《我国少数民族古籍工作成果丰硕》创造性地采用多媒体动画来宣传展示少数民族古籍工作。

据不完全统计,2019年通过平面及网络媒体发布有关少数民族古籍保护报道9篇,"两微一端"推送32篇。

4.古籍修复工作

古籍修复是古籍原生性保护最直接、有效的手段,也是"中华古籍保护计划"实施以来提升幅度最大的领域之一。2019年,"中华古籍保护计划"古籍修复工作除传统的修复项目、培训班和传习所之外,国家古籍保护中心发出举办"全国古籍修复技艺竞赛暨古籍修复成果展示"的倡议,浙江、四川、云南、安徽等多地开展了古籍修复技艺大赛,参赛人数96人,累计发稿10余篇。"古籍修复"热点以一种全新的模式出现,成为宣传古籍修复技艺、推进古籍修复工作全面发展的一项重要尝试。此外,国家古籍保护中心与《藏书报》共同推出的《工匠筑梦——古籍修复影响力人物口述史》拍摄采访工作持续推进,2019年相关报道在《藏书报·古籍保护专刊》陆续刊出。与此同时,修复作为古籍保护非遗传承的一门重要传统技艺,也是各地各类宣传推广活动的重要内容,其传统性、活态性、灵活性和化腐朽为神奇的神秘性,使之成为老百姓和传统媒体、新媒体的关注热点。

(二)立足弘扬文化的典籍展览

古籍展览是图书馆行使其社会教育、群众文化和公共文化职能的重要手段之一。为充分利用馆藏资源,发挥图书馆服务社会、传承文明的职能,2019年,国家古籍保护中心联合全国古籍存藏机构,举办了"中华传统文化典籍保护传承大展"和"册府千华"系列展览,受到社会大众的广泛赞誉。

1."中华传统文化典籍保护传承大展"

为庆祝中华人民共和国成立70周年和国家图书馆建馆110周年,由文化和旅游部、国家文物局主办,国家图书馆(国家古籍保护中心)承办,汇集全国20多个省(区、市)40余家公藏单位、30余位私人藏书家的330余件珍贵藏品,在国家典籍博物馆举办"中华传统文化典籍保护传承大展"。该展览将古代典籍中所蕴含的思想性、时代性、文物性、故事性融为一体,分"国宝吉光""百代芸香""汲古润今""交流互鉴"四个展厅,全面阐发中华传统文化典籍精髓,展示中华民族的核心思想理念、传统美德和人文精神,以及中华人民共和国成立以来中华传统文化典籍保护传承事业的发展历程和成就,通过精练深刻的图文内容、珍贵罕见的古籍善本、丰富新鲜的科技互动手段,献上一场"让古籍活起来"的精神文化盛宴。

此次展览得到了社会各界的广泛认可与好评,组织了部长专场;全国各省级古籍保护中心陆续组织本地古籍保护人员前来参观;广大民众积极参与,上至古稀老人,下至学龄儿童,参观人次超过52万,接待专场参观1000余场次。作为新中国成立以来国内外规模最大、等级最高的一次典籍展览,各类媒体对展览进行了集中关注和持续报道,相关原发媒体报道共计275篇。其中,通讯社4篇、广电媒体24篇、平面媒体119篇、网络媒体106篇、新媒体22篇。不同平台在报道内容、方式、效果上各有特色。

(1)广电媒体准确有效和独具特色的信息传递,提升展览的传播力和影响力

广电媒体品牌一直以内容的多样化、专业化以及高度的信誉权威享誉全国。本次展览的预热、开幕、特色展品等信息成为广电媒体争相报道的重点,成功吸引受众群体的关注。其中,中央电视台共刊发6次报道关注展览情况,涵盖新闻频道、综艺频道、少儿频道中的《新闻直播间》《午夜新闻》《文化十分》等多档栏目。作为国家级电视媒体,中央电视台的报道对展览影响深远,不仅全面传递了信息,也在文化传播、价值传导方面发挥了重要作用。特别是11月18日,中央电视台综艺频道《文化十分》栏目特发专题报道《中华传统文化典籍保护传承大展:

国宝吉光 一眼千年》。栏目通过采访策展人,全面介绍了展览情况以及《周易正义》《忘忧清乐集》《几何原本》等特色展品信息,令展览背后的故事、意义得以传播。同时,中央人民广播电台、北京人民广播电台等也利用广播这一特定渠道进行宣传引导,辐射更多受众群体。此外,北京卫视、上海东方卫视、辽宁卫视、三沙卫视等地方广电媒体也派出专业素质过硬的制作团队,深入展览现场,实现多地联动宣传。《山东新闻联播》栏目以《山东4种典籍入选中华传统文化典籍保护传承大展》为题进行报道,在内容上贴近地方文化环境,便于民众接受与认可,取到良好的宣传效果。

(2)平面媒体以深度挖掘、专题报道展现藏品背后故事,传播文化内涵

平面媒体侧重在深入报道方面发力,以其多角度、全方位的特点对展览进行报道,增强受众群体对展览的认知与了解,引发社会对中华传统文化的关注与思考。"海内孤本""国宝级早期雕版印刷品""古籍普查新发现""民间收藏""海外回归"等关键词,频现于各家媒体报端,突出介绍了展览的亮点与特色。《光明日报》《中国社会科学报》等10家媒体以头版位置报道展览开幕,提升了展览的社会关注度与影响力;《人民日报》(海外版)和《人民政协报》分别刊发题为《国宝吉光照月明——中华传统文化典籍保护传承大展侧记》《传递文化基因 镌刻民族记忆——"中华传统文化典籍保护传承大展"综述》的大篇幅文章,被人民网、中国新闻网、央广网等20多家媒体争相转载;《图书馆报》《藏书报》等业内媒体刊发专题报道,对展览进行全面介绍和深度解读,通过专家访谈、民间藏家故事、特色展品赏析等多种形式,不同维度展现展览魅力,在业内产生深远影响。

(3)网络媒体以时效性、广泛性,全面传播展览信息

网络媒体因其时效性、广泛性和全球性,在活动宣传中有着不可或缺的作用,同时专业媒体采编人员在内容筛选上严格把关,以最快的速度、最便捷的方式为广大民众提供准确有效的信息。8月15日,中国文化传媒网刊文介绍展览信息,是相关报道中较早关注的媒体,为展览的宣传预热打下基础;新华网英文版、中国日报网、环球时报英文版官网刊发9篇英文报道,吸引国外受众的关注与参与,为中华优秀传统文化的对外推广提供条件。

(4)新媒体以多元化的传播渠道和方式,引导线下观众

新媒体的互动性、多元性、便捷性是吸引普通民众,尤其是年轻观众参与的关键。本次展览积极引入新媒体推广手段,以新技术、新创意、新形式,贴近受众需求,激发公众兴趣。9月27日,由北京市人民政府新闻办公室与光明网联合推出的"70年我与新中国同行"之"史观北京"对展览进行网络直播,直播累计观看

超过200万人次,既满足了大众足不出户享受文化大餐的需求,也提升了展览热度,引爆线下参观流量。

2019年11月,国家图书馆结合"中华传统文化典籍保护传承大展""甲骨文记忆展",甄选精彩而有趣的内容作为谜题题眼,将相关古籍善本等传统典籍知识融入其中,推出博物馆主题实景解谜游戏"古籍保卫局"之"山海社的宝藏"。主办方通过国家图书馆、国家古籍保护中心、国家典籍博物馆所管理的"两微一端"平台,及时发布活动预告、报名、反响等一线信息;利用北京日报客户端、百家号等新媒体平台报道,阅读点击万余人次。活动成为本次展览宣传推广项目的一大亮点,备受公众特别是青年人的喜爱,以多元的方式、全新的视角将中华民族悠久的典籍文化传递给更多观众。

2."册府千华——国家珍贵古籍特展"系列展览

"册府千华——国家珍贵古籍特展"系列展览是利用古籍传承和弘扬中华优秀传统文化的重要宣传推广活动,已被列入《"十三五"时期全国古籍保护工作规划》。各地以当地入选《国家珍贵古籍名录》及《省级珍贵古籍名录》的古籍珍品为主,辅以特色地方文献,配合展板展示、专题讲座、古籍修复、雕版印刷、金石传拓等传统文化推广体验活动,全方位、多角度展示地域文化和各地"中华古籍保护计划"取得的阶段性成果,让广大观众近距离地感受历史古籍的脉脉馨香,在全社会营造良好的古籍保护氛围。截至2019年12月,全国18个省(区、市)已举办了20余场系列展览,有效推动了各地的古籍展览展示工作。

2019年,国家古籍保护中心先后在黑龙江和大连地区举办2场展览。在此期间,共计16家媒体刊发20篇报道,以9月"黑龙江特展"开幕和12月"大连特展"开幕之时达到报道高峰。在媒体类别上,平面媒体与网络媒体报道数量占比3∶7。主办方充分利用多类别、多渠道、多级别的宣传模式,一方面在《中国文化报》、新华网等中央平面媒体和综合性网络媒体上刊文报道,借助媒体品牌优势提高展览影响,扩大宣传范围;另一方面利用地方传统媒体和新媒体资源进行地域化传播,实现联动宣传。

(三)立足贴近群众的现场活动

通过举办各类宣传推广活动,全面介绍古籍保护知识,展示古籍保护成就,可以让广大普通民众以多种途径、形式更为直观地了解古籍、喜欢古籍、阅读古籍,实现传统文化的传承与发展。2019年,国家古籍保护中心不断开拓思维、创新形式,举办了以在校学生为传播对象的"走近四库全书""古籍保护 你我同行——古籍修复技艺进校园"系列活动,由传统"晒书、曝书"习俗创新衍生而来的"中华传统晒书"系列活动,以"文化扶贫"为基础的"我们的中国梦 文化进万家——文化文艺小分队下基层活动",等等。活动辐射全国多个省份,带动起一波波古籍保护与传承的热潮。

1."古籍保护 你我同行——古籍修复技艺进校园"系列活动

2019年6月,在第十四个"文化和自然遗产日"期间,国家古籍保护中心联合各省级古籍保护中心、国家级古籍修复技艺传习中心及附设传习所、国家级古籍修复中心等单位,在全国范围内陆续开展"古籍保护 你我同行——古籍修复技艺进校园"活动,通过现场演示、互动体验、展览讲座等多种形式,展示了古籍修复、雕版印刷、金石传拓、古籍装帧制作等传统技艺。不同年龄段、不同学历层次的青少年亲身体验了非遗传统技艺,近距离感受中华优秀传统文化的独特魅力,使中华民族传承数千年的非遗技艺在校园中灵动再现。据统计,系列活动共在北京、天津、重庆、河北、山西、吉林、江苏、浙江、安徽、福建、山东、河南、湖北、湖南、广东、海南、四川、贵州、云南、宁夏等全国20余省(区、市)举办超过49场线下活动,辐射超过50余所学校的万余名大中小学生,在校园中形成一波非遗传承的热潮。据不完全统计,全国共有《中国文化报》《图书馆报》及武汉广播电台等60余家媒体刊发报道100篇。网络宣传以绝对优势成为此次活动的主要宣传手段,光明网、国际在线网等中央媒体,搜狐网、网易等主流媒体均刊文关注。此外,各承办单位将其官方网站作为重要宣传阵地,图文结合,及时报道,刊发相关文章30篇,对活动现场的记录和活动理念的传播起到了重要作用。

2."走近四库全书"系列活动

《四库全书》是清代乾隆时期编纂的中国历史上最大的一部丛书,历来有"典籍总汇,文化渊薮"的美誉。《四库全书》先后分抄七部存世,现存仅有文津阁本、文溯阁本、文澜阁本和文渊阁本,分布于北京、甘肃、浙江、台湾等地。为配合《四库全书》申报世界记忆遗产工作,国家古籍保护中心于2018年底策划举办"走近四库全书"活动,以实物展览、展板展示、讲座、问答互动、抄写书页等形式,陆续将《四库全书》请入图书馆、高校和社区等,让社会公众、校园师生进一步了解祖国这份珍贵的文化遗产,传承中华优秀抄写诵读传统。

2018年10月9日,国家图书馆作为首站,展示文津阁《四库全书》原架原函原书,迎来多个学生专场和四库学者的专场参观,之后活动又走进北京师范大学、首都师范大学、贵州等地,社会反响极好。2019年,又相继在甘肃、湖北、青海、中国政法大学等地开展数十场活动,受到各地热烈欢迎。其中,甘肃省作为文溯阁《四库全书》所藏之地,影响较大,主办方以巡展形式陆续在甘肃省图馆、文溯阁四库全书藏书馆、河西张掖、陇东平凉、陇南宕昌,以及兰州市安宁社区和西北师范大学、西北民族大学、兰州大学等省内各地公共图书馆和高校,策划举办了各呈特色的10场活动,参与者涵盖图书馆读者、校园师生、社区群众、乡镇居民等,所到之处反响热烈。同时,主办方通过甘肃卫视、《兰州日报》、人民网、光明网等省内外媒体进行全面跟踪报道,既扩大了活动整体影响,也提升了当地民众对中华优秀传统文化和古籍保护工作的参与感、获得感与归属感,让中华优秀传统文化在基层生根、发芽。

3. "中华传统晒书"系列活动

中国自古就有晒书、曝书的优良传统,以农历七月七日为核心,南北逐次开展赏书、拜书、祭书、传书活动,把典籍保护和传承有效结合,形成醇厚的书籍文化。2019年农历七月初七到来之际,国家图书馆(国家古籍保护中心)联合各省级古籍保护中心,以"晒"为重点,把"晒书"的概念和传统,与英文share(分享)相结合,赋予其现代展示、阅读、推广的概念,通过形式多样的宣传活动,向公众介绍国家珍贵古籍中所蕴含的历史智慧、背后故事及其制作修复技艺,促进古籍的活化和保护。其间,全国各古籍收藏单位特别是公共图书馆充分发挥其重要阵地作用,陆续举办了丰富多彩的晒书活动。

8月6日,由国家图书馆(国家古籍保护中心)主办,孔子博物馆、山东省古籍保护中心承办,央视网、(全国)教育书画协会少年分会协办的"中华传统晒书大会"启动仪式在曲阜孔子博物馆举办,成为本次"晒书"系列活动的重点,20余家媒体刊发30余篇文章进行关注,中央电视台新闻频道、山东卫视等广电媒体第一时间刊发视频报道,《中国文化报》题为《走向大众,激活经典——国家图书馆"中华传统晒书大会"活动侧记》一文对启动仪式进行全方位记录,央视网、《藏书报》、齐鲁网等媒体多次刊发报道,媒体的广泛关注开启了全国晒书活动宣传的序幕,也推动活动达到高潮。

与此同时,浙江、河北、河南、山西、陕西等全国多个地市也开展了丰富多彩的晒书活动:共20个省(区、市)27家单位组织古籍收藏单位负责人、古籍专家亲自讲解,参与"晒国宝"活动,提供视频资料40余条,晒出珍贵古籍60余部。各地举办晒书大会、品书沙龙、系列讲座、珍品展览等20余场次,辐射观众千余人。其中,湖北省古籍保护中心邀请省内8家博物馆、图书馆馆长参与展示古籍,打通博物馆系统、高校图书馆系统和公共图书馆系统,力图把"古籍圈"越做越大,得到了《湖北日报》《楚天都市报》与中国新闻网等媒体关注。

在整体宣传上,一方面,积极引入中央媒体、广电媒体等共同合作,如邀请央视网作为"2019年中华传统晒书大会启动仪式"活动协办单位,借力媒体品牌形象和资源优势扩大活动影响力;另一方面,依托线上传播与辐射优势,聚焦新媒体线上推广,在"国家古籍保护中心"微信公众号推出"馆长晒国宝"短视频,文章累计点击达万余次,最大限度打破时空局限,向大众分享古籍知识、传播保护方式,拉近了珍贵古籍与普通大众的距离,让古籍中的真善美深入人心。

4."我们的中国梦　文化进万家——文化文艺小分队下基层活动"

"我们的中国梦　文化进万家——文化文艺小分队下基层活动"是国家图书馆积极响应中宣部、文化和旅游部号召,在贫困地区开展的一项文化惠民活动,通过现场春联抄送、修复传拓技艺演示、主题讲座等多种形式,传承、弘扬中华优秀传统文化。2019年,指向"文化扶贫"相关活动的媒体报道共计17篇。媒体级别上,因"文化扶贫"工作的重要意义和战略定位,吸引了《人民日报》、《光明日报》、新华社等主流中央媒体的高度关注,刊发《惠民·为民·乐民——文化和旅游部开展文化进万家活动掠影》等多篇文章。

(四)立足传播知识的公益讲座

公益讲座一直是"中华古籍保护计划"宣传工作的重要组成部分。2019年国家古籍保护中心推出"稽古·贯通·启新——北京大学中国古代史名家讲座""风雅·风骨·风趣——中国古代文学名家名作讲座""中国古代书籍装帧"等系列讲座。其中"风雅·风骨·风趣——中国古代文学名家名作讲座"与"孔子·儒学·儒藏——儒家思想与儒家经典名家系列讲座""格致·考工·源流——中国古代重要科技发明创造名家讲座""稽古·贯通·启新——北京大学中国古代史名家讲座"共同构成国图传统文化系列讲座。文学名家名作讲座共13场,主讲人汇集了北京大学中文系专家团队,如于迎春、傅刚、常森、钱志熙、杜晓勤、张剑、李简、李鹏飞、潘建国等知名学者,将最前沿的文学史研究与历代名家名作结合。该系列讲座与前三次讲座自成经、史、子、集系列。本学科领域内资深专家系统串讲中华优秀传统文化及其中蕴含的价值,与当下的"国学热"相契合,为社会公众开展丰富多元的系统性传统文化普及活动。

为了提升系列讲座的民众认知度、扩大受众范围,国家古籍保护中心多维度发力,打破传统公益性讲座的时间和空间局限,以传统媒体及新媒体为平台,有效推动传统文化资源与新技术新业态相结合,进一步推动优秀传统文化创造性转化和创新性发展。具体表现在:一是深耕传统媒体,扩大品牌影响,《藏书报》《中国社会科学报》《中华读书报》等对该系列讲座进行了跟进报道。二是"移动端"精准发力,细分受众群体,新媒体发挥了不可替代的作用。文化和旅游部展演讲座信息平台及国家图书馆、国家古籍保护中心所管理的"两微一端"新媒体平台,及时、准确做好讲座信息的审核和发布,人民网、中国新闻网等多家网络媒体让社会公众第一时间获取相关资讯。三是探索在线直播,重构传播范式。通过邀请光明网进行网络直播互动,让更多的文学爱好者参与其中,并将视频影像上传相关网站,以产生更深远的社会影响。四是开发讲座衍生品,深度服务读者。2020年初,"国图名家讲座集"丛书由北京大学出版社结集出版发行,讲座以文字形式得以保存,受到社会广泛好评。

二、活动策划及宣传策略

(一)活动策划

随着公众精神文明需求的不断提升,以古籍保护为主题的文化活动也要与时俱进。国家古籍保护中心在进行活动策划时,从选题、时间、场所、受众和组织方式等维度进行创新,逐步提高策划水平,丰富策划内容。

1.做好活动选题,讲好中国故事

讲好中国故事是文化传播的本职工作,也是时代赋予的重要责任。国家古籍保护中心在策划活动时,深入挖掘古籍背后蕴含的故事,以人们喜闻乐见的方式方案做载体,以广泛参与、互动的方法办法做桥梁,明确活动主题,选取恰当的时间节点,获取广泛的社会关注。如"走近四库全书"活动,生动阐释了《四库全书》从编纂、流传到传承、保护的各个故事,主题鲜明,内容丰富;"中华传统晒书活动"则选取农历七月七日至八月八日这一中国传统晒书时节,深挖"晒书"传统内涵,把古籍保护与晒书习俗相结合,弘扬极具底蕴的中华民族文化传统,在全国范围内取得了广泛呼应和热烈反响。这些活动实际上都体现了"让书写在古籍里的文字活起来"的深刻道理,与党中央坚定文化自信的要求高度契合,社会公众对此的接受度也非常高。

2.突破场地限制,线上与线下、"请进来"与"走出去"相结合

采用"请进来"与"走出去"相结合的模式,突破场地界限,拓展宣传形式。如在国家典籍博物馆举办的"中华传统文化典籍保护传承大展",采用"研学游"的方式,把大中小学生"请进"博物馆,现场观看古籍之美,并开发实景解谜游戏等文化创意元素,为年轻人开创新的观展体验;而"走近四库全书""我们的中国梦 文化进万家——文化文艺小分队下基层活动"等则是"走出去",通过地方巡展、宣讲、基层文艺活动等方式,让博物馆外的广大群众能够亲身参与到古籍保护活动当中,使珍贵古籍走出文化庙堂,进入寻常百姓家。

3.拓宽受众群体,关注老百姓的中华传统文化需求

长期以来,公众认为古籍只有专家学者才看得懂、用得到。为消除这一误区,国家古籍保护中心在策划活动时,将普通公众特别是青少年、学生作为主要受众群体,在内容和形式定位上力图浅显易懂、操作性强、丰富有趣,开拓接地气、有内涵的文化亲民路线。如"古籍保护 你我同行——古籍修复技艺进校园"系列活动,主要将普通公众和在校师生定位为受众,通过专题展览、修复传拓、书页抄写、主题讲座等多种形式,让更多人能够进一步了解、感知、熟悉这份中华民族珍贵的文化遗产,培养青年人的古籍保护意识。

4.灵活组织方式,发挥各级各类主体的主观能动性与创新性

灵活运用各省级古籍保护中心、行业古籍保护中心、中国古籍保护协会自有的层级组织架构,发掘民间力量和新闻媒体的新闻点和兴趣点,采用国家古籍保护中心领头规划、各地积极参与的活动运营模式。如"册府千华"系列展览及"古籍保护 你我同行——古籍修复技艺进校园""走近四库全书""中华传统晒书"系列活动等,都是由国家图书馆为主导,各省级古籍保护中心及相关收藏机构积极参与、自主开展的模式,拓展了各地公众接近古籍的新渠道。

5.注重名人效应,刺激受众关注

在日常生活中,社会上有一定知名度和影响力的人士的行为会形成一定的感召力和吸引力,带动人们学习和模仿,这样的名人效应已被广泛应用。在新媒体环境下,名人效应也为古籍保护事业带来了巨大流量。国家古籍保护中心在策划活动时,积极延请学术界、藏书界和图书馆业界的知名学者、网络"大V"为古籍保护发声代言,引导公众的关注点和兴趣点,形成了一定的网络热点集聚和良好的新闻传播效力。如举办古籍数字资源共享发布活动时,邀请了荣新江、杜泽逊等知名学者,从国家文化战略和个人用户角度肯定了古籍数字资源发布的价值,拓展了古籍数字化与学术研究之间的合作视野;"风雅·风骨·风趣——中国古代文学名家名作讲座"团邀北京大学中文系知名教授,在线上线下都引起了广泛关注,13场讲座均座无虚席;知名民间藏书家、作家韦力在古籍收藏界有很大的影响力和网络号召力,国家古籍保护中心邀请其举办读书会、讲座,从民间藏书视角讲述古籍背后的故事,也赢得了公众的一致好评。这些都是利用名人效应提高宣传力度、刺激受众关注的成功经验。

(二)宣传渠道

美国著名图书馆学家谢拉(J.H.Shera)曾说,图书馆管理员的工作不仅在于保证图书馆的大门永远敞开,更要保证这扇大门一直具有吸引力。新媒体时代,

公众的信息获取途径日益丰富,信息获取速度不断加快,图书馆宣传途径的变革已迫在眉睫,如何在海量信息中把古籍保护的相关内容打造为有吸引力的焦点,讲好中国故事、展示古籍魅力,是我们一直探索的问题。

1.多元发布渠道

在宣传形式上,首先建立起了多元化的信息发布渠道,采用线上线下相结合的模式,将传统媒体与移动网络平台的优势相融合,探索新的宣传发展道路。就渠道组合而言,采用"中央主流媒体+地方媒体+承办单位自媒体"三位一体的组合模式,形成自上而下、多方位、多视角的综合报道体系。

就媒介形式而言,除报纸、杂志、电视台等传统媒体外,国家图书馆(国家古籍保护中心)及各相关单位还开拓了新媒体阵地,主要包括微博、微信公众号、抖音、手机移动端、网页宣传以及邮件订阅等。国家古籍保护中心以"中国古籍保护网"和"国家古籍保护中心"微信公众号两个窗口为主,前者主要发布古籍数据库、标准规范、政策法规等;后者以短平快的消息为主,包括新闻报道、小视频、图文内容等,成为集业界信息、古保知识和数据库为一体的便捷传播平台。以"国家古籍保护中心"微信公众号为例,自2016年开通以来,粉丝量已达2.7万余人,2019年全年粉丝净增长6800人,粉丝总数较上一年度增长了38%,成为古籍保护事业新的网络传播阵地;2019年,公众号全年累计发文376篇,累计阅读次数高达31万余次,分享2.4万余次,点赞3800余次,获得粉丝群体的好评;特别是《7.2万部古籍,网上免费阅览——国家图书馆等全国二十家单位联合在线发布古籍数字资源》一文,阅读量高达6万余次,发表当天新增粉丝1768人,当之无愧成为全年的流量高峰,为古籍数字资源发布的宣传推广做出了积极贡献。

这些新媒体具有传播速度快、传播范围广以及互动性强等特征,不仅能够扩大图书馆宣传推广覆盖范围,提高工作效率,还能确保图书馆及时获取用户反馈信息,从而为今后宣传、服务工作的优化提供依据。

2.重点交流阵地

自2017年开始,国家古籍保护中心与《藏书报》合作推出《古籍保护专刊》。作为古籍保护的专业宣传阵地,该刊每年均在不断提升,2019年内容更加丰富,关注范围广泛,对古籍保护领域的大事件、政策把握准确,全年出版25期108版,累计刊发古籍保护相关活动报道、人物采访、主题讨论、研究文章等近200篇。内容主要关注业界活动大事,对"中华传统文化典籍保护传承大展""中华传统晒书大会"等进行了深度报道,并注重古籍保护知识引领及前沿成果与观点展示,开设"古籍问吧""古籍保护百问""工匠筑梦——古籍修复影响力人物口述史"

"馆长访谈""全国古籍重点保护单位风采"等 10 个专栏,为学者研究和公众认识古籍提供重要阵地。

2019 年,国家图书馆(国家古籍保护中心)还与《图书馆报》合作推出了《文献保护专刊》,栏目包括"镇馆之宝""人物访谈""图书推荐"和"特别策划"等,全年出版 25 期,共 100 版,以图文并茂的形式介绍各图书馆的珍贵文献,推介文献保护的重要出版成果,就某一相关专题邀请业内专家集思广益、建言献策等,取得良好的社会效益。这两个专刊都通过系统、深入的专题报道,逐渐成为古籍保护业界的重点交流阵地和平台,引领古籍保护发展方向。

三、结语

随着我国传播格局的改变,新时代古籍保护的宣传推广工作也应与时俱进、顺势而为。尽管新媒体、融媒体、自媒体等新兴形式日益蓬勃,但实质仍以内容为根本。结合 2019 年国家古籍保护中心的宣传工作实践,图书馆应该扎根实际,了解需求,深挖珍贵古籍和中华优秀传统文化中的深厚历史底蕴,以策划符合公众精神文明需求的活动内容为根本出发点,将抽象的文化转化为具体实在的文化创意活动,辅以新兴的传播形态和传播技术,实现传统内容和先进技术的双赢互补,进一步做好公共文化服务工作。

(安平、陈怡爽、赵洪雅,国家图书馆馆员)

参考文献:
[1]习近平在联合国教科文组织总部的演讲[N].人民日报,2014-03-28(3).
[2]文化部关于印发《"十三五"时期全国古籍保护工作规划》的通知[EB/OL].[2017-09-06].http://www.gov.cn/xinwen/2017-09/06/content_5223039.htm.
[3]越来越多的少数民族古籍被发现、修复、整理:唤醒不可或缺的文化记忆[N].人民日报,2019-11-20(12).
[4]"中华传统文化典籍保护传承大展"有关情况[EB/OL].[2019-08-28].https://www.mct.gov.cn/vip-chat/home/site/2/313/abstract/2019082811120861.html.
[5]向辉.图书馆讲好中国故事的探索:以珍贵古籍特展为例[J].图书馆研究与工作,2018(11):64-68.
[6]胡程.博物馆临时展览的宣传推广刍议:以"古埃及:法老与神的世界"展为例[J].博物院,2018(2):110-118.
[7]北京大学中文系 12 位知名学者国图主讲中国古代文学[EB/OL].[2019-3-18].http://www.nlc.cn/dsb_zx/gtxw/201903/t20190318_176828.htm.
[8]孙忆华.公益文化讲座需求分析与服务创新[J].图书馆,2013(4):138-141.
[9]王文凤.公共图书馆组织公益文化讲座应注意的几个问题[J].图书馆工作与研究,2009(6):95-96.

基于开放共享理念的古籍数字资源服务
——以"中华古籍保护计划"为中心

Digital Resource Service for Ancient Books Based on the Concept of Open Sharing: Focusing on the Protection and Conservation Project for Ancient Chinese Books

赵文友

摘　要：古籍保护的目的在于传承和利用，在"中华古籍保护计划"框架下，基于开放共享理念，国家古籍保护中心依托国家图书馆的丰富馆藏，积极开展古籍数字资源发布共享实践，并带动全国古籍收藏单位共同公益发布资源，提高古籍数字资源服务质量。但从全国来看，古籍资源的共享还面临着总体数量不高、服务意识较弱、跨系统资源共享困难、缺乏统一的检索利用平台等问题，有待进一步改进。

关键词：古籍数字化；开放共享；"中华古籍保护计划"

2019年11月12日，国家图书馆（国家古籍保护中心）与吉林省图书馆、黑龙江省图书馆、南京图书馆、山东省图书馆、湖北省图书馆、云南省图书馆、宁波天一阁博物馆、广东省社科院图书馆、枣庄市图书馆、重庆市北碚图书馆、湖州市图书馆、宝鸡市图书馆、佛山市图书馆、惠州慈云图书馆、泸州市图书馆、阆中市图书馆、内江师范学院图书馆、苏州市吴中区图书馆、河南省唐河县图书馆等20家单位，在国家图书馆联合举办古籍数字资源库共享发布活动，在线发布古籍数字资源7200余部（件），免费服务大众阅览和学术研究。国家图书馆副馆长、国家古籍保护中心副主任张志清，山东省图书馆副馆长李勇慧以及吉林省图书馆、黑龙江省图书馆、湖北省图书馆、宁波天一阁博物馆等发布单位代表，北京大学教授荣新江、北京师范大学教授周少川、山东大学教授杜泽逊、中国科学院国家科学图书馆研究馆员罗琳、《中国金融家》杂志社执行主编艾俊川、清华大学图书馆副馆长窦天芳、中国人民大学图书馆常务副馆长宋姬芳、北京师范大学图书馆馆长助理李书宁、北京大学《儒藏》编纂与研究中心研究员张丽娟、首都图书馆历史文献部主任刘乃英等专家学者和20余家媒体代表出席活动[1]。

本次联合发布活动是国家图书馆(国家古籍保护中心)组织的第四次,也是参加单位最多的一次。通过古籍资源联合发布活动及座谈会,一是在线发布古籍资源,让社会大众和学术界更好地了解和利用古籍普查和数字化成果;二是邀请业内专家、发布单位和媒体代表就古籍数字资源建设、古籍资源服务等问题进行深入交流,为下一步古籍数字资源建设和资源服务提供参考建议。此次发布活动新闻在"国家古籍保护中心"微信公众号发布后,很快阅读量就突破6万人次,央视新闻、《光明日报》、澎湃新闻、人民网、《文汇报》、凤凰网等众多主流媒体和公众号纷纷转载,获得社会广泛关注和一致好评,在业内产生了积极的影响。这从一个侧面表明社会大众和学术界对开放古籍数字资源的关注和热切期盼,进一步坚定了继续开展古籍数字资源共享发布的信心,也对今后的服务工作提出了更高要求。

一、开放共享的理念

据统计,我国2000余家公藏单位收藏的汉文古籍文献就达20多万个品种,超过3000万册(件),这还不包括甲骨、简帛古籍、敦煌文献、碑帖拓本、古地图、少数民族文字古籍、民国线装书等数量庞大的各类特藏文献。这些珍贵典籍浸润、见证、记载和促进了中华文明的进步,是中华传统文化的重要载体,是中华民族智慧和文明成果的结晶,也是全人类的共同文化遗产。但长久以来,由于古籍的文物属性,其"藏"与"用"的矛盾一直较为突出,大部分收藏机构从保护古籍的角度出发,为降低原件丢失与损坏的风险,不得不将其妥善保管,研究人员尚需克服重重障碍获取所需,普通读者更是难窥其真容。

古籍兼具文物性和文献性,具有"为人所用"的功能。文献价值是古籍区别于其他馆藏文物及不可移动文物的最大特征,而文献价值需要通过对古籍记载的信息内容的阅读和研究体现出来[2]。因此,古籍保护的目的不是将古籍束之高阁,而在于传承和利用。2007年1月29日,国务院办公厅颁布《关于进一步加强古籍保护工作的意见》(国办发〔2007〕6号),正式实施"中华古籍保护计划",《意见》明确提出了要建立古籍数字资源库,采取有效措施,向社会和公众开放古籍资源,发挥古籍应有的作用[3]。2012年5月22日至23日,由原文化部主办、国家古籍保护中心承办的"全国古籍数字化建设与服务工作研讨会"在北京召开，来自全国各省、自治区、直辖市省级图书馆馆长，古籍部、技术部主任，以及专家学者近百人参加了研讨会，会上进一步明确提出"统一规划、统一标准、合作共建、资源共享"的古籍数字化原则[4]。因此，国家古籍保护中心在实施"中华古籍保护计划"过程中，更好地落实开放共享理念，为社会公众提供更加便捷的古籍服务，就成为古籍工作的核心任务之一。

而要实现古籍资源的开放共享，真正满足社会大众和学者研究、利用需求，通过互联网开放共享资源无疑是最有效的方法之一。古籍数字资源借助互联网等媒介发布共享，使读者可以突破时间和空间的限制，足不出户在网络终端上浏览古籍，是古籍服务的一种新模式，能够极大地促进古籍传播，古籍原件可以得到长期保存和更妥善的保护，避免直接接触对古籍造成的损坏，有效解决古籍保护和利用的矛盾。其重要意义还在于实现了古籍资源服务的均等性，不同地区、不同单位、不同级别的研究人员在获取古籍资源方面实现了真正平等，为中外学者方便地研究古籍提供便利，对研究、继承和弘扬中华优秀传统文化具有巨大的推动作用。

二、开放共享的实践成果

近年来，在"中华古籍保护计划"框架下，以开放共享理念为指引，国家古籍保护中心不断加大投入，积极开展古籍数字化和资源开放共享工作，取得了重要的阶段性成果，主要包括以下两个方面。

（一）依托国家图书馆丰富馆藏，建设和发布共享古籍数字资源

国家图书馆作为国家总书库、国家古籍保护中心，其所藏古籍特藏文献超过290多万册（件），古籍品种和版本十分丰富，是国内古籍收藏量最大的单位。发布馆藏古籍数字资源，将在很大程度上满足社会对古籍影像阅览的需求。为此，国家图书馆从20世纪90年代末，开始加强古籍数字化工作，陆续建成各类特藏资源库，包括"甲骨世界""碑帖菁华""敦煌遗珍""西夏碎金""数字方志""宋人文集""中华寻根网"等，古籍文献数量达5万余部（件）。

"中华古籍保护计划"实施以来，国家图书馆（国家古籍保护中心）集中力量开展了馆藏善本缩微胶片、普通古籍、少数民族文字古籍数字化项目，特别是采用"模转数"方式开展的馆藏善本缩微胶片数字化，成本低，速度快，在短短几年内就基本将国家图书馆藏善本缩微胶片转换完成。同时，国家图书馆（国家古籍保护中心）还积极与国内外古籍收藏机构开展合作，通过采购、受赠等方式，哈佛

大学哈佛燕京图书馆藏古籍善本、法国国家图书馆藏敦煌文献以及天津图书馆、云南省图书馆所藏古籍等一大批数字资源得以在国家图书馆平台发布[5]。

2016年9月28日,作为"中华古籍保护计划"阶段成果的"中华古籍资源库""全国古籍普查登记基本数据库"正式上线开展服务,古籍影像和数据资源实现了开放共享,读者足不出户,通过互联网就可以在线使用古籍资源。"中华古籍资源库"作为"中华古籍保护计划"的重要成果,采用边建设边服务的方式,目前在线发布的古籍影像资源总量已超过3.3万部(件),其中,国家图书馆超过三分之二的古籍善本实现了在线阅览,极大地满足了社会对古籍影像阅览的需求(见表1)。

表1 国家图书馆古籍资源发布情况表(数据截至2019年底)

数据库名称	发布资源情况
中华古籍资源库①	古籍全文影像超过3.3万部。包括国家图书馆藏善本古籍20398部、普通古籍160部、《赵城金藏》1281种,法国国家图书馆藏敦煌遗书5317号②、天津图书馆藏普通古籍5834部、云南省图书馆藏珍贵古籍139部、芷兰斋藏稿抄校本古籍8部、日本永青文库捐赠汉籍17部
甲骨世界	甲骨实物元数据2964条,影像5932幅;甲骨拓片元数据2975条,影像3177幅
碑帖菁华	拓片影像2.5万余种3.1万余幅
敦煌遗珍	敦煌写卷全文影像总量约53万拍,其中国家图书馆藏敦煌写卷影像18万拍
西夏碎金	馆藏西夏古籍原件影像124种
数字方志	地方志全文影像6529种
宋人文集	古籍全文影像275部
东京大学东洋文化研究所汉籍全文影像数据库	古籍全文影像3753部
哈佛大学哈佛燕京图书馆善本特藏资源	古籍全文影像1139部

① 读者登录国家图书馆网站"中华古籍资源库"栏目或"中国古籍保护网"(http://www.nlc.cn/pcab/),注册账号或读者卡号登录,就可以进行检索和全文阅览。
② 法国国家图书馆藏敦煌遗书检索方法:读者可查阅王重民《敦煌遗书总目索引》或施萍婷《敦煌遗书总目索引新编》,在"题名"或"善本书号"栏目输入法藏敦煌索书号的数字部分,即可查找对应文献。

(续表)

数据库名称	发布资源情况
中华寻根网①	家谱古籍影像 2389 种
年画撷英	年画影像 302 种
前尘旧影	新旧照片 3074 种
中华医药典籍资源库（测试版）	中医古籍影像 221 种
中华古籍善本国际联合书目系统	著录 30 余家海内外图书馆所藏古籍善本，数据达 2 万多条，并配有 1.4 万余幅书影
徽州善本家谱	收录国家图书馆藏善本古籍中徽州家谱 243 种 286 部

从上表可以看出,国家图书馆(国家古籍保护中心)发布的古籍数字资源不仅种类丰富,数量较大,而且这些古籍资源皆为馆藏原本影像资源,来源可靠,著录标引信息完整,图像质量较高,可充分满足社会公众和研究人员的需求。同时,著名藏书家韦力先生将所藏 8 部稿抄校本古籍数字影像无偿赠送国家图书馆进行发布,更是开创了民间收藏古籍以数字资源形式服务社会公众的新模式。

(二)促进全国联动,共享发布资源

国家图书馆(国家古籍保护中心)古籍文献资源开放共享的示范作用,迅速得到了全国各省级公共图书馆的积极响应,各馆纷纷推进所藏古籍资源的开放共享工作。为此,国家图书馆(国家古籍保护中心)在 2017 年 2 月 28 日、2017 年 5 月 25 日、2018 年 9 月 28 日、2019 年 11 月 12 日,先后联合 36 家古籍收藏单位在线发布古籍数字资源超过 2 万部(见表 2)。

从表中可以看出,参加联合发布活动的单位覆盖面比较广,不仅有省级、市级和区县级公共图书馆,而且有博物馆、高等院校、科研机构等单位。发布的古籍资源皆为各馆所藏特色古籍资源,不仅有宋元善本、明清古籍,还有大量地方志、家谱、佛教文献、碑帖拓本等,特别是发布的地方特色古籍资源,更能贴近当地社会文化生活需求。举办联合共享发布活动,其意义不仅在于面向社会发布了一批古籍数字资源,更重要的是,古籍资源开放共享的理念日渐成为业内共识,形成了全国联动、资源共享的新局面。

---

① "中华寻根网"是国家图书馆与澳门基金会开展的文化合作项目,是以提供姓氏源流和家谱资源服务为核心、方便海内外华人寻根问祖活动的网络平台。"中华寻根网"记录各姓氏族世系、历史,反映中华民族生息、繁衍、迁移、奋斗的历程,目前提供 500 多个姓氏源流、2000 多部家谱和 6000 种其他文献的阅览,以及自建家谱、交流联谊的互动服务。读者可使用国家图书馆读者卡或通过手机号码快速注册账号后登录使用。发布网址:http://ouroots.nlc.cn。

表2 古籍数字资源联合发布单位情况表(数据截至2019年底)

序号	单位名称	发布数量(部[件])	发布内容
1	上海图书馆	9037	馆藏家谱、特色古籍资源
2	广东省立中山图书馆等	3204	《广州大典》数据库
3	山东省图书馆	3100	馆藏《永乐南藏》《永乐北藏》
4	天津图书馆	1500	馆藏明清刻本
5	宁波天一阁博物馆	955	馆藏善本古籍、家谱及部分目录学资源
6	苏州图书馆	916	馆藏地方文献与珍贵古籍
7	云南省图书馆	480	馆藏地方特色文献和珍贵古籍
8	浙江大学图书馆	300	历代墓志全文影像
9	佛山市图书馆	233	馆藏方志、家谱等特色古籍
10	重庆市北碚图书馆	202	馆藏地方志
11	复旦大学图书馆	200	馆藏稿抄本
12	湖北省图书馆	199	馆藏地方志古籍、家谱
13	泰州市图书馆	149	馆藏特色古籍
14	首都图书馆	148	馆藏国家珍贵古籍
15	中山大学图书馆	132	馆藏明清妇女著作、域外汉籍珍本
16	南京图书馆	120	馆藏稀见方志、清人文集
17	枣庄市图书馆	116	馆藏特色古籍
18	吉林省图书馆	101	馆藏珍稀方志资源和珍贵典籍
19	辽宁省图书馆	101	馆藏闵凌刻特色古籍
20	泸州市图书馆	70	馆藏特色地方志古籍
21	浙江图书馆	64	馆藏珍贵古籍资源
22	中国科学院上海生命科学研究院图书馆	61	馆藏珍贵中医古籍
23	黑龙江省图书馆	60	馆藏特色古籍和地方文献
24	洛阳市图书馆	60	馆藏珍贵古籍
25	宝鸡市图书馆	37	馆藏珍贵和特色古籍
26	广东省社会科学院图书馆	33	馆藏特色古籍资源
27	苏州市吴江区图书馆	24	馆藏县志及乡镇志
28	苏州市吴中区图书馆	23	馆藏珍贵古籍和地方文献资料

(续表)

序号	单位名称	发布数量（部[件]）	发布内容
29	山西省图书馆	23	馆藏明刻本和山西名人稿本
30	镇江市图书馆	20	馆藏特色古籍
31	四川省图书馆	16	馆藏特色古籍资源和中医古籍
32	内江师范学院图书馆	15	馆藏特色古籍及民国线装书
33	惠州慈云图书馆	4	馆藏特色古籍
34	阆中市图书馆	4	馆藏特色古籍
35	湖州市图书馆	3	馆藏珍贵古籍
36	河南省唐河县图书馆	1	馆藏珍贵古籍
	合计	21711	

三、存在的问题分析

如果仅就目前全国古籍数字资源发布共享实际情况来看，还存在着很多突出的问题，主要包括：

（一）总体上古籍数字资源发布共享数量还不大。据统计，目前全国古籍收藏机构累计发布的古籍数字资源约为10万部（件），对于庞大的古籍总藏量而言，资源发布比例还比较低。其主要原因，一方面是我国古籍数量庞大，且分散各地，古籍数字资源建设尚无统一的、全局性的规划和统筹安排，各系统、各古籍收藏单位之间缺乏有效的沟通与协作，导致古籍数字化工作在覆盖范围和推进深度上存在发展困境，古籍数字化工作推进缓慢，资源建设总量增加有限；另一方面，面对数量庞大的古籍文献，我国在古籍保护、整理出版和数字化方面经费投入严重不足，中央本级财政每年投入古籍方面的经费，与文物保护、非遗保护相比尚存在巨大差距，这也是最重要的影响因素之一，严重制约了古籍数字化的大规模开展。

（二）古籍资源服务理念尚需提升。调查发现，古籍资源的建设与发布周期并不同步，部分古籍收藏机构对通过互联网方式开展古籍服务的态度较为保守，或存而不发，或仅采用局域网服务或到馆阅览数字资源等方式，与传统服务形式相比仅改变了阅读载体，未能充分发挥数字资源远程服务优势，服务质量和水平提升较为有限。同时，现已公布的在线古籍资源库，在浏览使用过程中尚存在诸多限制，如需下载各类插件、注册读者账号等，使古籍资源访问的便捷性大为降低,读者体验满意度不高。

（三）除公共图书馆外,文博、高等院校和科研机构等古籍收藏单位对古籍数字资源的开放性有待提高。由于历史、政策、观念和定位的原因,这些收藏机构一般仅面向特定的服务群体,为社会公众提供古籍服务的意愿和水平还比较低。因此,亟待完善国家相关法规政策,促进相关机构进一步开放古籍资源,不断提高古籍资源的社会服务水平。

（四）古籍数字资源分散,缺乏统一检索路径。与之前的到馆阅览相比,古籍数字资源通过互联网免费发布共享,服务方式和服务意识都有了明显提升,古籍收藏机构在各自平台发布古籍资源,不仅有助于提高资源服务体量,引导更多读者访问使用,而且也成为收藏机构展示深厚积累和丰富馆藏的重要方式。但随着更多机构发布古籍资源,读者检索利用与资源过度分散之间的矛盾日益突出。因此,建设统一的检索平台,推动各方资源的整合利用,将成为今后一段时间亟须规划和解决的重要课题。

总之,互联网发布古籍数字资源是未来古籍服务的重要方式,作为古籍收藏机构,为社会公众提供优质便捷的古籍资源服务,既是责任也是义务。因此,在今后的工作中,应坚持和贯彻以人民为中心的工作导向,更加注重顶层设计和统筹协调,不断加大古籍数字资源建设和发布力度,积极探索共建共享途径,真正实现古籍资源服务的公益性、基本性、均等性和便利性,全面盘活我国古籍文献资源,提升优秀传统文化资源的传播能力,真正让书写在古籍里的文字"活"起来,为实现中华优秀传统文化创造性转化和创新性发展创造条件。

（赵文友,国家图书馆副研究馆员）

参考文献：

[1] 7.2万部古籍,网上免费阅览:国家图书馆等全国二十家单位联合在线发布古籍数字资源[EB/OL].[2019-11-13].http://www.nlc.cn/pcab/zx/xw/201911/t20191113_184140.htm.

[2] 古籍用与藏矛盾突出,亟需立法保护[EB/OL].[2016-06-23].https://www.sohu.com/a/85570763_260616.

[3] 国务院办公厅关于进一步加强古籍保护工作的意见(国办发[2007]6号)[EB/OL].[2007-01-29].http://www.gov.cn/zwgk/2007-01/29/content_511825.htm.

[4] 全国古籍数字化建设与服务工作研讨会在北京召开[EB/OL].[2012-05-24].http://www.cdlc.cn/n/news.aspx?nid=125.

[5] 赵文友,林世田."中华古籍保护计划"成果:以"中华古籍资源库"建设为中心的古籍数字化工作[J].新世纪图书馆,2018(3):12-15.

民族高校图书馆古籍保护工作机制探索

A Research on Ancient Books Protection Mechanism in Library of University for Nationalities

黄金东

摘　要：民族高校图书馆是我国重要的文献收藏机构，其典藏的古籍文献丰富且特色鲜明。基于文献调研与中央民族大学图书馆的古籍保护工作实践，我们可以发现民族高校图书馆古籍保护工作中存在部分问题。文章探讨了可持续性发展的工作机制，提出了切实可行的建议，以期进一步推动古籍保护工作的发展。

关键词：民族高校图书馆；少数民族古籍；古籍保护；工作机制

据统计，截至2016年，共有12274部古籍入选《国家珍贵古籍名录》，180家单位入选国务院命名的"全国古籍重点保护单位"[1]。其中，高校图书馆古籍收藏总量超过全国收藏总量的三分之一。高校图书馆古籍工作一直受到各界的关注，相关研究成果也较为丰富，尤其2007年国家实施"中华古籍保护计划"后，关于古籍保护的工作探讨、学术研究一直处于相对活跃的状态。

2015年12月13日至15日，教育部高校图工委主办了全国高校图书馆古籍整理与保护高层论坛暨学术研讨会，本次研讨会由中山大学图书馆承办[2]。会议讨论并签署了《高校图书馆古籍保护倡议书》。总体上看，高校图书馆的古籍工作在保护、开发与利用等方面都取得了一定的成绩。然而，由于缺乏统筹规划，绝大多数高校图书馆普遍存在古籍保护条件差、存藏空间紧张、人员配备不足、经费严重短缺、缺乏技术支持与指导、保护工作的科学性和规范性差、数字化等再生性保护与利用程度低、缺乏统筹规划和协调等共性问题,高校古籍保护工作举步维艰。已有研究成果[3,4,5]表明,全国范围内的高校图书馆古籍保护工作均不同程度地存在以上共性问题。根据谢琳等对2015年全国高校图书馆古籍工作情况的调查报告[6],我国高校图书馆古籍工作并不令人十分满意,仍存在着古籍馆藏区域分布不均,保护、管理工作不尽如人意之处,古籍较深层次的利用开发还只在少数高校图书馆开展。与其他普通高校图书馆相比,民族高校图书馆的古籍保护工作形势更为严峻,进展相对缓慢。

民族高校图书馆收藏的具有丰富民族特色的古籍是我国传统文化的重要组成部分,是各民族在历史上创造的重要文明成果,具有丰富的内涵,对弘扬优秀传统文化、增强民族文化自信、增进民族团结甚至维护祖国统一及社会稳定都具有重要意义。然而,由于民族高校图书馆大多处于西部和边疆地区,社会经济发展与内地相比仍有一定的差距,投入相对不足,加上馆藏民族古籍的特色,在古籍保护工作上往往又多了一道翻译的程序,开展工作时就显得更为艰难。与此对应,对民族高校图书馆工作的探讨稍显沉寂,仅有少量论文[7,8]专门涉及,在国家实施"中华古籍保护计划"的时代背景下,对民族高校图书馆如何进一步提升文献保护工作、实现可持续发展缺乏充分的讨论。因此,亟须探索民族高校图书馆古籍保护工作的新机制,以推动古籍保护工作的可持续性发展。

一、国内民族高校图书馆古籍资源概览

经过多年的发展,国内民族高校图书馆已经形成了优势明显、独具特色的古籍文献典藏体系。民族高校图书馆非常重视民族文献资源的建设,馆藏古籍文献中以少数民族古籍为特色和优势。其中,中央民族大学图书馆和西南民族大学图书馆是两个典型的代表。

据统计,在中央民族大学图书馆入藏的22余万册(件)古籍文献中民族文献占比达三分之一,其中民族文字古籍达20余个文种,有藏文古籍843种,满文古籍220种,蒙古、彝、傣、纳西等文字古籍37种,还包括西夏、回鹘、突厥、女真等9种古文字的拓片1153种;馆藏线装地方志3200余种,约占全国该类文献总量的三分之一,尤其是藏有大量边疆少数民族地区的方志,其中内蒙古41种、宁夏9种、青海8种、新疆78种、广西58种、贵州66种、云南125种、西藏44种、台湾11种。有的方志为稀世珍本,为中央民族大学图书馆所独有,如《江川县志》清光绪抄本、《新疆四道志》清稿本、《开化府志》抄本等[9]。中央民族大学图书馆所藏古籍文献不仅数量多,且特色鲜明,是首批"全国古籍重点保护单位"。

西南民族大学图书馆也是我国民族文献典藏的重镇,2013年被四川省人民政府批准为四川省古籍重点保护单位,有汉文古籍文献2.6万册,其中善本2349册。此外还有藏、彝文古籍近万册(函)以及其他少数民族古籍近万册[10]。在这些珍贵文献当中包括了多种版本的《大藏经》《贝叶经》以及英雄史诗《格萨尔王传》的藏、汉文正文资料等,价值非常高。特别值得一提的是,西南民族大学还设有少数民族古籍文献研究中心,它是国家民委少数民族古籍文献人才培养与科学研究基地,馆藏有藏、彝、纳西、傣、水、柯尔克孜、白、侗、羌等20多个少数民族的各种版本文献5万余册(函),是迄今为止全国高校中规模最大、收藏最全的民族古籍文献研究中心[11]。

除以上两所典型的民族高校外,其他民族高校图书馆也藏有数量可观的古籍文献,且形成了各自的特色馆藏。如贵州民族大学图书馆藏有3.4万余册汉文古籍以及水书文献、布依族古文字文献、彝族古文献等民族文献[12]。西北民族大学图书馆藏有汉文古籍6万余册,其中善本书93种1258册。此外还有1.5万种藏文古籍,在全国民族高校图书馆中排首位,其中以手抄本藏文《大藏经》最具价值[13]。

民族高校图书馆是我国民族古籍文献的重要收藏机构,尤其以民族文献为特色,其中不乏各种珍本甚至孤本文献,内容涉及民族历史、地理、文化、民俗、宗教、艺术等各方面,具有极高的版本和历史文献价值。这些古籍文献是中华民族重要的历史文化遗产,对其进行妥善保护、开发和利用,事关中华民族复兴的伟大事业,对凝聚文化认同、增强文化自信、维护民族团结具有重要意义。

二、民族高校图书馆古籍保护工作面临的挑战

民族高校图书馆是我国古籍保护事业的重要力量。多年来,这些图书馆在古籍抢救、整理、修复等方面均取得了一定的进展,大量的古籍文献得到了妥善的保护,开发和整理了许多珍贵的民族文献,培养了一大批从事少数民族古籍事业的专门人才,初步建立起了少数民族古籍整理的学科体系。然而,由于受历史及自身特性等因素的影响,民族高校图书馆古籍保护工作仍面临诸多困难,步履蹒跚。尤其是民族高校图书馆独立性较强,往往各自为政,古籍保护工作进展相对缓慢。根据对现有文献的梳理以及笔者的调查访问,民族高校图书馆的古籍保护工作主要面临着以下几个方面的挑战。

(一)古籍保护专业人员严重不足

古籍保护工作是一项综合性和专业性很强的工作,不仅需要目录、古籍整理

方面的研究型人才,也需要技能型的修复师以及物理、化学等专业知识人才。应该说,缺乏古籍保护专业人才是目前图书馆等藏书机构普遍存在的问题,但民族高校图书馆由于古籍典藏的少数民族特色,这个问题更显突出。

据笔者所在图书馆古籍部门的设置情况及2018年6月初笔者对贵州民族大学、西南民族大学、西北民族大学3家高校图书馆古籍部负责人的在线咨询、电话联系以及2019年10月22日的实地调查结果看,除贵州民族大学图书馆古籍部配置有4名正式工作人员、6名合同制专职修复师,古籍工作人员配置较为充足外,其他民族高校图书馆均出现古籍保护工作人员严重不足的情况。如中央民族大学图书馆,整个古籍部只有4位工作人员,却需要承担22万余册(件)古籍图书的保护、整理、研究以及接待阅览、参观等工作;西南民族大学图书馆甚至没有设置专门的古籍工作部门,而将相关业务并入读者服务部,工作人员只有3名;西南民族大学少数民族古籍文献研究中心所设彝文馆、藏文馆等分馆大多仅有1位工作人员;西北民族大学图书馆古籍部也只有5名工作人员。

很显然,与繁重的工作量和工作内容相比,绝大多数民族高校图书馆古籍工作人员配置明显不足,造成现任工作人员身兼数职,无法做到专职专岗,导致古籍普查登记、修复等工作因没有专职人员而进展缓慢,少数民族文字古籍整理等工作更是近乎停滞不前。

(二)古籍普查登记进展缓慢,家底仍未彻底摸清

古籍普查工作是古籍保护的基础性工作,是古籍抢救、保护与利用工作的重要环节,其主要目的就是要摸清各馆的家底。

中央民族大学图书馆开展的古籍普查登记工作由于人员不足、没有配置专职人员而进展缓慢,进度无法保证,导致家底仍未彻底摸清。截至2020年1月份"全国古籍普查平台"统计数据,共完成了6000余条书目、7万多册(件)古籍的普查目录初次登记,这与其馆藏22万余册(件)的数量相比仍需加大进度。其他民族高校图书馆的状况稍好,西南民族大学图书馆、贵州民族大学图书馆、西北民族大学图书馆均基本完成了馆藏汉文古籍的初步普查和数据录入,完成的数据量从1000多条至2000多条。然而,这些数据大多仍处于审校状态,离正式出版的要求仍有一定的距离。更为重要的是,根据对民族高校图书馆的调查和访问,目前均尚未启动少数民族文字古籍的普查工作。西北民族大学图书馆2008年启动的藏文古籍目录编制工作目前仍在进行中[14],尚未完全摸清文献收藏和保存的状况。

总之,民族高校图书馆自身家底不清的状况使得馆藏已编目古籍的数量无

法具体统计,整个古籍藏量中破损的状况更是不清,只能根据抽样估算,给古籍保护工作带来了不小的影响,使得工作缺乏针对性、统筹性和计划性。

(三)缺乏长远规划,可持续发展无法充分保障

古籍保护工作是一项长期而艰巨的任务,除需要国家层面的顶层设计外,也需要典藏单位制定适合自身状况的中长期规划。调查结果表明,虽然古籍保护工作在民族高校越来越受到重视,然而国内大部分民族高校图书馆均尚未制定和出台本单位古籍保护工作的中长期规划,使得古籍保护工作缺乏具体的目标和要求。如中央民族大学图书馆,虽然每年学校都有用于古籍保护的专项经费,但这需要古籍部工作人员每年申请项目,今年申请更换书套,明年可能申请购置修复工具,后年可能申请数字化扫描。不仅申请项目内容有变化,而且经费无法固定保证,保护工作缺乏稳定性和持续性。这种状况既有历史和制度的原因,也跟部分领导古籍保护意识和责任感不强有很大关系,特别是对古籍保护具有资源配置职能的权力部门保护古籍的意识和责任感仍需大力加强。

三、民族高校图书馆古籍保护工作机制

(一)改善古籍保管环境,强化保护基础条件

良好的保管环境可以延缓古籍老化的速度,减少虫害等对古籍的损害,是古籍保护的基础性条件。以中央民族大学图书馆为例,该馆一直重视古籍书库的建设,想方设法改善古籍保管条件。2003年建成了新的现代化图书馆,其中古籍书库面积660平方米,具有先进的火灾自动报警及灭火装置、红外防盗系统与完善的空调系统,同时配有中央监控系统、温度湿度检测仪等设备,全部古籍均以樟木隔板铁柜收藏,可以有效地防火、防盗、防潮、防虫。古籍图书实现了恒温恒湿、防火防盗、防尘防虫的保管环境,基本达到了《图书馆古籍书库基本要求》(GB/T 30227—2013)所规定的条件。西北民族大学图书馆也于前两年配置了专门的恒温恒湿空调系统。此外,就笔者所了解的情况来看,其他民族高校图书馆的保存条件均不是很理想。对此,各图书馆应该在力所能及的范围内争取更多的保护经费,对古籍保存环境进行改造,加强防虫、防尘工作,为散放的古籍制作新盒套,逐步更换原有破损较为严重的盒套等。

总之,各图书馆应通过各种方式,进一步改善古籍保管的环境,为古籍保护工作奠定坚实的环境基础。

(二)制定和完善相关规章制度

健全的制度是古籍保护工作的重要保障,是实施科学有效保护的坚实基础。

为了加强管理,保障古籍保护工作顺利进行,民族高校图书馆应该尽快制定并完善各种古籍保护制度。

目前,在民族古籍保护工作走在前列的中央民族大学图书馆和西南民族大学图书馆均有较为完善的保护制度。中央民族大学图书馆有《古籍部工作条例》《古籍部工作职责》《古籍阅览室规章制度》《古籍书库管理制度》《古籍出库入库规定》《古籍部岗位安全责任书》等制度,西南民族大学图书馆有《西南民族大学古籍保护计划》《古籍文献安全保卫制度》《古籍书库管理制度》《馆藏善本管理规定》《古籍文献出入库管理规定》《古籍修复室工作细则》等各项制度和各种公共突发事件应急预案[10]。其他民族高校图书馆也应制定和完善本单位的相关规章制度,从制度层面保障古籍保护工作的顺利开展。

(三)加强重视,尽快出台各单位古籍保护工作中长期规划

不可否认,在现有的体制下,学校和图书馆领导的重视是推进高校古籍保护工作的重要前提条件。同时,要想做好古籍保护工作,还需要与国家古籍保护中心建立良好的沟通和协调机制,加强与同行之间的交流和学习。目前,民族高校图书馆与国家古籍保护中心并无直接隶属关系,尚未建立有效的协调机制,缺乏有效的沟通渠道,在信息的沟通、分享等方面多为被动式,无法第一时间掌握行业最新信息。因此,图书馆应该通过提交报告、举办讲座等方式努力增强领导的古籍保护意识,将古籍保护工作上升到树立和保护文化遗产的高度看待,以"保护为主、抢救第一、合理利用、加强管理"为目标,结合馆藏实际情况,制定本单位古籍保护工作的中长期规划,并辅以相关的制度保障,将中期目标和长期目标结合起来,稳步推进古籍保护工作。

(四)加大人才引进力度,创新人才使用机制

针对目前民族高校图书馆古籍保护人才不足,特别是少数民族文字古籍人才奇缺的状况,应该要学会两条腿走路,一方面积极向学校申请引进人才,另一方面也要创新人才使用机制,依靠学校其他单位以及全社会的力量共同完成相关工作。

首先,各民族高校图书馆应通过多种渠道积极向学校申请引进古籍保护相关人才。除需要图书馆积极争取外,学校行政部门也应该充分认识到古籍保护工作的紧迫性,突破部门利益藩篱,大力支持图书馆的古籍保护工作;同时在图书馆现有工作人员的岗位安排上适当向古籍保护工作倾斜,可在图书自助借还系统投入使用后,在全馆范围内遴选学历层次较高、专业背景与古籍保护相关的工作人员补充至古籍部,并进行严格的培养,通过"传帮带"等方式提高其工作技

能,直至胜任工作岗位。

其次,创新人才使用机制。面对民族古籍人才奇缺的状况,想做好这项工作就需要创新人才使用机制:可以建立馆内工作联动机制,将图书馆内懂得藏文、蒙古文等少数民族语言文字的工作人员充实到少数民族古籍整理和保护工作中去;借鉴干部借调等制度,依托各高校在少数民族语言教学和科研方面的师资优势,积极向相关部门争取将相关老师邀请到图书馆集中一段时间从事少数民族文字古籍保护工作。

(五)加快古籍再生性保护工作,积极分享古籍保护成果

古籍的再生性保护是利用现代科技手段对古籍进行再加工,通过影印出版、缩微和数字化等形式,实现古籍形式和内容的转移和再揭示,既可保存古籍原本,又可将原本信息完整呈现给读者,可使古籍化身千百,永久传承。通过载体转移,即使原件毁灭了,其记载的内容仍可以保存下来,供读者阅览。民族高校图书馆应积极通过多种渠道争取经费,加快古籍再生性保护工作,并在条件允许的情况下逐步为读者提供保护成果的全文数字化阅览服务,使古籍得到更广泛的利用。在数字化的建设方向上,应以自身的古籍资源特色为基础,建立专门的特色数据库。

民族高校图书馆还应该积极利用古籍保护成果,努力实现资源的共建共享。各图书馆可利用自身文献特色和优势,联合其他少数民族文字古籍典藏较多的单位实施民族古籍文献数字化保护与共享项目,建立民族文献古籍数字化及共享系统,实现民族古籍文献的资源整合。为了提高共享的效果,应使用统一平台、统一界面、统一检索词、统一信息表达式、统一规范的检索门户以及统一的数据维护约定[15]。此外,还应积极加入和参与中国高等教育文献保障系统(CALIS)的"学苑汲古——高校古文献资源库"与"中华古籍资源库"等古籍数字化项目,扩大资源的共享,提升古籍藏量,提高古籍的使用效率。

(黄金东,中央民族大学图书馆副研究馆员)

参考文献:

[1]国务院公布第五批《国家珍贵古籍名录》和"全国古籍重点保护单位"[EB/OL].(2016-05-17)[2017-08-01].https://www.sohu.com/a/75845830_317737.

[2]2015年全国高校图书馆古籍整理与保护高层论坛暨学术研讨会在中山大学召开[J].大学图书馆学报,2016,34(1):129.

[3]覃燕梅.我国高校图书馆古籍文献保护工作研究[J].图书馆论坛,2007(4):36-38,115.

[4]王展妮.高校图书馆古籍保护问题研究[J].福建图书馆理论与实践,2012(3):60-61,59.

[5]程仁桃,杨健.高校图书馆古籍保护的现状与展望[J].图书馆工作与研究,2009(8):61-63.

[6]谢琳,严峰,眭骏.2015年全国高校图书馆古籍工作情况调查报告[J].大学图书馆学报,2016,34(5):51-58.

[7]李筑宁.论文化多样性与民族高校图书馆民族古籍保护工作的可持续发展[J].贵图学刊,2012(4):4-6,12.

[8]王文兵,谭黎.少数民族地区图书馆铭刻古籍资源建设研究:以土家族铭刻古籍为例[J].高校图书情报论坛,2016(4):46-49.

[9]李婷.中央民族大学图书馆古籍的收藏与价值[J].西北民族大学学报,2008(5):142-145.

[10]阳广元.西南民族大学图书馆古籍保护利用现状与规划[J].图书情报工作,2013,57(S2):108-110.

[11]列来拉杜.为了古老民族文化的绽放:记西南民族大学少数民族古籍文献研究团队[J].民族画报(汉文版),2016(12):64-67.

[12]服务立馆　人才强馆　特色兴馆　开放活馆:贵州民族大学图书馆新常态[J].贵图学刊,2014(4):77-78.

[13]杨莉.民族院校图书馆古籍整理开发的实践与探索:以西北民族大学图书馆为例[J].社科纵横,2011,26(11):123-126.

[14]桂兰.浅谈西北民族大学图书馆馆藏古籍的开发与利用[J].社科纵横,2008(6):156-157.

[15]马春燕.我国民族高校图书馆数字化特色资源建设探析[J].图书情报工作,2006(11):86-90.

全国古籍普查登记工作收尾及发展方向

The Finishing Touches and the Developing Direction of the National Chinese Ancient Books General Investigation and Register Work

洪 琰

摘 要：全国古籍普查登记工作是全面了解全国古籍存藏情况、建立古籍总台账、开展全国古籍保护的基础性工作。2020年是"十三五"规划的最后一年，也是全国古籍普查登记工作的收尾之年，在做好收尾工作的同时也应做好古籍普查登记工作的统计和最终工作报告。古籍普查编目工作今后将在广度和深度上继续延伸。

关键词：全国古籍普查登记工作；古籍普查登记工作报告；工作发展方向

一、全国古籍普查登记工作及发展现状

全国古籍普查登记工作是全面了解全国古籍存藏情况、建立古籍总台账、开展全国古籍保护的基础性工作。全国古籍普查登记工作的中心任务是通过每部古籍的身份证——"古籍普查登记编号"和相关信息，建立国家古籍登记制度，加强各级政府对古籍的管理、保护和利用[1]。

《中华人民共和国国民经济和社会发展第十三个五年规划纲要》2016年3月正式发布，第十六篇"加强社会主义精神文明建设"中"专栏25　文化重大工程"明确提出："实施中华古籍保护计划。基本完成古籍普查工作，推动古籍原生性和再生性保护，推出300种国家重点古籍整理出版项目，建设国家古籍资源数据库。"这是"中华古籍保护计划"首次被列入国家五年规划纲要。把"基本完成古

籍普查工作"放在"中华古籍保护计划"的头等位置,表明国家对古籍普查工作的要求进一步提高,完成古籍普查工作的任务迫在眉睫。

各省级古籍保护中心在这个目标下,与基层工作人员、古籍普查志愿者等共同努力,加快古籍普查登记的速度。国家古籍保护中心统筹协调,并以培训等形式,加快普查数据的审校速度,促进普查成果的转换。截至2019年底,全国古籍普查完成总量270余万部另1.8万函(含部分少数民族古籍数据,个别省份上报数据含民国数据),占预计总量的90%以上。2760家古籍收藏单位完成古籍普查登记工作,占预计总量的92%以上。累计完成301家收藏单位的《全国古籍普查登记目录》共计86种129册,收录91万余条款目。"全国古籍普查登记基本数据库"累计发布217家单位古籍普查数据772861条7447203册。

2020年是"十三五"规划的最后一年,也是全国古籍普查登记工作的收尾之年,在做好古籍普查登记的收尾工作时也应做好古籍普查登记工作的统计和最终工作报告。

2019年5月,国家古籍保护中心下发了《国家古籍保护中心关于提交〈古籍普查登记工作报告〉的通知》(国家中心发〔2019〕2号),要求各省级古籍保护中心编制各辖区《古籍普查登记工作报告》,并提交国家古籍保护中心。

二、《古籍普查登记工作报告》的编制

编制《古籍普查登记工作报告》,可以全面掌握我国古籍的基本情况,总结全国古籍普查登记工作情况及成果,为政府确定古籍保护发展战略和规划、制定古籍保护管理的各项政策和措施提供支撑和依据,为国家有关部门、单位和社会公众提供统计信息服务。

《古籍普查登记工作报告》编制主要包括五部分内容:工作背景、工作情况、数据汇总、数据分析、主要成果。以古籍普查登记数据资料的量化分析为重点。

2012年至2016年,国务院统一部署开展了第一次全国可移动文物普查。《第一次全国可移动文物普查工作报告》中指出,"按文物类别统计,钱币、古籍图书、档案文书、陶器、瓷器5个类别数量最大,占总量的70.78%"[2]。

《古籍普查登记工作报告》是对古籍图书这一品类普查之后细化和深入的报告,报告内容应注重以下几个重要方面:

(一)新增古籍收藏单位的统计分析

在古籍普查登记工作中,通过古籍普查工作人员的宣传和排查,发现不少原来未知的古籍收藏单位。也有些单位上报有古籍收藏,但在工作人员核实时,发

现多是民国线装书或者古籍影印复制本。2012年调研时，古籍收藏单位有2223家，截至目前，完成普查的古籍收藏单位就达到2760家。其中西藏古籍收藏单位数量激增，在西藏自治区古籍保护中心的努力下，工作人员深入基层前往全区调研普查，不放过任何有古籍的寺庙、村庄和个人，现已有1160家单位及个人完成古籍普查，并有多部普查发现的古籍申报及入选《国家珍贵古籍名录》。

在古籍收藏单位中，除了公共图书馆系统，还有较多的是属于教育系统。在高校之外，也发现不少中学藏有古籍。北京市古籍保护中心在进行调研、普查的过程中，逐步发现了一些之前未曾调研过的市属单位也藏有古籍，如北京市第二十四中学、北京师范大学附属实验中学、北京市第三十五中学等。这些新发现，或是通过工作中接触所知，或是藏书单位通过各种渠道与北京市古籍保护中心取得联系后所知，都是古籍普查范围逐渐扩大的直接成果。

(二)对新编古籍的统计分析

新编古籍一部分是新发现古籍收藏单位的古籍，这部分古籍之前没有进入人们视野，虽然以普通古籍为主，但也偶尔会有珍贵版本，都应得到妥善的保存和保护。比如陕西省榆林市星元图书楼所藏的一部清雍正印本《永乐南藏》，即是在全面普查中发现的一部珍贵典籍。此部大藏经系清雍正年间榆林定慧寺请印，虽然该馆所藏还不足全藏的六分之一，但整体保存尚好，且此部印本有大量清初补版，版心处镌有助刊人名，卷末也常有施经愿文等，另外在两纸相接处一般还阴刻有募者、书者、刻工姓名等，信息量很大，具有较高的文献价值[3]。

另一部分是已知古籍收藏单位的未编古籍及新采进古籍。这部分古籍中不乏珍品。如上海图书馆在整理未编书时，发现宋刻残本《杜工部草堂诗笺》一部一册，与国家图书馆藏本原为一部，同为季振宜藏书；另发现元刻本《书集传辑录纂注》一部四册[4]。福建省图书馆在普通古籍书库的普查过程中，在拓本中发掘出《兰亭序》暨《洛神赋十三行》(又称"玉版十三行")，以及《大唐西京千福寺多宝佛塔感应碑文》两件珍贵碑拓本；近年还新采进了宋元祐五年(1090)刻福州东禅寺等觉禅院《崇宁万寿大藏》本《大威德陀罗尼经》卷四[5]。

(三)现存古籍类型的统计分析

此次古籍普查登记工作普查对象基本是汉文普通形制古籍，少数省、自治区、直辖市涉及汉文碑帖、少数民族文字古籍等的普查。(对现有普查古籍类型进行分析，可以为我们下一步工作提供思路，以更好地规划未来发展方向。)如重庆图书馆利用国家古籍保护中心举办的碑帖普查编目培训班，在本馆工作人员的努力下，将本馆藏碑帖完成编目，形成《重庆图书馆藏碑帖普查登记目录》。

(四)现存古籍版本类型及版本时代的统计分析

根据现存古籍的版本类型,统计刻本、套印本、写本、抄本、稿本、活字本、钤印本、彩绘本、石印本、铅印本及其他类型的数量,做定量分析,同时也对现存古籍的版本时代做定量分析。这不仅是对我国现存古籍现状的直观展现,也是深入研究的基础。对于印刷史、文化史、古籍保存保护的研究,都是一个很好的量化基础。同时也能对全国数字化的实施,起到很好的参考作用。以浙江为例,全省古籍版本类型丰富,数量最多的是刻本,部数占比51.02%,册数占比55.05%。部数排在第二至第四位的分别是铅印本、石印本、抄本,分别占比17.71%、16.58%、5.19%(统计含民国传统装帧书籍)。全省藏书版本年代从南北朝以迄民国,并有部分日本、朝鲜、越南本。其中南北朝、唐、五代计19部20卷(册),均为经卷。宋代计67部508册(卷),多为宋刻宋以后递修本。蒙古本2部38册。元代计156部2971册。明、清、民国共计2486788册,数量占比99.21%[6]。

(五)全国古籍普查登记工作中的实践经验

全国各省、自治区、直辖市在古籍普查登记过程中充分发挥自主性,因地制宜,其工作方法、方式及具体流程,都为古籍事业乃至文化事业的发展提供了可资借鉴的宝贵经验。

在全国古籍普查登记工作开展过程中,培训工作一直与其紧密结合。工作初期的普查培训班以"全国古籍普查登记平台"的使用和古籍著录为主,到后期转向以古籍数据审校为主。从初期的课堂讲授与实践结合,到后期实践为主、老师随堂辅导,培训内容和方式的转变,都与具体工作相结合,根据工作阶段的转变而变化。古籍普查培训的模式也为古籍培训的发展提供了新的思路和方向。

2015年中国古籍保护协会成立以来,就发起了"中华古籍普查文化志愿服务行动",旨在通过组织高校学生参加古籍普查,发动社会力量参与古籍保护工作。五年来,吸引了来自全国145所高校近千名大学生志愿者的积极参与。志愿服务团队深入19个省份216家基层古籍公藏单位,完成古籍普查146万(件),有力地促进了全国古籍普查登记工作进程,取得了良好的社会效益[7]。此行动为社会力量投入古籍保护事业提供了很好的范例,同时也促进了中国古籍保护协会的发展壮大,为古籍志愿服务提供了宝贵经验。

三、下一步工作发展方向

在全国古籍普查登记工作基本完成之后,与普查编目相关的古籍保护工作如何发展?从我们现有工作出发,可以有两个维度的延伸。

一是在广度上延伸。目前全国古籍普查登记工作集中在汉文普通形制的古籍上,少数地区和收藏馆做了少数民族文字古籍普查,一部分做了碑帖普查。在其他少数民族文字古籍和其他类型古籍方面,还有广阔的空白等待填补。另外,从参与普查的单位来看,宗教系统是比较薄弱的环节,虽有部分宗教单位参与了古籍普查,如西藏地区的宗教单位及河南嵩山少林寺、沈阳大慈恩寺、南京栖霞寺等,但还有大量寺庙的古籍未能开放普查。深入宗教系统进行古籍普查登记工作,也是将来可以努力的一个方向。

二是在深度上延伸。全国古籍普查登记工作目的是通过每部古籍的身份证——"古籍普查登记编号"和相关信息,建立国家古籍登记制度,其所需基本信息相对简单。在此基础上,各古籍收藏单位可对基础数据进行分类排序,按目录学的标准,编纂出版本馆的分类目录。省级古籍保护中心则在另一层面编纂《中华古籍总目》(分省卷),将本辖区内的古籍分类排序,展现本辖区内古籍收藏及构成,也是对各地区做的"××文库"等地方文献集成的一个有力补充。

除对已有古籍数据深入加工外,还可以从古籍的内容上深入挖掘。古籍不仅具有文物性,还具有文献性。为古籍尤其是善本撰写书志、提要等,深入挖掘其文献价值,是传承发展中华优秀传统文化的重要手段。在这方面,已有一些先行者,如国家图书馆、中山大学图书馆等。国家古籍保护中心也编辑、出版有《书志》,提供了可供发表成果的平台。

全国古籍普查登记工作基本完成后,还有大量延伸性工作可开展,在此基础上的古籍保护工作也将有新的发展。

(洪琰,国家图书馆馆员)

参考文献:

[1] 全国古籍普查登记方案[EB/OL].(2012-2)[2020-04-24].http://www.nlc.cn/pcab/gjpc/.

[2] 国务院第一次全国可移动文物普查领导小组办公室,国家文物局.第一次全国可移动文物普查工作报告[EB/OL].(2017-04-07)[2020-04-24].http://www.ncha.gov.cn/art/2017/4/7/art_1984_139379.html.

[3]《陕西省二十二家公共图书馆古籍普查登记目录》编委会.陕西省二十二家公共图书馆古籍普查登记目录[M].北京:国家图书馆出版社,2018:前言.

[4] 上海图书馆未编古籍新发现两部宋元刻本[EB/OL].(2018-06-12)[2020-04-24].http://www.shanghai.gov.cn/nw2/nw2314/nw2315/nw17239/nw17240/u21aw1317805.html.

[5] 撷英咀华:福建省图书馆古籍普查谱新篇[EB/OL].(2013-03-28)[2020-04-24].http://www.guji.cn/web/c_00000019/d_13301.htm.

[6] 浙江省古籍保护中心.浙江省古籍普查报告[M].北京:国家图书馆出版社,2017:69-71.

[7]"2019年中华古籍普查文化志愿服务行动"总结座谈会在渝召开[EB/OL].(2019-10-17)[2020-04-24].http://www.chinaabp.cn/dtzx/xhdt/201910/t20191017_183296.htm.

"国际视野下的图书馆古籍编目"高级研修班综述

Reviews of the Advanced Seminar of "Cataloging of Ancient Books in Libraries from a Global Perspective"

李 理 姚小燕

摘 要:2019年10月8日至12日,"国际视野下的图书馆古籍编目"高级研修班在天津师范大学举办。来自全国各地及海外的60余名从事古籍保护相关领域的学员参加了本次高研班。9位国内外一流的业界专家围绕"古籍编目与书志撰写""国内外文献编目发展""特种文献编目"等主题进行了集中授课,与此同时,高研班还采用了现场考察、分组研讨等多种教学形式。本次高研班将为培养古籍编目高端人才、推动古籍编目标准化进程、完善古籍编目学科建设提供建设性的思路。

关键词:古籍编目;古籍保护;人才培养;国际视野;高级研修班

2019年10月8日至12日,由天津市人力资源与社会保障局主办,国家古籍保护中心、中国古籍保护协会指导,天津师范大学古籍保护研究院与天津师范大学图书馆共同承办的"国际视野下的图书馆古籍编目"高级研修班如期举办[1]。本次高研班是天津市人力资源和社会保障局"经济社会发展重点领域人才培养工程"市级高级研修项目,是天津师范大学古籍保护研究院成立以来,继2018年10月"新时代的古籍保护研究与新技术应用"高级研修班[2]后举办的第二次高层次古籍保护人才培训会议,其聚焦于古籍编目的国际视野,致力于培养国内古籍编目高端人才的宗旨,对于推动国内古籍编目的现代化可持续发展具有战略性的意义。10月8日,学员报到并进行现场教学,实地考察天津师范大学古籍保护中心；在 9 日上午举行的开班仪式上，天津师范大学校长、天津师范大学古籍保护研究院综合管理委员会主任钟英华，国家图书馆副馆长、国家古籍保护中心副主任张志清，天津市人力资源与社会保障局专业技术人员管理处处长田海嵩，全国人大代表、天津市政协副主席、天津师范大学古籍保护研究院院长高玉葆先后致辞，并表达对此次高研班的高度重视。

本次高研班对课程进行了精心设计，内容包括介绍中外古籍编目的现状，总结古籍编目发展历程，借鉴国际文献编目新动态，知晓拓片、民间历史文献等特殊类型古籍的编目特点和方法，学习中外图书馆关于古籍编目整理的不同理念和方法，探讨古籍编目事业的未来走向和相关规则的制定，意在使学员通过此次研修，接触古籍编目的前沿知识和理念，培养全球化的视野和见识，以增强其从事古籍编目工作的能力，使其成为见识卓越、能力超群的古籍编目骨干。

高级研修班面向国内外招收具有高级技术职称的古籍保护从业人员，由来自国家图书馆、北京大学、美国俄亥俄州立大学等单位的 9 名古籍保护领域专家集中授课。经统计，本次研修班共招收国内外学员 60 余名，天津师范大学古籍保护研究院 15 名专业学位硕士研究生与管理学院部分图书情报专业学位硕士研究生旁听了本次研修班课程。

一、古籍编目与书志撰写

国家图书馆副馆长、国家古籍保护中心副主任张志清在主旨报告中非常专业地叙述了中国古籍编目的进展。他从普查、总目、书志三个角度出发，为下一步古籍工作的走向，提供了关键性的建议。他指出，《中国古籍总目》只收录了部分图书馆的数据，而古籍普查登记的目的是给每一部古籍发放"身份证"，是简要的古籍编目，并强调完善级表格的著录项目仍然会继续发挥重要的作用。此外，他还介绍了古籍普查登记平台的业务处理系统、发布系统及《中华古籍总目》的编纂与收录范围。此次主旨报告，极具指向地点明了当前国内古籍分类正处于十字路口，"要不要追国际标准""怎么追""如何能够在保存民族性的同时融入国际社会"等是未来急需思考的问题。当前国际编目领域，中国没有话语权，没有办法参与并影响国际标准的制定，只有培养一批编目高端人才，才能逐步从国际外围进入核心领域，才能进一步影响世界。

天津师范大学古籍保护研究院特聘导师李国庆介绍了《中华古籍总目》的编纂起源、基本情况与分省卷的编制方法、特点等。《中华古籍总目》是落实国务院办公厅《关于进一步加强古籍保护工作的意见》文件精神的重要举措，是实施"中华古籍保护计划"的阶段性成果,同时也是目录学发展到一个新高度后所产生的必然结果,具有摸清家底、全面反映我国古籍存藏情况的重要意义。他重点介绍了《中华古籍总目·天津卷》的编纂详情,包括样稿、编制情况、新学分类表及书目和留存问题等内容,有利于其他馆的借鉴学习。目前《中华古籍总目·天津卷》已基本完成,河南、湖南、湖北、广东四地分省卷的编纂工作已经开始。

国家图书馆古籍馆鲍国强是资深的编目专家,此次报告就其切身参与的两次《古籍著录规则》的编撰展开。他首先从授课主题"国际视野下的图书馆古籍编目"与"中国古籍编目标准化"讲题之间的关系进行解读,提出中国古籍编目标准化进展不太理想,开展古籍编目标准化将有力地推进国内古籍编目工作。他在简要回顾《古籍著录规则》制定工作的基础上,分析了造成古籍编目标准化进程不够理想、著录规则制定滞后的多个原因,并进一步指出自20世纪90年代以来,我国古籍编目已经迎来了新的发展机遇。计算机的大规模应用、古籍数字化潮流、"中华古籍保护计划"的实施等,都为古籍编目标准化创造了条件。未来的古籍编目工作应该以"依据传统,敢于引领;紧随潮流,勇于革新;内容为上,形式统一;标准为纲,发扬传统"为出发点。

天津师范大学古籍保护研究院常务副院长姚伯岳教授做了题为《关于当前我国图书馆古籍编目的思考和建议》的报告。他说,"中华古籍保护计划"中"古籍普查登记""建立珍贵古籍名录"两大任务都属于古籍编目的范畴。"中华古籍保护计划"实施12年来,我国图书馆古籍编目工作取得了很大的进展,同时也面临许多问题,如编目格式与著录规则的选取无所适从,理念和技术未能跟上国外发展变化,缺乏国家标准层面的古籍分类法,古籍编目和检索平台的建设各自为战、进度不一、缺乏整合,国际范围内古籍编目人才短缺以及古籍保护学科建设中面临种种问题,等等。这些问题应当引起国家层面的足够重视,及时采取有力对策,尽早予以解决。他对这些问题逐一进行分析,并提出解决的路径和方法。他呼吁,我国古籍保护的下一个工作重点应该转移到对古籍编目的特别关注上来,要改进和完善全国性的古籍编目及其发布系统,加强对古籍编目人员的重点培养,完善古籍编目的学术研究和学科建设,保证古籍编目工作持之以恒地高质量进行。

复旦大学中华古籍保护研究院特聘教授沈津先生是国内外著名的版本目录学家。他结合自己近60年的图书馆古籍保护工作经验,讲述了古籍善本书志的价值和大量的相关历史掌故,就如何深化古籍著录做出清晰明确的讲解。讲课内容涉及海内外重要的古籍收藏和整理情况,内容丰富,妙趣横生。他指出,从书目到书志是一个由简及繁的过程,书志中所钩稽的各类信息对于考述中国古书的流传、学人的生平等是不可替代的原始资料，对于学者的研究大有裨益，因而撰写书志必须引起足够的重视。他认为没有什么工作比写作书志更具学术性，也没有什么工作比写作书志更困难。我国历史上书志的撰写困难重重，几经停滞。当今躬逢盛世，更要抓住机遇，积极行动。此次报告中，沈先生还强调书志撰写应当具备长时间的专业训练和较强的文字驾驭能力，并要非常熟悉工具书和参考书。最后沈先生指出，所谓"操千曲而后晓声，观千剑而后识器"，图书馆馆员"近水楼台先得月"，应该更多地接触古籍，多看书志，多写书志，摸索出一种便利有效的撰写方式。

二、海外文献编目发展

国家图书馆外文采编部副主任罗翀讲述了其自1998年起从事外文文献编目的历程。她介绍了国际编目规则的嬗变与创新、外文古籍的组织与管理以及中国编目的理想与现实。整个授课过程中，她不仅全面地梳理国际编目理论的发展与演变，揭示国际编目演变的内在机理，而且依据国外编目进展提出目前国内编目所存在的四组主要矛盾，并且基于这四组矛盾，提出"依托先进的关联数据新模型构建中外文编目统一平台""依托广泛的国际合作编目项目提升中国对世界编目的贡献率""依托科学的业务管理机制推动顶层设计与基础设施建设互促共进""依托成熟的图书馆业务社会化服务项目强化编目工作的核心职能"等设想，鞭辟入里，引人深思。此次授课，浓缩了罗翀女士对国内外编目事业的高深见解，实在是一场难得的文献编目知识盛宴，同时，她对这份事业的热爱与坚守，对自身职业素养"与时俱进"的钻研与提升，也为从事古籍保护事业的青年学者树立了榜样。

美国俄亥俄州立大学图书馆的中文馆员李国庆有着丰富的海外中文古籍编目经验。报告中，他介绍了《中文善本书机读目录编目规则》自2000年出版以来的三次修订，并对2017年修订版中的适用范围、版本项、各类版本、编目标识、附录等改变做出说明。他进一步指出目前北美中文古籍的编目概况不容乐观，海外中文古籍的学术研究价值并没有被很好地揭示，不仅馆藏反映不完备，著录格式不统一，版本信息与联合目录也需要进一步完善。因而，他呼吁加速"海外中文古籍总目"丛书编纂进程，尽快摸清中国古籍在全世界的存藏情况。此外，他还强调现代学者在古籍编目方面仍然要做大量的工作，如藏书印章的识别等。他系统地总结了藏书印章的变化规律、识字经验和已出版著作中的一些误认。大量例证，有效地指导了藏书印章的识别，切中学员在编目过程中的难点。

三、特种文献编目

北京大学图书馆编目专家胡海帆是中国金石拓片界领军人物,对金石拓片进行过非常系统的整理研究。在报告中,他以"金石拓片的计算机编目"为主题进行阐述。他首先介绍了碑刻、墓志、造像和丛帖这四类碑帖的典型著录实例,如详细说明了碑刻的方首、圆首、额题、首题、责任者、刻工、时间等内容,并对碑刻的制作背景、篆刻内容、学术价值等进行揭示。随后他重点介绍传拓技术及拓片的类别、收藏状况和编目工作,解释了题名、责任者、金石年代、金石所在地、版刻及说明、金石材质及说明、拓片外观形态和附注这七个著录事项的编目详情。报告中,他以北京大学图书馆所藏的大量金石拓片作为著录案例进行了细致入微的分析,内容丰富,充实具体。

中山大学图书馆副馆长兼特藏部主任王蕾及其团队对民间历史文献,尤其是徽州文书已进行了较为成熟的研究。在授课中,她首先介绍民间历史文献的基本概念与特征,指出民间历史文献是民众在生活中自发性的、原始的文字记录,其不藏于公藏机构,或由公藏机构采集自民间,类型包括族谱、碑刻、契约文书、诉讼文书、乡规民约、账本、日记、书信、曲本、药方、日用杂书等,涉及社会、政治、经济、文化等多个方面。并且民间历史文献存在地域性、无意识史料性、原始记录性、微观性、多样性、系统性、关联性等多个特点。随后她系统地阐述了民间历史文献的搜集来源、研究过程以及编目详情,并着重对中山大学民间历史文献的整理方法、分类方法和编目方法进行了讲解。最后她强调民间历史文献种类多样,辅助学科知识冗杂、琐碎,图书馆作为一个综合性的部门,要善于与学界合作,才能够做好特种文献的编目整理工作。

四、分组研讨

集中授课结束后,学员分为特种古籍组、书志撰写组、古籍编目组进行小组讨论。一个半小时的研讨后,由各组组长分别进行总结发言。

来自郑州大学图书馆的赵长海首先对特种古籍组的讨论内容进行了阐述。该组成员汇报了各单位特种文献收藏与编目的概况,重点对中山大学民间历史文献的收藏与编目详情进行提问,并就民间历史文献的概念和界定展开了激烈的讨论,如怎样区分民间历史文献与地方文献、灰色文献等。此外,他还表达了自己此次参会的感受,进一步揭示目前古籍编目领域"能者不愿、愿者不为"的窘境。希望古籍编目在今后的发展中能获得更多的政策倾斜和社会认同,也希望古籍编目人员能够热爱这份事业，并长久地坚持下去。

来自四川大学图书馆的李咏梅作为书志撰写组的组长进行汇报。该组成员就如何写书志及如何写好书志进行探讨，并揭示出缺乏具备文献学、目录学、版本学、训诂学等多学科知识的复合型书志撰写人才的现状。讨论中总结出撰写书志的两大难点：一是版本的鉴定；二是文字的辨识，如藏书印章的辨识等。这两项工作实为长久之功，需要古籍编目人员树立信心，有目标地、长期地进行书志撰写的训练和学习。小组成员还提出相关建议，如要有针对性地根据古籍的特色进行书志的撰写、像写人物传记一样来写书志等。最后他们希望书志撰写的培训机制能够更加完善，期待今后能推出一个比较好的书志撰写模式来学习。此外，举办书志撰写培训班和罗列书志撰写工具书清单也是非常必要的。

来自贵州师范大学的罗丽丽作为古籍编目组组长进行总结。该组成员主要讨论了各单位古籍收藏与编目现状，并就"如何将古籍编目与数字人文结合"这一问题进行了思考与研讨。汇报中，她表达了自己对于古籍整理事业的热爱，表示自己即使快要退休，也还是想继续坚守这一领域，并准备积极参与到机读目录（MARC）数据的编目中来。

研讨后，姚伯岳教授做了全面详尽的总结。他强调了此次研修班的主旨要义，并依次对各位老师的授课要点和特质进行提炼归纳。对于未来古籍编目的走向，他指出受此次高研班启发，国家古籍保护中心已经开始设想在全国成立一批"国家级古籍编目中心"和若干古籍鉴定编目传习所，发挥古籍编目老先生或有经验的公私藏单位古籍编目骨干的标兵作用，加强和促进古籍编目人才的培养。同时发挥国图目前作为国际图联保存保护中国中心和联机计算机图书馆中心（OCLC）编目核心馆的作用，设立系列项目，认真研究古籍编目与国际接轨等相关问题，努力提高古籍编目研究的学术水平。

五、结语

天津师范大学古籍保护研究院组织的这次高级研修班以调研参观、专题授课、分组研讨等方式，对国内外古籍编目的现状进行了深入分析与思考，探讨了国内外古籍编目的发展方向。与会学者分别就当前中国古籍编目所面临的困境、海外文献编目的新进展、特种文献的编目实例等主题发表真知灼见，令学员茅塞顿开、豁然开朗。正如中国古籍保护协会副会长李忠昊在闭幕致辞中所说："古籍编目是古籍存藏、修复、数字化等的基础工作，而此次会议的研究视角能够聚焦国际视野下的古籍编目，是非常具有前瞻性的。"

在此次高研班之后于 2019 年 11 月在南京大学举办的全国高校图书馆古籍保护工作研讨会上,国家图书馆副馆长、国家古籍保护中心副主任张志清特意提起本次高研班对他的启发,进而讲述了他在整合普查数据、建设规范的数据平台、向国际编目规则靠拢、建立中国特色的古籍目录标引体系、建立国家级古籍编目中心等方面种种新的思考。这既是对国内古籍保护领域同行的宣传和呼吁,也是对本次高研班的充分肯定。

经过此次高研班的探讨与交流,与会者就培养古籍编目高端人才、强化书志撰写、推动古籍编目标准化进程、完善古籍编目学科建设等问题达成初步共识。相信此次会议过后,中国的古籍编目将会向着更加明确而长远的目标快步前进。

(李理,天津师范大学图书馆馆员;姚小燕,南京大学信息管理学院博士研究生)

参考文献:
[1]"国际视野下的图书馆古籍编目"高级研修班举行开班仪式[EB/OL].(2019-10-14)[2019-10-31]. http://gjyy.tjnu.edu.cn/info/1071/1288.htm.
[2]我院举办的"新时代的古籍保护研究与新技术应用"国家级高级研修班在津开班[EB/OL].(2018-10-14)[2019-10-31].http://gjyy.tjnu.edu.cn/info/1071/1128.htm.

中国古籍编目标准化工作的回顾与展望

The Review and Prospect of the Standardization of the Cataloguing of Chinese Rare Books

鲍国强

摘 要：古籍编目标准化包括著录标准化和目录组织标准化。目录组织标准化当前主要问题是制定分类法标准。《古籍著录规则》主要作用有廓清著录原则、规范名词术语和明确著录项目等5个方面。古籍著录标准化走过了国标草案、讨论稿、报批稿、初版、修订版和统一版及其相关应用等环节。20世纪90年代以来，我国古籍编目工作遇到了电脑和互联网编目、元数据等数据格式与RDA编目规则出现、文献共享、数字化、"中华古籍保护计划"等方面的新机遇和新问题。今后古籍编目标准化发展工作应该包括《资源描述》修订版、指印标识号、提要、书志、分类法、主题法、元数据和RDA应用以及相应的研究与推广等方面。

关键词：古籍；编目；著录；目录组织；分类法；标准化

2019年10月9日，笔者应邀为天津师范大学古籍保护研究院举办的"国际视野下的图书馆古籍编目"高级研修班授课，按主办方所拟题目讲述"中国古籍编目标准化工作的回顾与展望"。从古籍编目标准化角度看，笔者主要是从事著录标准化工作，且古籍目录组织标准化成果未显，因而讲述重点侧重在著录标准化方面。本文根据该讲题提纲的基本框架及主要内容进行修改撰成。

一、国际古籍编目与标准化关系

（一）国际范围的古籍编目工作及其成果逐步凸显

1."中华古籍保护计划"相关的国内外古籍目录立项与完成

2007年正式开展的"中华古籍保护计划"，在国内继续做好《中华古籍总目》有关编纂工作的同时，也在着手推进境外的古籍目录编纂项目，如《日本藏中国古籍总目》《韩国藏中国古籍总目》等。既然是统一安排进行国内外的古籍编目，那就有一个规则统一问题。

2.国内外古籍善本书志目录出版发行

《美国哈佛大学哈佛燕京图书馆中文善本书志》(1999年)、《武汉图书馆馆藏古籍善本书志（第一辑）》(2004年)和《书志》专刊(2017年)等善本书志作品陆续问世，也提出了国内外古籍善本书志编目的标准问题。

3.《中文善本书编目规则》出现与修订

2000年，"中文善本书国际联合目录项目"制定并发表了中英文版的《中文善本书机读目录编目规则》。2018年，美国普林斯顿大学曹淑文等人在充分与中国大陆和台湾的善本编目规则交流协调前提下，完成了对《中文善本书编目规则》的修订。东亚图书馆协会将此提交给美国图书馆协会编目审查委员会，作为美国藏中文古籍善本编目规则使用。

2010年，国家图书馆正式开通"中华古籍善本国际联合书目系统"。它由"中文善本书国际联合目录项目"数据库演变而来，在内容方面尽可能地借鉴原数据库，但在形式上更贴近中国的学术传统和需求。

从上述工作来看，古籍编目标准化问题是无可回避的，而且已经在进行中并取得初步进展。

（二）中国古籍编目标准化进展存在的问题

1.国家标准有待于进一步完善

1987年，古籍编目领域的第一个国家标准《古籍著录规则》出版。2004年，国家图书馆完成了《古籍著录研究课题报告》。2008年，国家标准《古籍著录规则》修订版出版。正在报批的中国文献著录规则统一版《资源描述》已经纳入"古籍著录规则"。完整的古籍目录组织方面的国家标准尚未出现。古籍著录规则需要提高学术水准，走向世界融合。古籍编目标准化亟须完善体系，加强目录组织方面的标准研究与制定工作。

2.已有标准的普及程度不够理想

由于古籍编目的种种特点,"古籍著录规则"虽然已经从初版、修订版走到了统一版,但实际应用不够理想,从而也影响了它的深入研究和应有提高。

(三)古籍编目标准化将推进国内外古籍编目工作

高水平的标准化将极大地提高古籍编目工作的学术性、规范性、时效性与普遍性。

古籍及古籍编目的历史久远,但编目方式却五花八门。高水平的编目标准化工作可以提高古籍书目的制作和格式的统一程度。古籍编目工作量大,合格的人手欠缺,高水平的编目标准化工作可以提高效率,加快进度。全国古籍联合目录与国际古籍联合目录涉及面广,难度极大,其中困难之一就是欠缺大家都认可的编目标准规范。高水平的编目标准化工作可以拓展古籍联合目录的涵盖范围,助力古籍资源共享。

古籍编目标准化可以通过古籍书目,让全世界用户更好地把握所揭示古籍的实际内容,实质性提升古籍书目用户的查准率和查全率。比如,下文将要提到的古籍指印标识号系统,如果能够科学地建设与实施,也将极大地提高古籍编目的工作质量,显著节约编目时间,扩大古籍联合目录涵盖范围。

二、古籍编目标准化具体内容

古籍编目包括著录和目录组织两个环节。古籍编目标准化范畴同样也是这两个方面。

(一)古籍著录标准化

古籍著录标准化即著录法,包括著录范围、著录原则、名词术语、著录单位、著录项目、著录来源和标识符号等内容。

(二)古籍目录组织标准化

古籍目录组织标准化即标目法,包括每条古籍书目记录内部项目组织形式,以及若干条古籍书目记录相互间的先后次序等内容。

我国古籍目录组织标目法的重要内容就是古籍分类法。

机读目录(MARC)和元数据等书目数据格式规定每条记录内部项目组织形式,也属于标目法的范畴。

从我国古籍编目的历史沿革上看,著录法和标目法往往是分立的。这也造成了两者的标准化进度不同。而国际上这两者往往是一体化的,其原因与字典式目录组织有关。如从《英美编目条例(第二版)》(AACR2)到《资源描述与检索》(RDA)和《中文善本书编目规则》等都是如此。

三、古籍目录组织规则主要问题

(一)古籍分类问题

古籍目录组织标准化的工作重点目前来看仍然是古籍分类问题。古籍分类由来已久。以四部分类法为基础的古籍分类法(经、史、子、集、丛、新)占据主要地位。编制兼顾古籍分类历史和所收古籍现实的分类法非常困难。古籍分类标准化工作任重而道远。

(二)对网络环境下用户需求的适应

古籍目录组织标准化的工作方向要与网络环境下的用户需求相匹配。网络环境下用户对古籍形式和内容检索的需求发生了很大变化。RDA 提供了一个样本,《中文善本书编目规则》可以作为参考。古籍标目法的标准化还有许多工作要做。

四、古籍著录规则主要作用

虽然国家标准《古籍著录规则》的实施以及古籍著录法的标准化工作仍处于逐步拓展当中,其对古籍编目事业的促进作用也是毋庸置疑的。

(一)廓清著录原则

古籍著录法的标准化工作将历来口耳相传的客观反映著录原则,以国家标准的形式体现出来,将同一条书目记录中的完整本著录项目与复本著录项目区分开来,明确了版本、复本和组成部分的不同著录单位,要求在版本书目记录中以完整本特征著录为主。

(二)规范名词术语

古籍著录法在名词术语规范方面的标准化工作主要侧重在名词用字、定义表述等方面。

如:古籍范围的确定将有利于厘清相关书目的界限,有利于确定古籍书目的收录范围;"版心"与"书口"的区分有利于古籍版印特征著录的准确表述;"古籍版心"与"普通图书版心"不同含义的澄清有利于用户更好地利用文献混排目录的所需信息。

(三)明确著录项目

古籍著录法在明确著录项目方面的标准化工作主要侧重在项目名称、项目作用和项目内容等方面。

如依据《国际标准书目著录》(ISBD),丛编项从原先的版本项合并描述中抽出来独立为一大项,既凸显了所属丛书的应有意义,也为丛书编者及分丛书等信息的著录创造了条件,更是为所属丛书的相关特征检索铺平了道路。

(四)界定著录来源

古籍著录法在著录来源界定方面的标准化工作主要侧重在主要信息源选取处理等方面。

如古籍著录尤其是题名与责任说明项的主要信息源是正文卷端。这就为正题名的照实著录规定了基本原则,也重申了历来的著录传统。现在普通图书以及国际标准的主要信息源都是落实在题名页。以后两者有没有统一或者是某种程度上一致的可能,尚有待于古籍著录进一步的标准化研究。

(五)确定项目关系

古籍书目记录中描述项目、说明项目和规范项目(内容)的划分是著录标准化的又一个方面。

在著录规则规定的项目中,说明项目是指附注项,其前后各项都属于描述项目,规范项目属于标目法范畴,其内容散著于前两项中。把全部著录项目区分为描述项目、说明项目和规范项目(内容)三部分是一个进步,可尽量避免无法确定某一特定项目是必须客观照录还是可以记录考订结果的弊病。

古籍著录规则主要作用简述如上。实际上即便某一古籍书目没有完整实施《古籍著录规则》,规则中所包含的著录原则、名词术语、著录项目和著录来源等具体内容,在书目编纂实践工作中也有着比较大的指导意义。

五、古籍著录等标准化工作简要回顾

(一)基于《国际标准书目著录(总则)》的国家标准《文献著录总则》于1983年7月发布,1984年4月实施。《文献著录总则》所具有的国际统一的著录原则、著录项目和著录来源以及标识符号等内容给历史悠久的我国古籍编目界注入了一股全新的气息。

(二)1984年9月开始,当时的北京图书馆和北京大学图书馆分别安排有关人员根据《文献著录总则》的原则精神起草《古籍著录规则》的国家标准草案。

北京图书馆方面是由薛英和笔者负责,到1985年上半年拿出国家标准《古籍著录规则》征求意见稿。

北京大学图书馆方面是由沈乃文和曹淑文负责。曹淑文还将国际图联(IFLA)1980年第一版ISBD(A)《国际标准书目著录》[古籍(善本)]的英文版翻译成中文,作为起草著录规则的参考文献。1985年5月北京大学图书馆完成了国家标准《古籍著录规则》建议草案。

(三)1985年7月,在北京大学图书馆与北京图书馆的四位起草人进行了多次讨论和交流,并由全国文献工作标准化技术委员会第六分委员会在张自忠路北召集分则起草工作讨论会议专门听取有关编目专家意见的基础上,修改形成"讨论稿"。

(四)1985年11月20日至23日,六分会在成都召开讨论会,与会同行对"讨论稿"提出修订意见。

1985年六分会成都讨论会合影
(前排左二林德海、左六闫立中、左七段明莲、左八曹淑文,后排左六沈乃文、左七鲍国强)

(五)1986年4月,六分会在沈阳召开终审会。1986年7月,根据终审意见修订形成"报批稿"。

(六)1987年1月3日,国家技术监督局发布国家标准《古籍著录规则》(GB3792.7—87),1987年10月1日,该标准在全国正式实施。这是中国古籍编目著录史上第一部采用国际标准书目著录格式(ISBD)而形成的国家标准著录规则。

1987年版《古籍著录规则》只规定了"版本项",认为"出版发行项"不适合古籍著录。

(七)1988年12月,北京图书馆普通古籍组编纂完成《北京图书馆普通古籍总目(目录门)》(笔者挂主编名),1990年8月由书目文献出版社正式出版。这是我国第一部正式出版的按照国家标准《古籍著录规则》编纂的古籍目录。此目只有"版本项",没有"出版发行项"。

(八)《古籍著录规则》修订版(GB/T 3792.7—2008)于2008年7月16日发布,2009年1月1日正式实施,起草单位有国家图书馆、北京大学图书馆和北京师范大学图书馆,主要起草人有笔者、沈乃文和杨健等人。

此修订版与第一版相比有两大主要变化:

1.将"版本项"拆分为"版本项"和"出版发行项"。前者著录古籍的版本类型等;后者著录古籍的出版、发行和印刷事宜,并根据古籍实际情况明确规定了"修版地、修版者、修版年"的著录内容。

2.根据1990年第二修订版ISBD(A)已经实施的"完整本著录原则"及其以版本为著录单位的立目标准,将载体形态项和附注项分为完整本和复本两部分特征。其中,古籍完整本特征是指一种古籍制作完成时已经具有的内容和形式特征,古籍复本特征是指一部古籍在流传和典藏过程中新产生的内容和形式特征。

(九)2012年,由国家图书馆、上海图书馆、北京大学图书馆、清华大学图书馆、中科院文献情报中心、中国科技信息所等机构发起,启动了我国统一的文献著录规则的研制工作。这就是中科院文献情报中心宋文召集起草的国家标准《资源描述》(到2017年基本起草完毕,现正在报批中)。笔者负责的古籍著录规则是其中的一个组成部分,并含有指印标识号。

(十)在古籍书目数据格式方面,2001年10月北京图书馆出版社出版了根据文化行业标准《中国机读目录格式》(WH/T 0503—96)和2001年3月版《中国机读目录格式使用手册》编写的《汉语文古籍机读目录格式使用手册》,由笔者和程有庆主编。国家标准《中国机读书目格式》(GB/T 33286—2016)于2016年12月13日发布,2017年4月1日实施。其中012字段就是"指印标识"。

另外,国家标准《中国机读书目格式》和它的前身2004年3月版《新版中国机读目录格式使用手册》与古籍编目标准化有密切关系的还有两个主要内容。

1.古籍四部类名首次进入国家标准

根据国际图联最新版UNIMARC中140字段(古籍一般性数据)加入了193字段(中国古籍——一般性数据),其中"书籍代码——内容类型"元素列出"春秋""四书"等80多个四部类名及其代码,可用于所编古籍内容的标准化标引,但从古籍分类角度看并不是完整的古籍分类法。

2."完整本著录原则"作为国家标准正式内容从一般著录规则深入到书目数据格式

UNIMARC 中的 140 字段（古籍一般性数据）等字段反映了"完整本著录原则",141 字段（古籍藏本形态特征）等字段记录古书复本特征。我国的《新版中国机读目录格式使用手册》和《中国机读书目格式》随之也有了 193 字段（中国古籍——一般性数据）和 194 字段（中国古籍——藏本形态特征）。后者加上 316（现有藏本附注）、317（出处附注）和 318（操作附注）等字段，专门用于记录古籍复本特征。

由此，古籍的批校题跋及其作者等复本特征在机读书目数据格式中有了合适且正式的著录位置。

上述"藏本"和"复本"的概念内涵在现阶段大体是差不多的，但后者适用范围更广一些。如果上述国家标准需要用于"佚书目录"，那编目对象就不好称作"藏本"了。另外，如果国家标准需要用于包含"藏本"和"未藏本"的"古籍目录"，也是使用"复本"的概念比较好。2008 年版《古籍著录规则》就是如此。

根据 ISBD(A) 和 UNIMARC 以及上述新版国标，"复本"都是包括同一版本的第一部。这与我国以前沿用的复本概念（不含第一部）相比有了新变化。

（十一）上述中国古籍指印标识号已经进入研究实验阶段。2016 年 7 月，国家图书馆与法国远东学院合作项目已正式分别在两国上网公开使用的"徽州善本家谱印刷资料数据库"（笔者是编纂工作首要负责人）中，为全部印本家谱配置了古籍指印标识号。本项实验工作由笔者负责实验设计并实际操作。正在报批的国标《资源描述》中"8 指印项"的示例即使用了"徽州善本家谱印刷资料数据库"中一部家谱的指印标识号。示例如下：

明万历三十三年(1605)刻本《休宁范氏族谱》

指印特征：卷 1 第 1 叶正面第 6 行第 6 字为"補"，卷 2 第 1 叶正面第 6 行第 6 字为"禮"。

指印标识号：chi1a0101a0606 補 0201a0606 禮 001

六、参加古籍著录等标准化工作体会

35 年来，笔者个人参加古籍著录标准化工作的主要体会：

（一）从国际范围，到国家层面，再到图书馆业内，有关古籍著录标准化工作的倡导者和实践者不乏其人，成果发布不晚。

我们编目界前辈黄俊贵、冒立中以及国图李致忠、薛英等先生都是我们的引领人。古籍著录标准化工作基本进程与其他文献类型相比,大致同步,落后并不多。

(二)在我国古籍编目领域,古籍数量众多,经验积淀深厚,观念角度各异,造成古籍著录标准化分歧问题较多,尚需进一步研究解决。

比如,"古籍"范围要素沿变:

1987年版国标《古籍著录规则》界定古籍范围要素有地域、时限、内容、装订4项。

2008年版国标《古籍著录规则》界定古籍范围要素有地域、时限2项。

2014年版国标《汉文古籍特藏藏品定级　第1部分　古籍》界定古籍范围要素有地域、时限、装帧3项。

正在报批的国标《资源描述》界定古籍范围要素有地域、时限2项。

上述诸国标的古籍范围要素中,"地域、时限"(中国、1912年以前)均认为须具有,"内容"(反映传统文化,指不含新学)均不再提及,"装帧(装订)"要素尚有不同看法,需要进一步探讨统一。

上面提到的著录规则中"版本项"与"出版发行项"的分合历程也反映了类似问题。

(三)因为系统深入研究不够、宣传推广不足、编目工作体量大,加上比较注重"古籍自身特点"等原因,我国古籍编目标准化工作的进程尚不够理想。主要表现在作为国家标准的著录规则和数据格式的应用还不够普遍精准,或未能做到及时全面,古籍分类法等标目法的标准化进程滞后。

如著录规则中的"版本项"与"出版发行项"的分合,其实1986年4月六分会在沈阳召开的终审会上已经认识到分立的必要性,但为了照顾大家的习惯,1987年国标只有"版本项",没有"出版发行项"。其后不久,大家在认识上也认可了"版本项"与"出版发行项"应该分立,2008年版国标即体现了这一点,但我们有许多古籍目录中并没有实施,也影响了我国古籍目录在国内外文献交流方面的融合进度。

笔者认为,中国古籍的"自身特点"要体现在编目内容中,而不要拘泥于编目形式上。实际上著录用文字(古籍著录须用繁体字)其实也属于编目形式问题。

所谓"系统深入研究不够"包括古籍特征、古籍分类法独立性、国际古籍编目工作新发展和我国古籍编目标准化系统等方面。

古籍特征方面,举个很小的例子,如历史上"覆刻本""影刻本""摹刻本"和"仿刻本"等概念的异同,又如上文提到的"书口"与"版心"的区别、"古籍版心"

与"普通图书版心"的不同内涵,等等,都需要从古籍著录标准化角度进行系统深入的研究探索,以增强国标的规范与普遍意义。

至于古籍分类法独立性问题是指现阶段古籍分类法往往是依附于某一种具体的古籍目录(书目数据库)或某个(若干个)馆藏而存在的,古籍分类法完全从书目中独立出来的不多见(国图等单位和个人曾有过古籍分类法比较研究等项目),所以很难进行系统深入研究,故而也难以走上标准化道路。而实际上我国古籍已经有了"1911年底"的下限,古籍总量和内容范围有了限度,应该也为古籍分类法的独立并标准化创造了前提条件。

七、古籍编目工作新机遇

20世纪90年代以来,我国古籍编目工作碰到了许多前所未有的新机遇和新问题:

(一)电子计算机的应用,改变了古籍编目工作方式与编目成果的保存及检索方式

20世纪末,我国古籍编目工作方式普遍由手工改为电脑。书目记录字面美观、编辑加工方便、款目存储海量、检索处理快捷、自动校对迅速,尤其是突破了编目卡片信息容量很小和手工存检卡片缓慢等条件的制约,为古籍编目标准化工作开拓了相当宽广的前景。

(二)古籍编目进入互联网等网络系统,改变了编目信息的交流方式

古籍编目工作、成果及其服务进入网络时代。联机编目、联机检索,全国一家人,全球一个村,交流的需求是古籍编目标准化工作的内在动力。

(三)ISBD、MARC、元数据乃至RDA的出现,对古籍编目提出了新的理念和挑战

DC元数据由美国OCLC与国家超级计算应用中心(NCSA)联合发起,并由图书馆界、电脑网络界专家共同研究产生,目的是希望建立一套描述网络电子文献的方法,以便网上信息检索。

《资源描述与检索》(Resource Description & Access, RDA)是由美、英等国联合编制的元数据内容标准,是《英美编目条例(第2版)》(AACR2)的升级产品,其目的在于满足数字环境下资源著录与检索的新需求,因而成为全球信息资源描述与检索标准。

编制RDA出于两方面的原因:一是网络环境下编目工作新的概念模式《书目记录的功能需求》(FRBR)和《规范数据的功能需求》(FRAD)的出现,使编目

规则也要适时做出修改;二是 AACR2 的不适应性,其规则不能完全适用内容和载体交叉的资源,特别是不断涌现的数字资源,都对现有编目规则提出了新的挑战。

RDA 的出现,对于我国图书馆编目工作是一个挑战。各文献单位都在考虑何时采用 RDA 进行文献编目,何时根据 RDA 修订《中国文献编目规则》等本地规则。

上述元数据及 RDA 对于古籍编目及其标准化工作也是一个挑战。对于元数据,我们已经有文化行业标准《古籍元数据规范》(2014 年);对于 RDA,美国的《中文善本书编目规则》(2017 年)则吸纳得更多一些。

(四)全球范围的信息资源共享大潮是古籍编目标准化发展的大趋势

在编的《中国历代图书总目》项目首次推动了古籍大规模与普通图书一起进入同一种书目,"中华古籍保护计划"相关的《日本藏中国古籍总目》《韩国藏中国古籍总目》等项目,以及中华书局正在进行编纂出版的"海外中文古籍总目"丛书,客观上也在推动古籍编目标准化的应有发展。

(五)古籍数字化潮流为古籍编目标准化发展提供了新的条件

全球古籍数字化浪潮不以古籍编目人员的惯性意志为转移,它所提供的推动力为编目标准化工作呈现了新的远景。按目前认知看,书目记录数字化是古籍数字化准备阶段,古籍影像数字化是数字化初级阶段,古籍重组资源库数字化是数字化中级阶段,古籍知识规范数字化是数字化高级阶段。这些古籍数字化项目已经为或将为编目标准化发展提供动力。古籍数字化也拓展了古籍编目标准化实际工作涉足的深度(字口、墨色和版痕等)与广度(古籍原件替代品获取范围扩大)。

(六)"中华古籍保护计划"对古籍编目标准化发展提出了新任务

"中华古籍保护计划"相关的各工作项目,尤其是重头项目《中华古籍总目》,对于古籍著录和目录组织标准化发展的重要意义是毋庸置疑的。如果该计划能够使古籍分类法独立走上标准化道路,使古籍著录的标准化工作更上一层楼,那对于有关各方面都是一件大好事。

(七)古籍编目的深入、准确和完整揭示也为编目标准化工作提出新的发展需求

国内外陆续推出的古籍书志目录、古籍指印标识号理念的提出与实验,都预示着古籍编目正在借助电脑、网络、数字化以及信息资源共享的东风,向着深入、准确和完整揭示的编目层面持续推进,也对编目标准化提出了更高的要求。

八、未来古籍编目标准化工作的深度与广度

古籍编目标准化工作应以标准制订为主,但编目标准化研究和推广工作也不容忽视,其重要性甚至有过之而无不及。笔者认为提高古籍编目标准化水平的出发点应该是:

(一)依据传统,敢于引领。我们有着深厚的古籍编目经验积累,许多编目标准化工作可以尽早做起来,在进行过程中不断完善。

(二)紧随潮流,勇于革新。国际编目标准化已经提供了很好的样本,我们应该抓紧本土化进程,加快国内外古籍编目标准的融合。

(三)内容为上,形式统一。在古籍编目标准化道路上秉持"内容为上"理念,标准的格式和形式尽量服务于内容。

(四)标准为纲,发扬传统。以标准弘扬优秀文化。根据标准内核,同步发展传统形式古籍书目。只要坚持标准内容原则,无论是整体实施标准,还是应用标准的有关内容,都属于编目标准化进程范畴。

据此,可以提出关于古籍编目标准化发展方向的几点思路:

(一)根据《资源描述》修订版需求深入研究古籍著录课题

我国文献著录规则统一版《资源描述》尚在报批中,但上述RDA原则精神在古籍编目领域的应用已经提到议事日程,我们要未雨绸缪,按国标《资源描述》修订版需求深入研究古籍著录相关课题,重点有:

1.名词术语增订。古籍著录有不少名词概念亟须厘清定义,并上升到国标层面。

2.完整本著录原则完善。区分好完整本著录与复本著录,做好复本著录和析出著录,就是对完整本著录原则的进一步完善。

3.《资源描述》古籍部分推广工作。切实做好标准的研究与推广工作,以免《资源描述》在古籍编目领域被束之高阁或影响甚微。

(二)古籍指印标识号编制规则

古籍指印标识号已经从理念引进过渡到实验验证阶段,在进一步深入而广泛进行系统研究的基础上,编制国标《指印标识》应可进入实操作业,同时在以下方面进行重点工作:(1)拓展指印标识号实验范围,以搜集并研究更具普遍意义的各类统计数据。(2)完善指印标识号编制技术,使之在简明的基础上更具精准标识功能。(3)跟踪国际指印标识号相关工作进程,力求建立合作关系,共同提高。

(三)古籍提要撰写规则

以《四库全书总目提要》为代表的古籍提要编写传统,是我国历史悠久的古籍编目领域的优秀文化遗产,理应发扬光大。我们应该从标准化角度系统研究古籍提要遗产,起草相关国家标准,发展古籍提要目录事业,并进一步走向世界。

(四)古籍书志撰写规则

国内外古籍书志撰写成果陆续涌现,书志撰写工作积极性持续高涨,这就为古籍书志撰写走上标准化发展道路创造了条件。我们应该不失时机地系统而深入地研究古籍书志撰写工作规律与成果,起草相关国家标准。

(五)古籍分类法

迄今为止古籍分类目录种类繁多,古籍分类法理念众说纷纭,比较权威的古籍分类法并非没有,却始终没有出现国标层面的古籍分类法,极大地制约了相关工作进程。其原因之一大概是都想有个完善的分类体系,以致欲速不达。实际上所有图书分类法都是"瘸腿"的,古今中外,概莫能外。我们大可以推出现阶段大致符合古籍内容状态的国标古籍分类法。国家图书馆在2004年有过《中国古籍分类法》研究项目,并有成果。我们可以在此基础上继续系统研究古籍整体内容的学科体系,编制独立于书目的古籍分类法,并及时上升为国家标准。

(六)古籍主题法

现在说到主题标引,总觉得与古籍编目距离甚远,实际上随着RDA落地脚步越来越近和古籍内容知识数字化逐步深入,内容主题很可能要与古籍编目联系起来。笔者曾在2003年北京举行的"《永乐大典》编纂600周年国际研讨会"上宣讲《〈永乐大典〉与古籍主题标引》(载《〈永乐大典〉编纂600周年国际研讨会论文集》,北京图书馆出版社,2003年,第378—387页)一文。我们应该比600多年前的明朝人对古籍主题标引具有更多更好的识见,将古籍的主题标引研究从学科主题拓展到内容主题,编制独立于书目的古籍主题法及其国家标准。

(七)古籍元数据规范

我们已经在2014年发布了文化行业标准《古籍元数据规范》。我们应该继续进行系统研究,明确元数据著录对象,厘清纸本古籍与数字化古籍的元数据著录界限,将已有的文化行业标准升格为国家标准,以进一步推动古籍的元数据编目工作进程。

(八)《中国机读书目格式应用指南》相关工作

国标《中国机读书目格式》已于2017年发布。相关推广工作包括《中国机读书目格式应用指南》的编写正在进行中。我们应该积极参与其间,使古籍机读目录能够充分体现完整本著录原则,明确反映批校题跋等方面复本特征的描述和检索要求。

(九)RDA在古籍编目中应用

随着欧美编目规则从AACR2(《英美编目条例(第二版)》)到RDA《资源描述与检索》的转变,古籍善本编目规则也需适时做相应修订。美国的亚洲研究协会(AAS)属下的东亚图书馆协会(CEAL)技术服务委员会在2014年3月召开的年会上决定委派曹淑文等人负责善本编目规则的修订。到2017年10月,《中文善本书编目规则》完成修订。

RDA厘清、整合和反映了信息资源现实状况和用户需求,是编目标准化的发展趋势。RDA的核心理念《书目记录的功能需求》(FRBR)和《规范数据的功能需求》(FRAD)充分反映了网络资源新时代用户对编目标准化的需求。

我国的《资源描述》原本有基于RDA制订的考虑,后为了稳妥起见,才以ISBD统一版为基础进行起草,但这个贯彻RDA原则的趋势依然存在。

笔者以为,RDA在古籍编目标准化中应用的需求是存在的。国外的"善本编目规则"已经走到前面去了,我们应该及早在这方面进行系统而深入的应用研究。

(十)反映知识规范要求的古籍编目标准化

提高古籍知识规范(首先是书名和著者规范)、提取、标引、整理、重组和检索工作的标准化,以满足知识关联和人工智能等方面需求,是古籍标目法的重要工作内容。

著录与目录组织,古籍与其他文献资源彼此界限的融合也是今后古籍编目标准化的发展趋势。

古籍的深入揭示(如书志)、精准揭示(如指印标识号)以及多语种揭示(如标目),有可能成为国际古籍编目标准化的重要内容。

古籍分类、主题标引、数据挖掘和文本增值等方面,也应该成为古籍标目法标准化的着眼点。

最后要说的是,古籍编目标准化得益于全球化进程,对于中华古籍保护至关重要。我希望这一进程不要中断,希望中国的古籍编目专家和学者更多、更积极地参与进来,将古籍编目标准化持续向前推进。

(鲍国强,国家图书馆古籍馆舆图组副研究馆员)

古籍修复技艺的传承与发展综述

An Overview of the Inheritance and Development of the Technique of Repairing Ancient Books

庄秀芬　杨照坤

摘　要：2008年,"装裱修复技艺(古籍修复技艺)"被列入国家级非物质文化遗产保护项目。2013年,文化部非遗司在国家图书馆挂牌成立"国家级古籍修复技艺传习中心",由国家古籍保护中心具体负责开展古籍修复技艺在全国的传承保护工作。本文结合国家古籍保护中心古籍修复人才培养工作,综述古籍修复技艺在我国的传承与发展情况。

关键词：古籍修复技艺；人才培养；传承与发展

文献典籍在数千年流传过程中,历经兵燹水虫灾害的损毁,其修复技艺的探索与实践亦可谓源远流长。早在北魏时期,贾思勰的《齐民要术》便对古书修复方法进行了记载。千百年来,古籍修复技艺通过"师徒相承,口手相授"的方式不断传承和发展。然而,伴随历史的发展,古籍修复行业由盛而衰,至中华人民共和国成立初期古籍修复人员已严重匮乏,古籍修复技艺濒临中断。为了抢救这一传统的技艺,我国政府从20世纪60年代开始专门出资在北京图书馆(今国家图书馆)、上海图书馆、中国书店等地举办古籍修复培训班,专门聘请著名修复专家传授古籍修复技艺。但是,面对3000余万册需要长期保护的古籍,这几期培训班远远满足不了全国古籍修复工作的需要,国内修复人才青黄不接的局面仍然十分严峻。

2007年，"中华古籍保护计划"开始实施，人才培养是其中的关键工作和首要任务。为解决古籍保护人才短缺的问题，国家古籍保护中心根据全国古籍保护工作实际需求，针对不同业务、不同水平的古籍保护工作人员，制订了种类丰富、内容充实的培训计划。2007年以来，国家古籍保护中心已举办古籍普查、修复、编目、数字化、中华优秀传统文化推广等各类培训班累计221期，培训在职工作人员超过1万人次。全国古籍修复人员在工程启动前不足百人，发展到目前已突破千人。多年来，国家古籍保护中心持续推进培训基地、传习所、专业硕士培养相结合的"三位一体"人才培养模式，加大古籍保护人才培养力度，拓宽人才培养渠道，推动古籍保护学科体系建设，对古籍修复技艺的传承和发展起到了至关重要的作用。

一、依托培训基地举办短期培训班，在古籍保护从业人员中传承修复技艺

国家古籍保护中心成立之初，国内大多数古籍收藏单位没有专职修复人员，更没有设备齐全的修复室。由于修复人员培养周期长，国家古籍保护中心将培养修复人才作为持续的重点工作来抓，一方面加强原有修复人员培训，使其技术得到进一步提高；一方面在全国进行宣传推广，激发年轻人对古籍保护事业的热爱，带动更多青年人才加入古籍修复队伍。

为此，国家古籍保护中心大力举办全国性的古籍修复培训班，招收古籍公藏单位的在职人员进行古籍修复技术培训。在培训班上讲授古籍保护的重要性，传授古籍修复技术，进行古籍修复实践。通过循序渐进的初、中、高级古籍修复技术培训，培养了一支公藏单位古籍修复专业队伍。同时，国家古籍保护中心在国家图书馆、辽宁省图书馆、上海图书馆、南京图书馆等12家单位建立国家级古籍保护人才培训基地。培训基地由文化部授牌，除负责本地区古籍保护人才的培训工作外，还承担国家古籍保护中心的部分培训任务。培训基地建立以来，共承办国家古籍保护中心的各类培训班50期，培训学员1866人次，其中修复培训班21期，占承办培训班总量的42%；自主举办各类培训班75期，培训学员2004人次，其中修复培训班39期，占举办培训班总量的52%。培训基地的建立使古籍修复人才培养的力量进一步扩大，为古籍修复人才的培养做出了重要贡献。

国家古籍保护中心在举办汉文古籍修复培训班的同时，还针对拓片、少数民族古籍、西文古籍等特藏文献举办专门性的培训班，使特藏古籍修复技术得到普及。到2019年底，国家古籍保护中心共举办古籍普查、修复、数字化等各类培训

班221期,其中修复类培训班64期,占培训班总量的29%,参加培训的在职人员达1968人次(表1)。培训班邀请古籍修复技艺国家级、省级非遗传承人和著名修复、保护研究专家授课,采取理论和实践相结合的授课方式。特别是在古籍修复高级研修班上,将珍贵古籍修复项目与课程实践相结合,使学员的修复技术得到实质性提高。这些人在培训班结束后都能够独立从事普通古籍修复工作,多数人成为各单位的修复骨干。

表1 国家古籍保护中心举办修复培训班统计表

分类	培训班名称	期数(期)	人数(人次)
汉文古籍修复	全国古籍修复技术初级培训班	20	758
	全国古籍修复技术高级培训班	8	243
	全国古籍修复技术与工作管理研修班	10	196
西文古籍修复	全国西方文献修复技术初级培训班	4	106
	全国西方文献修复技术高级培训班	3	62
	全国西文古籍修复技术研修班	3	93
碑帖拓片修复	全国碑帖拓片保护与修复技术培训班	3	78
少数民族古籍修复	全国少数民族古籍修复技术培训班	11	371
宗教系统古籍修复	全国佛教古籍修复技术培训班	1	32
	全国道教古籍修复技术培训班	1	29
合计		64	1968

二、依托高等院校,让传统技艺进入正规学校教育

2003年,教育部和文化部联合下发《关于开展培养古籍修复人才试点工作的通知》,决定在北京、上海、江苏三地开展古籍修复人才培养试点工作。由于南京莫愁中等专业学校2001年在国内第一个开设古籍修复专业,因此率先成为试点学校。之后,陆续增加了吉林艺术学院、金陵科技学院、南京艺术学院等试点院校。据查,至今已经有20余所高校和职业学校开设古籍修复相关专业,培养了古籍修复的后备力量(表2)。

古籍修复技术具有很强的专业性,同时也涉及多学科的知识交叉,涉及古典文献学、化学、生物学、植物学、材料学等方面,在课程设置上需要融合多学科的课程。随着我国本科教育的普及,很多单位对新入职人员的学历又有着诸多限制,目前许多高职、专科学历的学校生源极其有限,办学举步维艰,有些学校已经被迫停止了招生。

表2 开设古籍修复相关专业的学校统计表

序号	学校	学历
1	南京莫愁中等专业学校	中专
2	上海市商贸旅游学校	中专
3	上海工会管理职业学院	高职
4	苏州艺术学校	高职
5	莱芜职业技术学院	高职
6	天津轻工业职业技术学院	高职
7	天津艺术职业学院	高职
8	浙江艺术职业学院	高职
9	山西旅游职业学院	高职
10	保定师范专科学校	高职
11	太原理工大学	专科
12	首都联合职工大学国家图书馆分校	专科
13	首都师范大学	专科
14	南京艺术学院	本科
15	金陵科技学院	本科
16	吉林艺术学院	本科
17	廊坊东方职业技术学校	本科
18	上海视觉艺术学院	本科
19	山东艺术学院	本科
20	复旦大学	研究生
21	中山大学	研究生
22	中国社会科学院大学	研究生
23	天津师范大学	研究生
24	沈阳师范大学	研究生
25	安徽师范大学	研究生

2008年,经国务院批准,古籍修复技艺被列入第二批国家级非物质文化遗产名录中的传统技艺门类。新形势下古籍修复行业的需求已经不仅是技艺的传承,更是对技术的创新以及对新科技成果的吸收和利用,需要充分利用高等院校优质的师资,将理论与实践紧密结合,培养综合性的高级修复人才。同年,国家图书馆与北京大学中文系合作,在古典文献专业本科课程中开设古籍整理、修

复、保护相关课程，取得很好反响。一些学生由此对古籍保护产生浓厚兴趣，进而考取古典文献专业研究生，并最终走上古籍保护的工作岗位。借鉴此次成功合作经验，从2014年起，国家古籍保护中心先后与中山大学、复旦大学、天津师范大学等高校开展古籍保护专业硕士培养的合作，从古籍整理、鉴定、保护研究、修复等方面培养综合性古籍保护人才。各校均聘请古籍修复专家作为授课老师，对学生进行修复理论和实践的综合培养。至今已招收学生164人，已经毕业的两届学生中有50%以上进入古籍保护相关岗位工作，受到用人单位的肯定。在这个合作项目的带动下，国内许多院校也纷纷开展古籍保护方向的研究生招生工作。目前沈阳师范大学、安徽师范大学已经开展古籍保护专业硕士培养。

这些专业硕士将是古籍修复行业的有力补充，他们既有理论基础，又经过实践训练，非常适合新形势下古籍保护工作的需要，必将使古籍修复队伍的整体素质得到进一步提升。

三、依托传习所，"师带徒"技艺传承成效显著

古籍修复技艺的传统传承方式是"师带徒"，通过一对一的技艺传授，使古老的技艺得以流传。这种方式虽然见效慢，培养的人员少，但是效果好，经过多年学习的学徒大都能独立承担难度较大的修复工作。鉴于目前国内的修复专家已经寥寥可数且都年事已高，发挥老修复专家传帮带作用，使他们的技艺得到更好的传承，成为古籍保护工作的一个十分迫切的任务。2013年，国家图书馆挂牌成立"国家级古籍修复技艺传习中心"，该中心依托国家图书馆古籍馆文献修复组的师资、场地、设备、材料等优质教学条件进行古籍修复技艺传习。此后，国家古籍保护中心根据当时文化部非遗司的意见并征求了相关专家的建议，确定了在"国家级古籍修复技艺传习中心"附设传习所传承古籍修复技艺的方案。传习所以挂牌单位为传习场所，聘请业界著名专家作为传习导师，通过拜师收徒，每年进行不少于200学时的实践授课，在完成规定修复项目的同时进行技艺的传承。

2013年6月8日，在"国家级古籍修复技艺传习中心"揭牌仪式上，国家图书馆8位修复馆员正式拜国家级非物质文化遗产项目古籍修复技艺代表性传承人杜伟生为师。同年，国家图书馆启动"天禄琳琅"珍贵古籍修复项目，由传习导师杜伟生带领学徒通过完成此项目传授技艺。经过一年的技艺传习，传习所8位修复馆员的技艺得到很大提高，承担的"天禄琳琅"珍贵古籍修复项目也取得阶段性成果。在此成功经验的基础上，2014年，国家古籍保护中心决定将天津图书馆、辽宁省图书馆、山东省图书馆、甘肃省图书馆、云南省图书馆5家单位作为试

点单位,设立国家级古籍修复技艺传习所进行技艺传习,当年修复古籍500余册,学徒的技艺得到大幅提高。2015年,根据当时文化部非遗司关于"拓宽人才培养渠道,完善人才培养机制,扩大规模,建立健全覆盖全国的古籍修复技艺传承体系"的要求,国家古籍保护中心继续在全国增设传习所。至2020年6月,在全国设立传习所32家,聘请传习导师28人,收徒241人,累计修复古籍1万余册(件)。其中国家图书馆开展的"天禄琳琅"珍贵古籍修复项目、西夏文献修复项目,山西省图书馆开展的唐宋佛经修复项目,陕西省图书馆开展的《古今图书集成》修复项目,云南省图书馆开展的迪庆州纳格拉洞藏文佛经修复项目,广东省立中山图书馆开展的档案文献修复项目,中山大学传习所对口支援新疆地区开展的察合台文古籍修复项目,等等,都取得了可喜成绩。这种以修复项目带动传习技艺的方式,不仅使非遗技艺得到传承保护,也使珍贵古籍得到抢救修复,200多名学徒初步形成了技艺精湛的古籍修复队伍。

四、推陈出新,建立非遗传承长效机制

古籍修复技艺传承需要长期坚持,一旦松懈就会出现断层,必须团结各方力量,建立长效机制。国家古籍保护中心在依托"三位一体"模式传承古籍修复技艺的同时,在建立长效传承机制上多措并举。

(一)建立覆盖全国的古籍修复技艺传承体系

12家国家级古籍保护人才培训基地和32家国家级古籍修复技艺传习所(表3),覆盖全国22个省(区、市)。传习所不仅传习古籍修复技艺,还传习石刻传拓、木版水印、经版雕刻等传统技艺;不仅包括公藏单位,还涵盖了四川西部文献修复中心、郑州仁清金石传拓艺术博物馆这样的私人机构。在国家古籍保护中心的组织下,各传习所借助各省级古籍保护中心的支持,不仅开展全省的古籍修复人才培养工作,还逐级下设修复工作站,建立了市县级古籍修复室,建立了完善的修复技艺传承体系。

表3 传习中心及附设32家传习所统计表

序号	传习所	导师	导师助理
1	国家图书馆传习中心	杜伟生、朱振彬	
2	天津传习所	万群	
3	辽宁传习所	赵嘉福	
4	云南传习所	杨利群	
5	山东传习所	潘美娣	

(续表)

序号	传习所	导师	导师助理
6	广东传习所	杜伟生	吴小兰
7	甘肃传习所	师有宽	何谋忠
8	重庆传习所	赵嘉福	许彤
9	浙江传习所	胡玉清	闫静书
10	湖北传习所	张平、张品芳	
11	上海传习所	张品芳、邢跃华	
12	复旦大学传习所	赵嘉福、童芷珍、倪建明、黄正仪、沈维祝、沈亚洲、徐谷甫	
13	江苏传习所	邱晓刚、朱振彬	陈绪军
14	中山大学传习所	潘美娣、林明	肖晓梅
15	陕西传习所	万群	薛继民
16	山西传习所	胡玉清	邢雅梅
17	首都联合职工大学国图分校传习所	魏立中	
18	四川西部文献修复中心传习所	杜伟生	许彤
19	李仁清传习所	李仁清	
20	湖南传习所	师玉祥	
21	四川古籍修复中心传习所	徐建华	袁玉珏、欧萍、许卫红
22	安徽传习所	潘美娣	
23	福建传习所	邢跃华	林凤
24	金陵刻经处传习所	马萌青	邓清之
25	北京师范大学传习所	张平	
26	孔子博物馆传习所	胡玉清	
27	吉林省图书馆传习所	邢跃华	
28	厦门大学传习所	杜伟生	
29	天一阁博物馆传习所	王金玉	
30	南开大学传习所	万群	
31	桂林传习所	韦可祥	
32	山东石刻艺术博物馆传习所	赖修田	
33	西安碑林博物馆拓印传习所	陆德军	

（二）建立老、中、青结合的专家梯队，使传统技艺传承有序

传习所聘请国内技术精湛的专家担任传习导师，他们中有国家级非遗传人，有省级非遗传人，还有顶尖的修复技术专家。在导师的指导下，200多名学徒修复技术有了飞跃，一批中青年技术骨干也成长起来。同时，全国古籍收藏单位一大批"80后""90后"经过多年培训，也逐步成长为成熟的古籍修复工作者，他们中1%为博士学历，10%为硕士学历，80%以上是本科学历。一支由老、中、青修复人员组成的修复人才梯队基本形成。

（三）记录古籍修复专家影像资料，使古老技艺永久流传

为了使古籍修复技艺永久传下去，国家古籍保护中心陆续录制了传习导师精品课程与口述史，保存影像资料，累计拍摄杜伟生、赵嘉福、师有宽、潘美娣、胡玉清等《名家公开课·古籍修复课程》10集，录制了杜伟生、赵嘉福、师有宽、潘美娣4位传习导师口述史。2016年中央电视台《大国工匠》摄制组对李仁清高浮雕传拓技艺进行了专题拍摄。这些珍贵的影像资源，既是保护非物质文化遗产的重要内容，也是后代学习的宝贵资料。

在国家古籍保护中心的带动下，各省级古籍保护中心和传习所也陆续录制了各单位修复师的日常工作，《我在国图修古籍》等一大批古籍修复技艺影像资料传播开来，很好地推进了古籍修复技艺的传承和发展。

（四）与现代科技结合，使古籍修复技艺在传承中进步

随着现代科技的发展，许多科研成果运用到古籍修复工作中，对修复技术和修复质量的提高产生了很大作用。在修复技艺传承的同时，注重和现代科技的结合，邀请业界专家授课，与高校合作研究古籍保护技术，制定古籍保护相关标准，提高了古籍保护从业者的专业水平。

另外，通过对古籍修复技艺非遗传承项目的开展、对古籍修复技艺的宣传和推广，也带动了相关科研领域的进步，特别是促进了传统造纸技术、制墨技术、雕版技术的发展和对写印材料、修复用纸的研究。复旦大学、中山大学、天津师范大学相继成立古籍保护相关研究院。复旦大学中华古籍保护研究院还在浙江开化县启动开化纸技艺修复与保护开发项目，成立"开化纸研究实验室—杨玉良院士工作站"。同时，许多科研机构也陆续开展了对纸张脱酸、纤维分析等技术的研究。这些科研团队的加入，促进了现代科学技术与古籍保护的结合，也为古籍修复技术的传承发展进一步增加了助力。

五、目前古籍修复技艺传承中遇到的困难

古籍修复技艺的传承和保护虽然取得了一定成绩，但是在实施过程中也遇

到一些困难和问题。这里列举主要几点：

(一)从业人员培训需求量大,仅依靠国家古籍保护中心的力量很难满足

对于古籍修复从业人员来说,得到不同老师的指导、多进行业务交流是技术提高的关键。虽然国家古籍保护中心每年都会举办专业培训班,但毕竟经费有限,培训班班次少、时间短、招生范围有限,许多人没有机会参加,满足不了全国古籍修复从业人员的需求,需要更多社会力量的参与。

(二)学校课程设置不系统,实践时间少,教材不统一

目前古籍保护没有形成独立学科,古籍保护专业大都设在文物保护、图书馆学、古典文献、历史文献、考古学等学科门类下,各学校都是根据教育部二级学科课程规定进行课程设置,学生在学习大学科门类规定知识的同时,实际学习古籍保护相关知识的课时较少,实践的时间也就更少。对于具有很强实践性的古籍修复而言,想要熟练掌握相关技艺,单靠课堂时间是远远不够的。

另外,对于古籍保护这门新开设的专业,大家都在摸索中教学,目前还没有统一的教材,导致学生课堂学习的内容完全由授课老师来决定,不能进行有效自学。

(三)经费严重不足

古籍保护是一项长期的事业,需要一代一代人去坚持。人才培养和技艺传承需要大量的资金投入,目前"中华古籍保护计划"专项经费中有一部分用于人才培养,但仅仅是公藏单位的需求都无法满足,更无法面向全社会进行修复技术的普及。

(四)与现代科技结合困难

古籍修复的对象是古籍,是需要保护的文物,一旦损毁就无法恢复。而一项新的科研技术在应用前需要对它的安全性进行反复实验,文物不能拿来做实验,从而导致许多新技术至今还无法应用到实际修复工作中。

(五)学有所用状况有待改善

在人才培养的后期调研中,发现学而无用的问题仍有存在:一方面是在职人员参加了各种培训班,但是由于各种原因,他们回到原单位后不能在古籍保护岗位工作;另一方面是高校古籍保护专业学生毕业后,由于每个省、每个单位的人事管理规定不同,用人单位虽然有需求,学生也愿意去,却由于各种门槛而无法如愿。

六、结语

培养古籍修复人才,传承非遗技艺,我们取得了一定的成绩,但还有许多问

题亟待解决。这不是一朝一夕的工作,也不是单靠某一个机构可以完成的,需要社会形成合力共同面对,长期不懈坚持努力。国家古籍保护中心面对困难,多年来一直积极去推动解决,多次召开古籍保护学科建设会议,邀请全国专家共商对策,同时启动古籍保护教材编纂工作。2019年,国家古籍保护中心开展全国古籍修复技艺竞赛活动,希望通过这次活动总结非遗技艺传承经验,展示成果,给业界创造技艺交流平台,推动行业技艺的提高。也希望通过这样的活动,引起全社会对古籍修复技艺的进一步关注,共同推动这项非遗技艺的传承永续。

(庄秀芬,国家图书馆研究馆员;杨照坤,国家图书馆馆员)

参考文献:
[1]胡万德,孙鹏.古籍修复人才培养现状调研报告[J].图书馆论坛,2012(2):175-178,181.

中国古籍纸张老化特性研究

A Research on the Characteristics of Chinese Ancient Paper Aging

吕淑贤

摘　要：研究中国古籍纸张老化特性是对古籍进行老化程度科学评估及预防性保护的重要基础工作。本文以五种具有代表性的古籍写印用纸为主要样品，以干热老化、湿热老化和紫外老化三种不同的人工老化方式进行模拟老化实验，分别从光学性质、力学强度、化学性质、聚合度、结晶度、化学结构及微观形貌等不同层面开展科学检测分析，综合研究了各种纸张的老化特性，并探讨了温度、湿度、光照等环境因素对中国古籍老化的作用机理。

关键词：纸张老化；白度；抗张指数；表面pH值；特性黏度；结晶度；红外光谱

纸张老化通常特指纸张在自然的保存环境因素的作用下发生的材料本身的自然劣变，即不包括意外因素（如火烧、水浸、虫蛀鼠咬、人为损害等）影响下发生的劣变。纸张的老化机理与规律一直是纸质文物、古籍、图书以及档案等领域的保护工作者所共同关注的重要问题之一。用来写印中国古籍的传统手工纸在成分与结构上都一定程度上有别于西方古代手工纸和现当代普遍使用的机制文献纸。因此，研究中国古籍纸张老化特性是对古籍进行老化程度科学评估的重要依据，也是中国古籍纸张的老化机理、预防性保护研究的重要基础。本文研究采用多种现代分析检测技术，对进行过不同程度、不同方法模拟老化后的传统手工纸样品，探究其老化特性，同时参照古代样品，探究中国古籍纸张的老化特性。

一、基本原理

中国传统手工纸的制造原料主要为非木材类纤维,如韧皮纤维、禾本科茎秆纤维,常见的有麻、皮、竹、草几大类。经过一系列的复杂造纸工艺,中国传统手工纸成纸的主要化学成分以纤维素、半纤维素为主,部分纸张如竹、草类纸等有少量木质素。纸张老化的内部原因主要来自纸张所包含各成分的反应性能。自然环境下,纤维素具有酸性降解、碱性降解、生物降解以及光学降解等性质,制浆造纸中残留的木质素等成分也具有较强的反应性能;此外,纸张中的染料、填料等添加材料会在特定的条件下产生催化作用,从而引发或促进纸张的老化。例如胶矾的存在会促进纤维素酸性水解[1],而某些还原性染料和金属氧化物填料会吸收光中的能量而引发纤维素的光敏降解。

纸张老化的外部原因即环境因素,主要包括温度、湿度、光照、有害气体和粉尘等。由于纸张实际保存环境的温度远远达不到纤维素热降解的温度,温度主要是通过为水解等反应提供条件而起作用;另一方面,温度还通过影响化学反应速率来起作用[2]。湿度对纸张老化所起的作用也包括两方面:一是纤维在湿度影响下会有对水的吸附和解吸作用,还有可能使纤维发生润胀或脱水,长期交替的水的运动可能对纤维产生一定应力作用;二是为水解反应、酶解反应或光降解反应提供适宜的条件[3,4]。光照的影响亦有多方面。首先,纤维在高能量的光照(如紫外线[5])的条件下可能发生直接光降解;其次,稍低能量的光照可能被纸张中的光敏性物质吸收从而引发纤维的光敏降解;再次,光照会在纸张中产生热能的积累,通过使温度提高而发挥作用。有害气体类型多样,其中酸性气体如二氧化硫、二氧化氮等会有助于形成酸性环境而使纤维发生酸性水解,一氧化氮、一氧化碳等有害气体可能在紫外线的作用下引发纤维素的光敏降解,而臭氧等氧化性气体可能会导致纤维素的氧化裂解。粉尘的成分则更为多样而复杂,除对纸张造成污染、影响酸度外,还可能因含有光敏物质而引发纤维素的光化学降解,或者携带细菌及霉菌孢子等造成纸张霉变。

二、研究样品

研究选取了竹纸、宣纸和纯皮纸三大类别,竹纸选用毛边纸和连史纸两种,宣纸选用古法宣纸与今法宣纸两种。五种样品编号及基本信息如表1所示。

对上述五种样品通过三种不同的模拟实验,制得干热老化(T)、湿热老化(TH)、紫外光老化(L)三个系列的人工加速老化样品,分别模拟环境中的温度、

表 1　现代样品基本信息表

编号	名称	描述	定量（g/m²）	厚度（mm）	紧度（g/cm³）
0-1	毛边纸	颜色淡黄；质地略粗糙,表面常见纤维束；纤维成分100%竹；产地浙江。	20.7	0.066	0.31
0-2	连史纸	颜色洁白,质地细腻光滑,纤维成分100%竹,产地福建。	14.5	0.040	0.36
0-3	古法宣纸	呈淡黄色,质地均匀细软,纤维成分80%檀皮+20%稻草,产地安徽。	28.8	0.082	0.35
0-4	今法宣纸	颜色洁白；质地细腻光滑,较古法宣纸厚硬；纤维成分80%檀皮+20%稻草；产地安徽。	35.4	0.110	0.32
0-5	构皮纸	颜色淡黄,表面粗糙,质地不匀；纤维成分为100%构皮；产地福建。	18.8	0.060	0.31

湿度、光照以及空气中的氧化性物质对纸张的老化作用。干热老化按照《纸和纸板的干热加速老化》(GB/T 464—2008)规定的标准进行,在105℃±2℃的条件下,随着老化的进行以3天为一个取样间隔。湿热模拟老化实验按照《纸和纸板　加速老化　在80℃和65%相对湿度条件下的湿热处理》(GB/T 22894—2008)进行,在温度80℃±0.5℃和相对湿度65%±2%的条件下随着老化的进行以2天为一个取样间隔。因紫外老化目前尚无标准,结合实际情况,使用现有紫外老化箱对五种样品的正面进行了紫外老化,紫外光强度为3970μW/cm²,老化时间分别为1小时、3小时、6小时、12小时、24小时。

研究还选取了部分古代同类纸样作为参考。具体样品信息如表2所示。

表 2　古代样品基本信息表

编号	名称	描述	定量（g/m²）	厚度（mm）	紧度（g/cm³）
G1	竹纸	呈淡黄色,表面有少量纤维束；100%竹纤维。参考年代1638。	20.0	0.050	0.40
G2	竹纸	呈淡黄色,表面平滑细腻；100%竹纤维。参考年代1833。	21.0	0.045	0.47
G3	竹纸	呈淡黄色,叶边略偏红棕；表面平滑细腻；100%竹纤维。参考年代1843。	18.1	0.041	0.44
G4	竹纸	呈淡黄色,叶边深黄发红；质地平滑细腻；100%竹纤维。参考年代1832。	12.9	0.037	0.35

三、实验方法

(一)光学性质表征——白度(D65亮度)检测

研究使用datacolor ELREPHO型白度仪(R_{457}标准值=68.24),按照《纸、纸板和纸浆 蓝光漫反射因数D65亮度的测定(漫射/垂直法,室外日光条件)》(GB/T 7974—2013)标准和《纸浆、纸和纸板 试样处理与试验的标准大气》(GB/T 10739—2002)标准,在温度23℃±1℃、相对湿度50%±2%的条件下进行测试。对于样品量充足的现代样品和模拟老化样品,每个样品测量10个数据(正反面各5个数据)求平均值;对某些特殊情况(紫外老化为单面老化),只测量老化面数据;古代样品由于样品量的限制,每个样品测量3个数据取平均值。

(二)力学性质表征——抗张强度测试

使用四川长江电脑测控卫生纸抗张试验机(执行标准QB/T 1053,量程0.6~30N,准确度级1),按照《纸和纸板 抗张强度的测定》(GB/T 12914—2008)标准,采用恒速加荷法进行操作。试样宽度为15mm±0.1mm,断裂时间范围标准为20s±5s。抗张指数(I)的计算即用抗张强度(S)除以定量,公式为$I=S/G\times10^3$,单位N·m/g。式中S为抗张强度,单位kN/m;G为纸张定量,单位g/m^2。

(三)酸碱度表征——表面pH值测定

使用MTTLER TOLEDO S20K Seven Easy型台式pH计,按照《纸和纸板 表面pH的测定》(GB/T 13528—2015)标准进行表面酸碱度测定。现代样品每个样品测量5个数据取平均值;古代样品每个样品测量2个数据取平均值。

(四)聚合度表征——特性黏度测定

使用北欧黏度计(黏度计常数值h=0.0801s^{-1})、Sartorius EM614-S型电子天平(精确至0.0001g)、秒表(精确至0.1s),按照《纸浆 粘度的测定》(GB/T 1548—2004)进行操作。基于Martin经验方程式:$\eta_{sp}=[\eta]ce^{k'[\eta]c}$,只需测定纸浆在单一浓度下的黏度比就能计算出特性黏度值。基本计算公式为$\eta/\eta_0=h\cdot t$,其中$h(/s^{-1})$为校准时测得的测定用黏度计常数,t为流出时间(/s)。实验只需测量$t(/s)$和$c(g/mL)$的值,即可通过上述公式计算出黏度比$\eta/\eta_0(=h\cdot t)$的值,通过黏度比数据查表可得$[\eta]\cdot c$值,根据已知的$c(g/mL)$值即求出特性黏度值$[\eta](mL/g)$。再通过$[\eta]=KM^\alpha=K'DP^\alpha$公式将黏度值换算成聚合度,纸浆聚合度的计算一般参照方程式$DP^{0.905}=0.75[\eta]$。本次研究直接用特性黏度值$[\eta]$来表征聚合度,单位mL/g。

(五)聚集态结构表征——结晶度测定

纤维素结晶度的常用检测方法主要有三种:XRD 法、IR 法以及^{13}C-NMR 法。本次研究使用了 XRD 法。所用仪器为 Dmax12kW 粉末衍射仪。实验参数如下:

X 射线:CuKα(0.15418nm);管电压:40kV;管电流:100mA;石墨弯晶单色器;扫描方式:$\theta/2\theta$ 扫描;扫描速度:4°(2θ)/1°(2θ)分;采数步宽:0.02°(2θ);环境温度:25.0℃;湿度:19.0%。

使用 XRD 技术测定纤维素结晶度的计算方法也有三种:峰强法、面积法和分峰法。考虑到分峰法和面积拟合的误差和难度,本次研究采用峰强法,即 Segal 等人提出的经验结晶指数 CrI[6]。计算公式为:

$$CrI = (I_{002} - I_{am})/I_{002} \times 100\%$$

式中 I_{002} 为 002 面的最大衍射强度,I_{am} 为 $2\theta = 18°$ 时衍射强度,即无定形区的衍射强度。

(六)分子结构表征——红外光谱分析

使用 NICOLET 6700 型傅里叶变换红外光谱仪 SMART iTR 衰减全反射附件,对样品进行无损分析。

(七)微观形貌表征——光学显微镜与扫描电子显微镜分析

使用 LeicaM80 型体视显微镜和 FEI Quanta 200 FEG 场发射环境扫描电镜,对纸张表面进行微观形貌分析。

四、实验结果与讨论

(一)白度分析

模拟老化样品老化前后的白度检测结果如表 3 所示。

由表 3 可见,不同原料、工艺,不同的老化方式,纸张老化过程中在白度初始值及色度变化幅度上存在较大差异。首先是不同原料的差异。以檀皮为主的皮混料纸 3#、4#宣纸样品与 5#纯构皮纸在老化前后变化幅度均小于竹纸样品。其次是不同工艺的差异。1#毛边纸、3#古法宣纸、5#构皮纸为原色纸,初始值为40~50 左右;2#连史纸与 4#今法宣纸均经过了漂白,初始值为 60~70。两类纸在初始值上有较大的差异,老化后白度降低的幅度也各有差别,漂白纸白度老化前后的变化比原色纸大得多,因而老化后两类纸的白度差异大大缩小。就竹纸而言,熟料竹纸的变化幅度要大于生料竹纸。再次是不同老化方式的差异。由上表数据可见,即使在干热老化温度(105℃)比湿热老化温度(80℃)高的情况下,干热老化组白度值的降低程度也要比湿热老化组小,说明湿热老化对白度的影响要比干热老化大得多,进而证明环境湿度是导致纸张白度降低的一大重要因素。

表 3 模拟老化样品的白度数据表

样品编号	老化前	老化后		变化幅度
1-毛边纸 (生料原色竹纸)	40.5	湿热老化 48 天	20.4	20.1
		干热老化 72 天	24.9	15.6
		紫外老化 24 小时	24.0	16.5
2-连史纸 (熟料漂白竹纸)	63.3	湿热老化 48 天	28.0	35.3
		干热老化 72 天	45.1	18.2
		紫外老化 24 小时	37.8	25.5
3-古法宣纸 (原色皮混料纸)	52.4	湿热老化 16 天	45.4	7.2
		干热老化 72 天	44.5	8.1
		紫外老化 24 小时	44.7	7.9
4-今法宣纸 (漂白皮混料纸)	69.4	湿热老化 16 天	52.1	17.3
		干热老化 72 天	54.2	15.2
		紫外老化 24 小时	54.8	14.6
5-构皮纸 (原色纯皮纸)	49.2	湿热老化 16 天	39.3	9.9
		干热老化 72 天	35.0	14.2
		紫外老化 24 小时	30.4	18.8

五种样品在三种不同老化方式下的变化趋势图如图 1 至图 3 所示。从变化趋势上看,五种样品在三种不同的老化方式下均出现了老化初期白度值下降速度较快而后期变化速度变慢的特征。

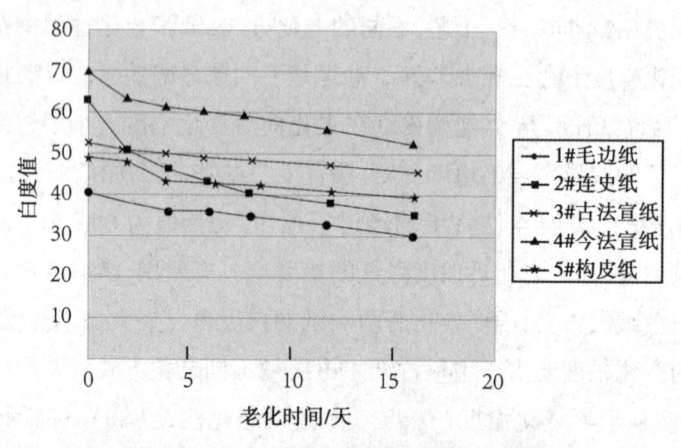

图 1 湿热老化样品白度变化趋势对比图

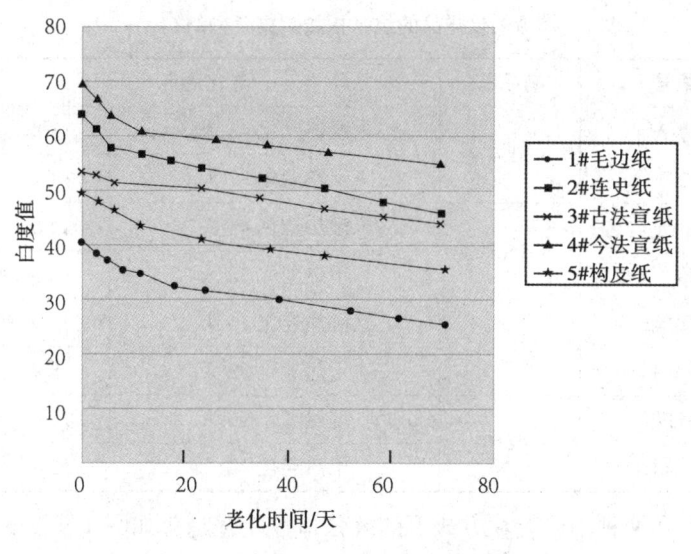

图 2　干热老化样品白度变化趋势对比图

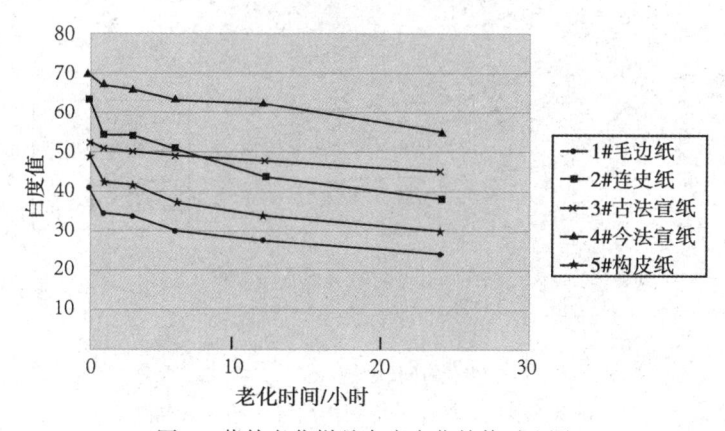

图 3　紫外老化样品白度变化趋势对比图

(二)抗张指数分析

因紫外老化实验后的样品过于脆弱无法进行抗张强度实验,仅测量了湿热和干热两组老化样品的抗张强度结果;其中5#纯构皮纸样品因纤维较长、拉伸断开时间过长,仪器不能感知而导致有效数值的得出率低,也未做测量。由于样品量的限制,所测样品均只选取了纵向抗张强度来测量。

模拟老化样品老化前后的抗张指数计算结果如表4所示。

从表4数据可见,相同干热老化时间下,竹纸的抗张指数降低幅度要大于宣纸。对比相同时间湿热老化和干热老化样品抗张指数,可发现同一样品在湿热老化条件下抗张指数的变化幅度要远远大于干热老化,进而说明环境湿度条件对抗张指数的影响要比干热老化大得多。

表4 模拟老化样品的抗张指数数据表(单位:N·m/g)

样品编号	老化前	老化后		降低幅度
1-毛边纸 (生料原色竹纸)	31.4	湿热老化48天	13.8	17.6
		干热老化72天	18.2	13.2
2-连史纸 (熟料漂白竹纸)	26.5	湿热老化48天	12.6	13.9
		干热老化72天	12.6	13.9
3-古法宣纸 (原色皮混料纸)	30.3	湿热老化16天	21.9	8.4
		干热老化72天	18.9	11.4
4-今法宣纸 (漂白皮混料纸)	22.6	湿热老化16天	14.6	8.0
		干热老化72天	12.4	10.2

各样品在两种不同老化方式下的抗张指数变化趋势如图4至图5所示。

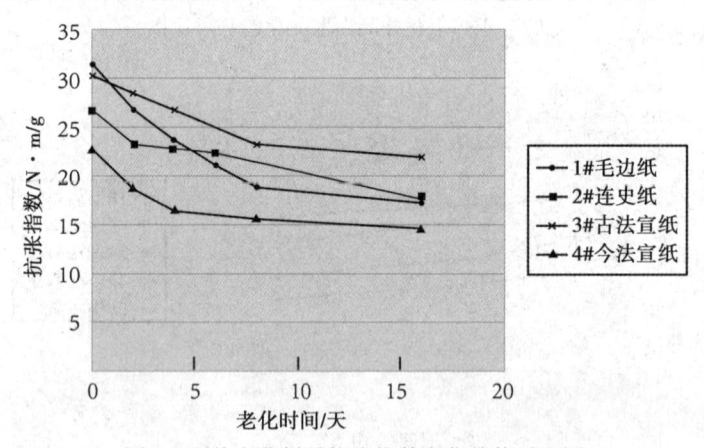

图4 湿热老化样品抗张指数变化趋势对比图

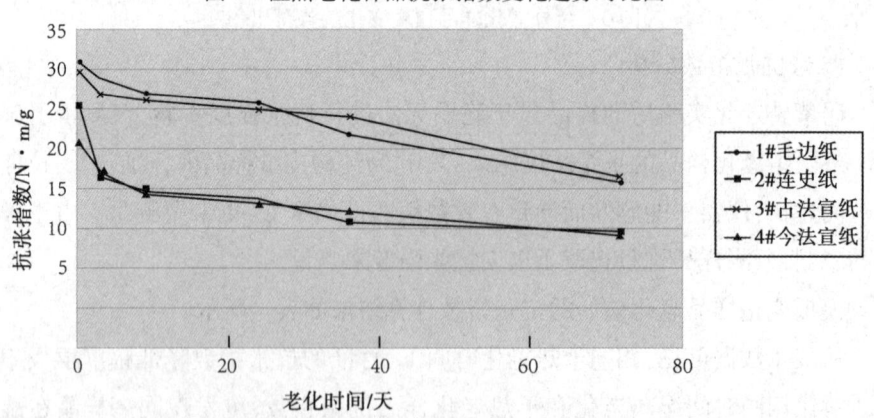

图5 干热老化样品抗张指数变化趋势对比图

由上两图可见,四种样品在湿热、干热条件下的抗张指数均呈现了初期下降快、后期慢的变化趋势。值得注意的是,干热老化组的1#和3#与2#和4#在初始值和变化轨迹上呈现了比较相似的重合性,而湿热老化组呈现比较平行的下降趋势。从老化机理上分析,水的存在能破坏纸纤维之间结合的氢键,从而使纤维间的结合力下降,因此湿热老化样品受到拉力时首先是将纤维拉开,只有当纤维脆弱到一定程度时才会发生纤维断裂。而干热老化对纸间结合力的影响没有湿热老化的大,所以强度下降主要是因为纤维本身的强度降低。因为1#与3#(以及2#与4#)之间的抗张指数初始值接近,而纤维的强度降低的情况接近,于是就出现了几乎重合的情况。

而在初始值上1#和3#的抗张指数要比2#和4#高出一些,这或许与制造工艺有关。1#和3#理论上应该均未经过烧碱蒸煮,而2#和4#则为烧碱蒸煮过,可能是因为强碱条件下的水解作用使纤维受损严重,从而影响了纤维强度。这一推测还有待于进一步的理论与实验证明。

(三)表面 pH 值分析

模拟老化样品老化前后的表面 pH 值测定结果如表 5 所示。

表 5　模拟老化前后样品表面 pH 值数据表

样品编号	老化前	老化后		变化幅度
1-毛边纸 (生料原色竹纸)	5.61	湿热老化 48 天	4.11	1.50
		干热老化 72 天	4.42	1.19
		紫外老化 24 小时	4.02	1.59
2-连史纸 (熟料漂白竹纸)	6.10	湿热老化 48 天	4.63	1.47
		干热老化 72 天	4.99	1.11
		紫外老化 24 小时	3.91	2.19
3-古法宣纸 (原色皮混料纸)	7.07	湿热老化 16 天	6.30	0.77
		干热老化 48 天	6.37	0.70
		紫外老化 24 小时	5.88	1.19
4-今法宣纸 (漂白皮混料纸)	7.16	湿热老化 16 天	6.42	0.74
		干热老化 48 天	6.45	0.71
		紫外老化 24 小时	5.77	1.39
5-构皮纸 (原色纯皮纸)	7.45	湿热老化 16 天	6.28	1.17
		干热老化 72 天	6.45	1.00
		紫外老化 24 小时	5.72	1.73

从表中数据可见,不同类别的样品有各自的原始特征和变化特点。1#和2#竹纸样品原本为弱酸性,变化范围大致为 1#(5.6~4.0),2#(6.1~3.9);而 3#和 4#

宣纸初始值接近中性,变化范围大致为 3#(7.1~5.9),4#(7.2~5.8);5#纯构皮纸初始值为弱碱性,变化范围大致为(7.5~5.7)。

对比干热老化与湿热老化相同时间内 pH 值的变化幅度,可见干热老化组在温度比湿热老化高、作用时间更长的情况下,使 pH 值降低的幅度还是比湿热老化组小,证明湿热老化对 pH 值的影响也要比干热老化大得多。

五种样品在三种不同老化方式下的表面 pH 值变化趋势对比如图 6 至图 8 所示。

由图 7 可见,湿热老化组的竹纸样品 pH 值在初始阶段都呈现了较快的下降趋势,一段时间之后下降速度开始变得缓慢;而宣纸和纯构皮纸样品初期缓慢下降,当 pH 值低于 7 后,下降速度开始变快。从理论上解释,纸张的主要成分纤维素对酸的稳定性差,酸性的初始状态为纤维素的酸性水解提供了优良环境,从而使其发生酸性水解,pH 值变化较快。纯构皮纸和宣纸初始状态为弱碱性,当其

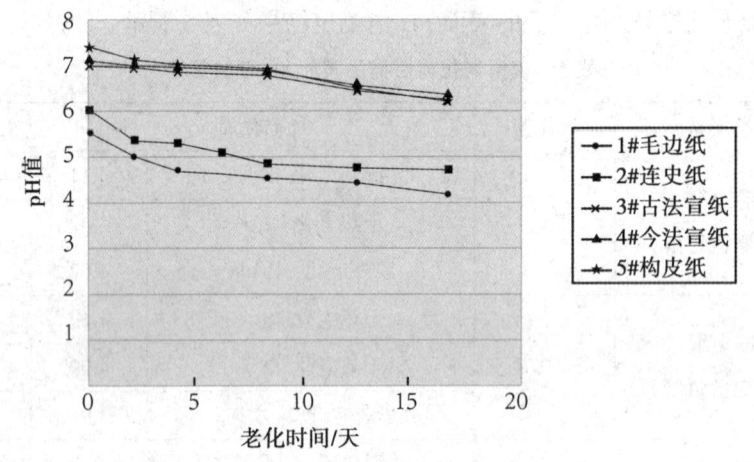

图 6 湿热老化样品表面 pH 值变化趋势对比图

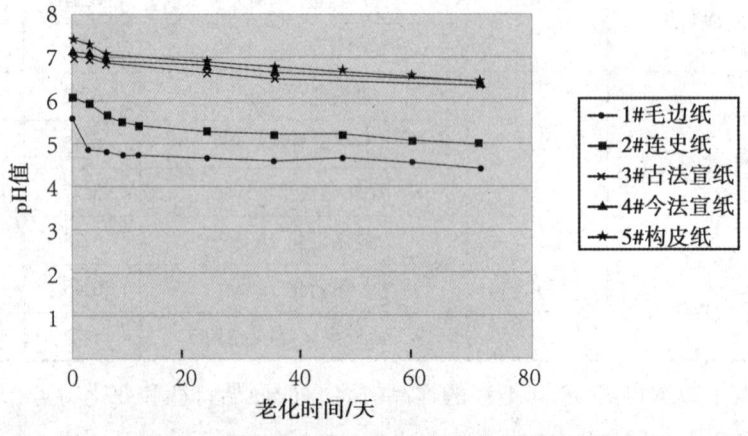

图 7 干热老化样品表面 pH 值变化趋势对比图

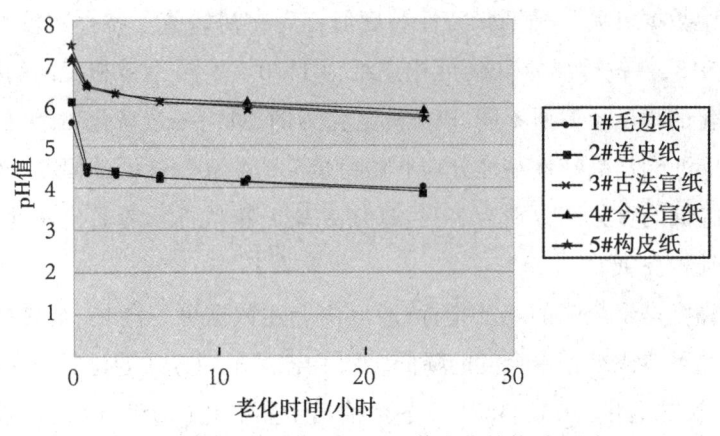

图 8 紫外老化样品表面 pH 值变化趋势对比图

受到湿热因素的影响时便构成了缓和的弱碱性环境,发生剥皮反应;而随着反应的进行,pH 值继续降低到 7 以下时,便转变为酸性环境,此时开始发生酸水解反应,水解速度加快,pH 值的降低速度也加快。

干热老化所有样品的 pH 值变化均为先快后慢的趋势,但纯构皮纸类样品 pH 值降到 7 以后的变化没有明显加快的趋势。这是因为干热模拟老化时发生的反应主要是脱水反应和热分解,与湿热老化的水解不同,反应速度受环境 pH 值的影响较小。紫外老化组的所有样品表面都发生了反应初期的骤降,之后变化较为缓慢。紫外老化导致酸度变化的主要原因是化学成分的变化,这一点在后面红外光谱分析中会详细讨论。

(四)特性黏度值分析

黏度测定主要做了湿热老化系列的生料竹纸、熟料竹纸和纯构皮纸三种样品,干热老化和紫外老化只做了生料竹纸样品。计算结果如表 6 所示。

表 6 样品老化前后黏度值数据表(单位:mL·g^{-1})

样品编号	老化前	老化后		变化幅度
1-毛边纸 (生料原色竹纸)	918	湿热老化 16 天	655	263
		湿热老化 48 天	449	469
		干热老化 72 天	489	429
		紫外老化 24 小时	396	522
2-连史纸 (熟料漂白竹纸)	466	湿热老化 16 天	274	192
		湿热老化 48 天	230	236
5-构皮纸 (原色纯皮纸)	1170	湿热老化 16 天	809	361

由表中数据可见三种纸张特性黏度值首先在初始值上就存在较大差别：生料竹纸为918，熟料竹纸为466，纯构皮纸为1170。不同原料和工艺的样品随老化进程变化的程度也有所不同，以湿热老化为例，对比湿热老化16天后的数据，可见1#、2#和5#样品特性黏度分别下降到655、274、809，降低的幅度分别为263、192、361，降低的百分比分别为29%、41%、31%。熟料竹纸的老化速度要快于生料竹纸和纯构皮纸。

因为黏度是聚合度的表征指标，所以由上述数据可见湿热、干热、紫外老化三种作用均可造成纸张聚合度的降低。从1#样品不同方式老化后的黏度值数据对比可见，湿热老化（80℃）48天后的数值与干热老化（105℃）72天后的数值相当。可见湿热老化对黏度值的影响也要比干热老化大得多。从机理上分析，纸张在湿热老化条件下的作用是水解作用，而1#样品初始状态就是弱酸性，在酸性条件下水解的速度应是比较快的；而干热老化对纸张的作用则是长期高温累积作用下的热分解，理论上纤维素在105℃不会热分解，发生分子链的断裂应是长期高温作用累积的结果，但因为还未到剧烈热分解的温度，因此聚合度降低的幅度不大。

样品在老化前后的黏度变化趋势如图9至图10所示。

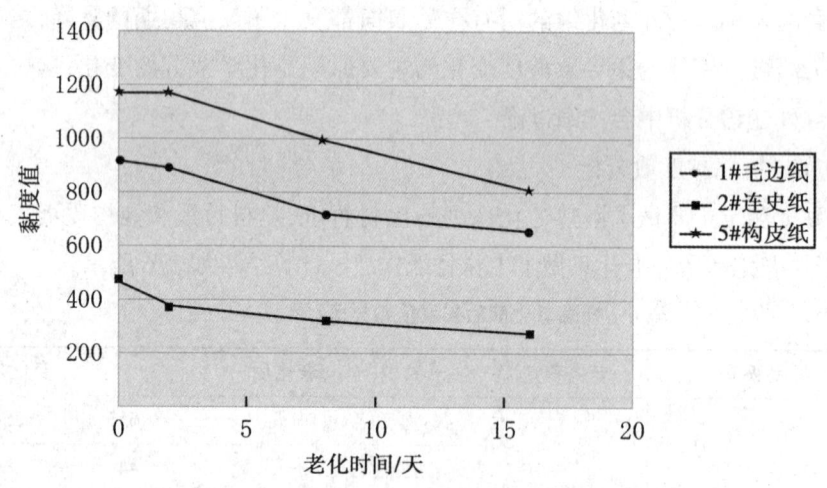

图9　湿热老化竹纸和构皮纸样品黏度变化趋势对比图

由图9可见，湿热老化的两种竹纸样品在整体上呈现前期快、后期慢的变化趋势。但两种纸在反应的最初期变化有差别，1#生料竹纸在反应最初期变化缓慢，到了一定阶段后才有反应；而2#熟料竹纸在老化初期就有明显下降的现象。与白度变化的特点类似，5#构皮纸的黏度也要经过较长的一个初始阶段才开始明显下降。

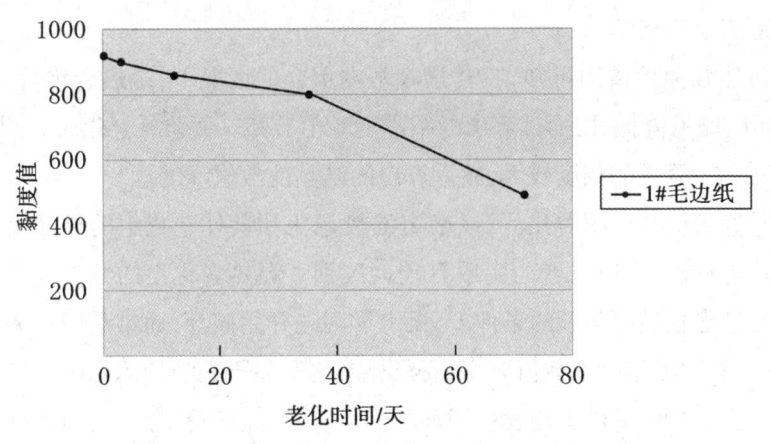

图 10　干热老化毛边纸样品黏度变化趋势图

从图 10 可见,1#样品干热老化的变化趋势与湿热老化不同,呈现前期慢、后期快的趋势,在一定程度上证实了干热模拟老化条件下聚合度降低是热量累积到一定程度的结果,与湿热模拟老化导致老化的机理有较大差别。

(五)结晶度分析

现代手工纸样品模拟老化前后的 XRD 结晶度计算结果如表 7 所示。

表 7　模拟老化样品老化前后的 XRD 结晶度结果

样品编号	老化前	老化后		变化幅度
1-毛边纸 (生料原色竹纸)	78.4%	湿热老化 48 天	85.0%	6.6%
		干热老化 72 天	77.7%	-0.7%
		紫外老化 24 小时	76.1%	-2.3%
2-连史纸 (熟料漂白竹纸)	81.0%	湿热老化 48 天	85.8%	4.8%
		干热老化 72 天	81.3%	0.3%
		紫外老化 24 小时	74.4%	-6.6%
3-古法宣纸 (原色皮混料纸)	89.4%	湿热老化 16 天	90.6%	1.2%
		干热老化 72 天	89.7%	0.3%
		紫外老化 24 小时	87.6%	-1.8%
5-构皮纸 (原色纯皮纸)	91.3%	湿热老化 16 天	92.4%	1.1%
		干热老化 72 天	91.9%	0.6%
		紫外老化 24 小时	90.4%	-0.9%

由上表数据可见,结晶度初始值为生料竹纸<熟料竹纸<宣纸<构皮纸。所有样品在湿热老化处理后均呈现了结晶指数升高的趋势,而紫外老化处理后结晶指数均呈下降趋势,干热老化处理后则变化不明显。从变化幅度上看,竹纸变化

幅度普遍大于构皮纸。

通过比较原始谱图可知,在背景峰基本重合的情况下,湿热老化后 I_{002} 基本不变,而 I_{am} 略有降低,因而计算出的结晶度数值升高。而紫外老化后 I_{002} 与 I_{am} 均有降低,但 I_{002} 降低的幅度较大,故计算出的结晶度数值降低。

从计算数值和谱图对比,可以确定湿热老化和紫外老化组的样品发生了相对结晶度上的改变,但二者的实质有较大区别。湿热老化组的结晶度升高的原因是在湿热老化模拟实验的条件下,无定形区先开始破坏,而结晶区还未受到破坏,因此计算出的结晶度数值升高;而紫外老化结晶指数降低的原因是结晶区和无定形区在高能的条件下均发生了破坏,但结晶区破坏得更严重,因此计算出的结晶度数值下降。

(六)红外光谱分析

原始样品的红外光谱分析主要出峰位置包括:3331cm^{-1}、2900cm^{-1}、2850cm^{-1}、1640cm^{-1}、1600cm^{-1}、1507cm^{-1}、1450cm^{-1}、1428cm^{-1}、1367cm^{-1}、1335cm^{-1}、1316cm^{-1}、1281cm^{-1}~1261cm^{-1}、1202cm^{-1}、1160cm^{-1}、1100cm^{-1}、1051cm^{-1}、1030cm^{-1}、897cm^{-1}、873cm^{-1}和660cm^{-1}。

根据纤维素研究领域目前的红外研究成果,波数 3400cm^{-1} 表征纤维素分子内羟基 O—H 伸缩振动谱带,2900cm^{-1} 表征纤维素分子间羟基 O—H 伸缩振动的吸收峰,1637cm^{-1} 表征吸附水的吸收峰,1432cm^{-1} 表征纤维素-CH$_2$ 弯曲振动和剪切振动的吸收峰,波数 1372cm^{-1} 和 1318cm^{-1} 谱峰为纤维素和半纤维素-CH 弯曲振动和伸缩振动,1163cm^{-1} 表征纤维素和半纤维素中 C—O—C 不对称伸缩振动,1058cm^{-1}~1060cm^{-1} 表征纤维素和半纤维素中 C—O 伸缩振动,898cm^{-1} 处为 β-糖苷键振动吸收峰[7,8]。木质素的红外光谱归属大致如下:3400cm^{-1} 和 2937cm^{-1} 处分别为羟基和甲基、亚甲基的伸缩振动吸收峰,1720cm^{-1} 为非共轭羰基的特征吸收峰,1614cm^{-1} 和 1512cm^{-1} 为芳香环的骨架振动的吸收峰,1454cm^{-1} 处为亚甲基 C—H 弯曲振动的吸收峰,1331cm^{-1} 和 1125cm^{-1} 处为紫丁香基(S 单元)的吸收峰,1222cm^{-1} 为愈创木基型 C—C、C—O 和 C=O 的伸缩振动[9]。

经不同老化方式处理后的样品红外谱图出现了不同的变化特征:湿热老化与干热老化样品在红外光谱上主要表现为 1316cm^{-1} 与 1429cm^{-1} 的峰强比升高。紫外老化后在 1720cm^{-1} 附近出现了 C=O 的峰,1316cm^{-1} 与 1429cm^{-1} 的峰强比降低,初始状态有木质素峰的样品(1#毛边纸和 3#古法宣纸)在 1600cm^{-1} 与 1509cm^{-1} 附近木质素的特征峰变弱或消失。

上述结果表明三种老化方式均引起了纸张纤维化学结构上的改变,紫外老化改变得最为明显,出现了氧化产物。

通过对比古代样品的红外分析结果,可发现书页边缘色较深的脆化部分与中央部分相比出现了与紫外模拟老化后相似的特点,如表8所示。究其原因,应为书页边缘处的纸张暴露在空气中,氧化作用和光老化作用导致了其化学结构的改变。

表8 古代竹纸样品中央与边缘位置红外光谱图对比

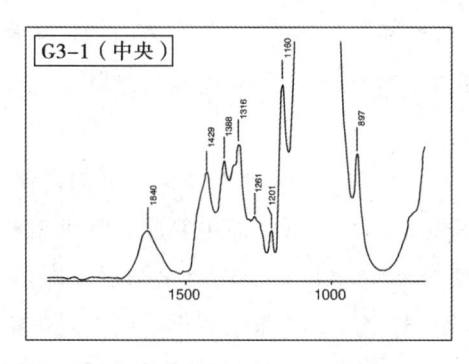

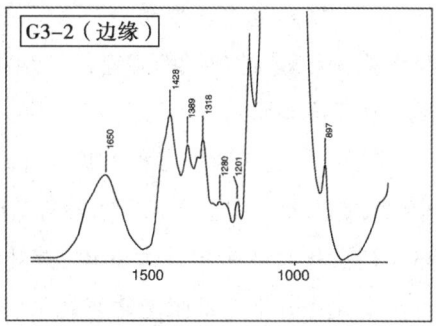

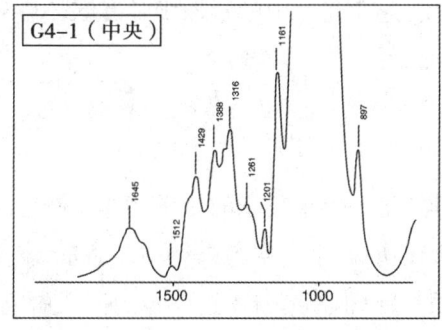

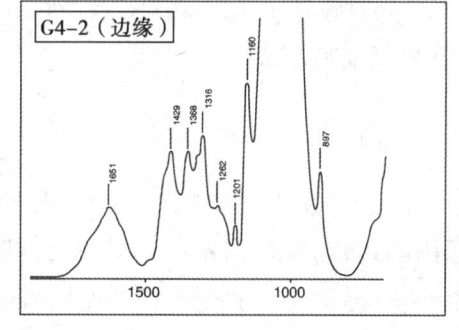

(七) 微观形貌分析

利用光学显微镜直接观察,除颜色变化外未发现老化前后的明显区别。利用扫描电镜对纸面进行直接观察,发现干热和紫外老化后的样品纤维表面会产生干缩、破碎等现象,但古籍样品上未发现类似情况。由此推断微观形貌上的变化为过强模拟实验条件导致,与古籍实际老化情况差异较大,故在此不做深入讨论。

五、结论

本次研究通过一系列系统的模拟老化实验和分析检测,对中国古籍纸张老化特性进行综合研究,主要可得到以下结论。

1.古籍纸张在湿热、干热、紫外三种不同的老化方式下,量化指标白度、抗张指数、表面酸碱度和特性黏度均呈现了随老化进行不断下降的趋势。不同样品、不同老化方式下变化速度有所不同。

2.老化前后结晶指数和红外谱峰的变化表明,古籍纸张在老化过程中还发生了结晶态结构和化学结构的变化,不同的老化机制产生的变化趋势不一致:紫外老化和湿热老化呈现出了不同的作用方向,体现在检测数值上是反向的;而干热老化没有显出明显的趋向性。

3.不同类型的古籍纸张在白度、抗张指数、表面酸碱度、特性黏度、XRD结晶指数等量化指标上,其初始值就存在较大差异,分别具有各自的特性区间,因而评估古籍的实际老化程度时需要参考各自类别的初始值,不可一概而论。从耐老化性能上比较,纯皮纸的耐老化性能要优于竹纸,而竹纸中生料竹纸的耐老化性能又优于熟料竹纸。

4.湿热、干热和紫外三种模拟老化形式均可导致古籍纸张不同程度的老化。其中,紫外老化可引起纸张纤维素结晶区的破坏以及纸张的主要成分纤维素和少量木质素化学结构的较大变化,破坏性比湿热老化和干热老化都要大许多。而湿热老化条件下的纸张老化速度又要比干热老化条件下快得多。因而对于纸张的预防性保护而言,合理调控光照和湿度,避免光照中的紫外线及高湿环境对古籍的损害尤为重要。

六、结语

中国古籍纸张种类繁多,老化情况多样,是一个很复杂的体系。本次研究是对中国古籍纸张老化特性的一次综合性研究初探,限于实验条件和样品量,未能将全部样品做完所有实验,对于许多问题的探讨也都有待于进一步的深入研究,在今后的工作中进一步完善。

(吕淑贤,北京大学图书馆馆员)

参考文献:
[1]徐文娟.明矾对宣纸耐久性影响的研究[J].文物保护与考古科学,2008,20(4):47-50.
[2]SOARES S, RICARDO N M P S, JONES S, et al. High temperature thermal degradation of cellulose in air studied using FTIR and ^{1}H and ^{13}C solid-state NMR[J]. European Polymer Journal, 2001(37): 737-745.
[3]瞿耀良,刘仁庆,王建库.空气湿度对纸张耐久性的影响[J].中国档案,1995(4):37-38.
[4]尹慧道,徐乐.温湿度作用因子与纸张耐久性的量化分析[J].档案学研究,2002(1):46-48,45.
[5]彭运明,许晓蕾.紫外线对纸张耐久性破坏的初步探讨[J].档案学研究,1994(1):70-73.
[6]马晓娟,黄六莲,陈礼辉,等.纤维素结晶度的测定方法[J].造纸科学与技术,2012,31(2):75-78.
[7]宋永康,黄薇,姚清华,等.表达广谱抗真菌蛋白转基因水稻秸秆的化学成分与纤维素结构[J].生物安全学报,2011,20(2):160-165.
[8]罗曦芸,杜一平,沈美华,等.红外光谱在纤维质文物材料鉴别中的应用研究[J].光谱学与光谱分析.2015,35(1):60-64.
[9]王继坤,赵力超,刘欣,等.广林9号桉叶木质素的结构表征[J].中国科技论文,2015,10(12):1364-1368.

藏文古籍修复的探索与实践
——以纳格拉藏经的修复为例

Exploration and Practice of the Restoration of Ancient Books in Tibetan: A Case Study of Nagela's Tripitaka

杨敏仙　张庆尧

摘　要：藏文古籍修复遵循古籍修复的普遍性原则,但由于藏文古籍纸质及装帧形制的特殊性,藏文古籍的修复技术和修复手法有别于其他古籍。文章论述纳格拉藏经的抢救修复,指出人工纸浆补书法是古籍修复技法的创新,与传统的修复技法相比有很多优点,值得推广应用。

关键词：纳格拉藏经；人工纸浆补书法；古籍修复

藏文古籍是中华民族传统文化的重要组成部分,它承载着藏族人民的历史文化和宗教信仰,维系着藏族人民的情感。加强藏文古籍保护工作对延续和发扬这一优秀民族文化、进一步促进民族团结与和谐稳定、巩固国家统一具有重要的意义。藏文古籍在流传的过程中,由于诸多因素而存在不同程度的破损,修复藏文古籍是一项极为迫切而重要的工作。云南省图书馆充分发挥云南省国家级古籍修复中心的职能职责,开展多种少数民族古籍的修复工作。2014 年至 2018 年,云南省图书馆开展纳格拉藏经抢救修复项目,笔者曾全程参与抢救修复工作。本文即以纳格拉藏经的修复为例,阐述藏文古籍的修复方法和修复步骤,重点对人工纸浆补书法进行详细论述。

一、纳格拉藏经概况

纳格拉藏经发现于云南省迪庆州香格里拉市格咱乡西北部纳格拉村外 25

公里处的一个山洞内。人们称该山洞为纳格拉洞,这批藏经也因此而得名。"纳格拉"是藏语音译,"纳"在当地藏语中意为"森林","格拉"意为"腰带","纳格拉"意为"腰带大的森林"。

　　纳格拉洞一带平均海拔3300米以上,冬季大雪封山,全年至少有三个月与外界交通断绝,是云南最为偏僻的区域之一。2010年9月,一位上山的村民发现了纳格拉洞内的这批藏经,得到了迪庆州委、州政府,云南省古籍保护中心和国家古籍保护中心的高度重视。2010年10月,迪庆州图书馆民间古籍考察队两次进入纳格拉洞考察发掘(图1、图2)。两次艰苦的发掘历时九天,考察队从纳格拉洞共抢救出藏经2000多页。这批藏经被装于多个纸箱运回后,藏于迪庆州图书馆。

图1　2010年10月首次发掘现场　　　　图2　散落于洞内的藏经

　　纳格拉洞发现的这批藏文经书几乎找不到干净完好的书页,上面粘满了尘土,有的还粘有经洪水浸泡后沉积的泥块;有的藏经疑似被火烤后又被水浸,因冷热交替而皱缩成团;有的藏经粘连、霉蚀、老化成书砖;有的藏经有严重的火烧痕迹,只剩下三分之一的书页面积;有的书砖被火烧后只剩下粘结严重的部位,烬毁部位的书页只要轻轻触碰就会掉渣,属于重度破损(图3、图4)。这批藏经没有虫蛀现象,但有部分书页存在人为撕裂迹象和不规则的大孔洞缺损,大多书页上有霉斑。纳格拉藏经的种种破损情况充分说明洞内环境极其恶劣。在发掘

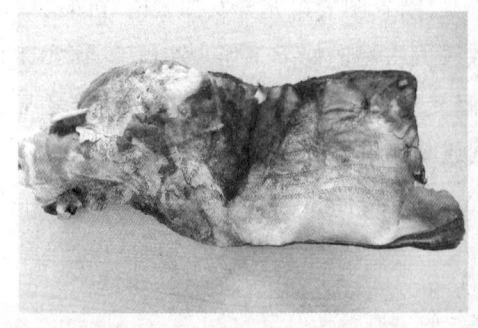

图3　火烧、板结成块的部分藏经　　　　图4　皱缩成团的部分藏经

现场，只见墙体缝隙和倒塌的石块泥土中的藏经残片，虽然有少量藏经成摞，但无法辨识其装帧形制。整个发掘过程中也没有发现夹板、布料、绸缎、线绳等与藏文古籍装帧形制有关的材料。因此，纳格拉藏经被判定为"没有装帧形制"的长条形活页。

经最后统计，纳格拉藏经总共有2285页，大多为墨写本，也有少量蓝靛写本，另外还有少量刻本。这批藏经大多为藏文大藏经《甘珠尔》中的《大般若经》，小部分为藏传佛教宁玛派僧人常用的法事用书和记账材料。纳格拉藏经双面有字，书页大小不一，有9种规格，最大的一种书页长62cm，高20cm。此规格的书页是纳格拉藏经中数量最多的一种，共计1815页，约占总数的80%。

二、纳格拉藏经的修复

纳格拉藏经的纸质厚薄有多种，纸张的厚度在0.13mm～0.65mm之间。同一张书页厚薄也极为不均，有的书页局部有明显的纤维堆积情况。纸质表面粗糙，颜色略泛黄，无明显帘纹。书页韧性较强，抗压耐折。在修复工作开展之前，古籍修复专家杨利群老师凭多年的修复经验对藏经的纸质特性做了分析，初步判断这批藏经中书页数量最多的一个系列的纸质为藏区特有的狼毒纸。在征得迪庆州图书馆相关人员的同意后，我们将这批藏经的纸质分为三个系列，分别取残片请同行专家利用纸张纤维分析仪进行检测。纳格拉藏经残片的纸质纤维细长度和宽度非常均匀，纤维形态一致，表面有横节纹，细胞腔可见。其纸质纤维图像显示，三个系列的藏经残片的纸质均属于狼毒纸。有一个系列的藏经残片纤维中有明显的蓝色淀粉颗粒，可能是纸张制作过程中添加的淀粉填料，也有可能是多层纸张托裱所致（图5、图6）。

图5　纳格拉藏经的纸质纤维图像（4倍）　　图6　纳格拉藏经的纸质纤维图像（10倍）

（一）寻访合适的修复用纸

对于藏纸，人们首先想到的就是狼毒纸。狼毒纸作为藏文化传承的重要载体,有着悠久的历史,用狼毒纸抄写的经书曾被视为经书中的极品,人们认为只有这种圣洁的纸才能用于抄写神圣的藏经。狼毒草又称瑞香狼毒,也称断肠草,在藏语中被称为"阿交如交",生长于草原和高山草甸。狼毒纸则是用狼毒草根去其根芯和外皮,使用其中间部分作为原料,经过多道工序之后,采用人工浇纸法制作而成的纸张。据对现存狼毒纸的研究,狼毒纸具有以下优点:"首先是防虫蛀,因主要原料狼毒有毒,用这种藏纸印刷的书籍,长期甚至几十年不翻动,也不会被虫蛀;其次是吸墨性很强,永不褪色;第三是重量轻、韧性好、不干裂,大约只有相同体积宣纸一半的重量;第四是低白度,略略泛黄,看书时不刺眼,不伤眼睛。"[1]

2012年,云南省图书馆时任馆长王水乔多次派云南省古籍保护中心工作人员前往迪庆州图书馆对这批藏经的破损情况、纸张特性等进行考察,并对贵州丹寨、安徽潜山、福建连城姑田镇、西藏尼木及云南本地的西双版纳州、鹤庆县、玉龙县的造纸工艺和原料进行走访调研,但始终没有找到适合修复纳格拉藏经的纸张。

在有关藏纸的史料记载中,尼木藏纸、德格藏纸和迪庆藏纸均由狼毒草的根皮所制。民国《中甸县志稿》与《云南民族手工造纸地图》都记载了云南迪庆藏纸的辉煌。民国《中甸县志稿》记载,每年中甸县(今香格里拉市)政府拨付给松赞林寺"土纸"9000张。《云南民族手工造纸地图》记载:"明末清初时是小中甸造纸业最兴旺的时期,那时期宗教文化对纸的需求量很大,小中甸造纸原料狼毒草的资源很丰富,因此那里成了中甸制造藏纸的中心。理塘现存的大藏经丽江版本,实际是小中甸那时期生产的纸,在小中甸刻印的。"[2]迪庆的松赞林寺和东竹林寺目前仍保存有大量使用迪庆藏纸抄印的佛经,当地的文博机构乃至民间也收藏有大量的藏纸类契约公文。可惜的是迪庆藏纸早已停止生产。

西藏尼木虽保留藏纸生产,但未能找到适合修复纳格拉藏经的纸张。于是我们想到了"人工纸浆补书法",利用狼毒草根的韧皮纤维制成狼毒纸浆,采用浇纸法修复纳格拉藏经。但我们制作狼毒纸浆的工艺与传统藏纸纸浆的制作工艺存在明显的差别,要制作出优质的狼毒纸浆存在一定的困难。根据我们的经验,用人工浇纸法修补书页,长纤维的纸浆修补效果较好,更平整牢固。于是我们在安徽潜山定制了构皮纸和构皮纸浆作为主要修复材料,在修复过程中,我们也尝试采用狼毒草根的韧皮纤维经过加工处理,与定制的构皮纸浆混合,用于人工纸浆补书。

(二)确定修复原则和修复方案

2014年9月22日,云南省古籍保护中心在迪庆州图书馆召开纳格拉藏经修复专家研讨会,国家图书馆副馆长、国家古籍保护中心副主任张志清,国家图书馆古籍修复专家杜伟生,国家图书馆古籍保护专家王红蕾,西藏自治区古籍保护中心藏文专家努木、边巴次仁、尼夏、白张,云南省图书馆馆长王水乔,云南省古籍修复专家杨利群等参加了会议。与会领导和专家对纳格拉藏经纸质特性、破损情形、破损成因进行了分析和探讨,通过了抢救修复纳格拉藏经的抢救方案。

在修复原则上,纳格拉藏经应遵循汉文古籍修复的普遍性原则:其一,整旧如旧,即尽可能保持藏经原貌。采用颜色和质地与纳格拉藏经书页相近的安徽潜山构皮纸和纸浆作为主要修复材料。在装帧形制上,保持原有的长条形活页形制。其二,最小干预,不用化学试剂清洗书页上的尘土和霉菌,而是采用60℃左右的自来水清洗,并避免过度清洗。修复过程中,对于重度破损的书页能局托则不全托,尽量采用搭接、挖补、填补、夹接、局托、人工纸浆补书法等方法进行修补,搭口尽可能控制在1mm~2mm,最大限度地保留藏经原有的文字。上述修复原则是纳格拉藏经修复的总体指导原则,在实施时,根据每一页的破损情况进行微调。

根据上述修复原则和古籍保护专家的指导,确定了纳格拉藏经修复的技术路线:①清洗展平。用温水清洗尘土和霉斑,将皱缩的书页润湿展平。②浸泡。用毛巾包裹书砖,细绳捆扎,放于盆或桶内浸泡,浸泡时间不少于24小时。③揭。用镊子、细针、起子将浸泡后的书砖一页页揭开。④刮。用手术刀或马蹄刀将烟熏、火烧发黑的修补部位刮薄。⑤修补。用镶衬、挖补、填补、夹接、局托、人工纸浆补书法进行修补。⑥压平。修补好的书页用化纤纸、撤潮纸多次吸水,木板轻压。⑦裁剪。根据书页形状,随形修剪。

(三)修复技法

我们根据纳格拉藏经书页的破损情况及纸质特性进行综合分析,并根据自己所掌握的修复方法做出取舍,在修复过程中,镶衬、挖补、夹接、人工纸浆补书法是用得较多的几种修复方法。镶衬、挖补、夹接修补法在笔者《谈谈藏文古籍的修复——以纳格拉藏经的修复为例》[3]一文中已做详细论述,这里详细介绍人工纸浆补书法。

采用人工纸浆补书法可根据书页的纸质特性自制纸浆进行修补,以解决当前少数民族古籍因纸质特殊而修复纸张难寻的难题。纸浆补书源于20世纪50年代,1956年保加利亚国家图书馆成功研制首款纸浆补书机,后来纸浆补书机在一些欧亚国家得到推广。1992年,南京大学图书馆的邱晓刚老师研发出滴管纸浆补书法。1994年,国家图书馆的杜伟生、张平老师开始研制纸浆补书机,1996年完成了纸浆补书样机的制作,随后国家图书馆委托北京青云仪器厂对样机的一些零件进行了改进,使机器纸浆补书的功能进一步完善。2008年,国家图书馆古籍保护人员对原有纸浆补书机在质量和性能上进行提高和改进,研制出现在全国各古籍修复中心推广使用的Bsj-2006A型补书机。无论是机器纸浆补书法、滴管纸浆补书法还是人工纸浆补书法,都是受到传统手工造纸"浇纸法"的启发,利用湿纸的纤维氢键结合力让纸浆纤维和书页破损部位的纤维交织,实现一个再造纸的过程,从而使破损部位得到修复。人工纸浆补书法与传统的手工补书法相比有很多优点:①解决古籍修复用纸难寻的问题,尤其是特殊的少数民族古籍修复用纸;②补书不用浆糊,可以减少虫蛀、生霉;③补洞准确,不存在搭茬,真正实现了对文字的最小干预;④书页平整,修复后不用捶平。

在修复过程中,我们根据纳格拉藏经不同的破损情况采取了不同的修复方法。人工纸浆补书法主要是针对这批藏经中书页较厚且书页外围大面积破损、破损部位的形状不规则、书页有字的部位小面积破损的藏经所采取的修复方法。

1.纸浆的加工制作

本次修复纳格拉藏经,我们用狼毒草根的韧皮纤维制成狼毒纸浆,再与定制的构皮纸浆混合进行修补。首先将狼毒草根洗净,去除其黑色表皮和根芯,将剩下的韧皮撕成细丝,手工切碎入锅,加水和少量石灰碱多次熬煮,并反复捶打。经多次清洗,过滤去除杂质和木质素,放入搅拌器与构皮纸浆混合搅拌即可(图7至图10)。也可根据书页的厚度和破损面积的大小,取适量构皮纸放入搅拌器加水进行混合搅拌,制成细腻的纸浆。

图7 狼毒草的外观　　图8 人工分解后的狼毒草根茎

图9　加水熬制人工分解后的狼毒草根

图10　将熬制好的狼毒草汁与构皮纸浆混合形成新纸浆

在调配纸浆时需加入微量聚丙烯酰胺,聚丙烯酰胺与水的质量配比约为1∶20000。聚丙烯酰胺是一种白色粉末或者小颗粒状物质,被广泛应用于造纸领域,有助滤、助悬浮等作用[4]。在迪庆州图书馆第二次组织志愿者集中修复时,国家图书馆、国家古籍保护中心领导和专家考察了我们采用的人工纸浆补书法,笔者与国家图书馆的胡泊、朱振彬老师探讨了聚丙烯酰胺的安全性问题。胡泊老师认为丙烯酰胺的聚合物安全可靠,丙烯酰胺则是不安全的。之后,笔者又咨询了国家古籍保护实验室研究手工纸的易晓辉老师,他说到目前还没有发现聚丙烯酰胺有明显的不安全性,可以使用。我们在纸浆中加入微量聚丙烯酰胺,使纸浆中的纤维均匀地分散并悬浮在水中,从而改善纸浆上网的匀度;加入聚丙烯酰胺的另一个作用,是使细小纤维和填料附着到较长纤维的表面,减少短纤维过度填充纸帘,致使纸浆中的水分难以过滤;同时,加入聚丙烯酰胺可增强纸浆与书页破损部位的黏合度。

2.人工纸浆补书的过程及注意事项

人工纸浆补书需备滤水装置,取一个比书页面积大的不锈钢托盘作为盛水装置,在托盘上放置一块钢丝网滤水,将抄纸的竹帘平铺在钢丝网上。这里要特别说明的是,传统藏纸制作是用布帘或丝网,但本次没有找到合适的布帘与丝网,便用抄纸的细密竹帘代替,但对于竹帘的帘纹和竹丝纹,我们在后面的工序中进行了处理。先将需要修复的书页清洗、展平后平铺于竹帘上,再将调配好的纸浆用量杯浇于书页的缺损处,纸浆的浓度以倾倒时能保持连续流动为宜,浇补时要求慢速、连续浇补。对于我们采用人工纸浆补书的这批藏经书页的厚度而言,当纸浆的堆积比书页的平面高出2mm时,即能使修补部位与书页的厚度基本保持一致。在浇浆的过程中难免有纸浆厚薄不均的情况,甚至纸浆覆盖了字迹。遇到这种情况,我们可用镊子或小刀对纸浆进行用量的增减或位置的微调。

对四周破损的书页,需在书页的四周平铺比书页厚 2mm 的塑料片,防止周围缺损地方溢出过多的纸浆。浇浆完成后,书页的上下各垫一张化纤纸,再铺上毛毡,用两块压书板夹住,放入压书机内重压 10~15 分钟。取出后,书页晾至八成干,随形修剪即可。

　　用传统手工浇纸法造纸,使用的不是竹帘,因此狼毒纸和大多数手工纸不一样,狼毒纸没有帘纹,只有细密的网状纹。为使修复部位的帘纹不至于太过明显,在放入压书机时必须重压,对重压后帘纹仍较明显的,垫上化纤纸用棕刷排实。重压的另一作用,是增强纸浆纤维与书页纤维结合的紧密度(图 11)。

图 11　人工纸浆修补的过程

三、修复成果展示与总结

　　纳格拉藏经的修复从 2014 年 9 月启动,到 2018 年 9 月修复完工,共历时四年。整个修复项目采用集中办班的形式,在全国招募志愿者参加培训,通过五次集中培训,边学习边修复。参加修复的志愿者来自云南、甘肃、青海、西藏、内蒙古、四川、重庆等地,计 83 人次,共抢救修复 2185 页藏文古籍。在整个纳格拉藏经修复项目开展的过程中,国家古籍保护中心和云南省古籍保护中心承担了所有的培训费用。通过项目的开展,参与修复工作的每一位同志的修复技艺都有所提升。在抢救修复过程中,杨利群老师探索出夹接、填补、人工纸浆补书法等新的修复方法。

对纳格拉藏经的修复,从始至终都受到各级领导的高度重视。纳格拉藏经修复项目完成后,于 2018 年 9 月 2 日在云南省迪庆州图书馆举办了"册府千华——纳格拉洞藏经修复成果展"。展览通过图文、视频、活态演示等方式,全方位展示了纳格拉藏经的发掘、内容、修复技艺、修复成果。展览反响热烈,纸质主流媒体、电视媒体、网络媒体都进行了相关的报道。全国各地的藏学权威专家学者、各图书馆同行、高校师生纷至沓来,他们关注古籍修复技艺,关注纳格拉藏经的来历,进一步促进了对纳格拉藏经文物价值、艺术价值、文献学术价值的研究(图 12)。

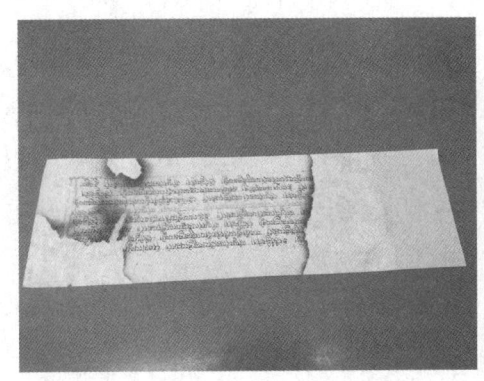

图 12　修复后的藏经

藏文古籍修复遵循汉文古籍修复的普遍性原则,但因其特殊的载体材料和装帧形制,藏文古籍的修复有其特殊性。纳格拉藏经的修复,既采用了传统的修复技法,又创新性地采用人工纸浆补书法。人工纸浆补书法的应用,解决了少数民族古籍修复用纸难寻的问题,为少数民族古籍特别是藏文古籍的修复提供了宝贵的经验。

（杨敏仙,云南省图书馆副研究馆员;张庆尧,云南迪庆州图书馆副研究馆员）

参考文献:
[1]张建世.德格藏纸传统制作工艺调查[J].西藏研究,2005(2):115-116.
[2]杨建昆.云南民族手工造纸地图[M].昆明:云南科技出版社.2005.72.
[3]杨利群,杨敏仙.谈谈藏文古籍的修复:以纳格拉藏经的修复为例[M]//程焕文,林明,邱蔚晴.2016 年古籍保护与修复国际学术研讨会论文海报集.桂林:广西师范大学出版社,2018:412-423.
[4]陈夫山,刘庆云.聚丙烯酰胺的合成及其在造纸中的应用[J].湖南造纸,2015(2):36-38.

论宋代蝴蝶装的两种改装形式

On Two Modification Forms of Butterfly Binding

邱晓刚　邱　敏

摘　要：传统古籍修复技艺，是各个时期的修复前辈们在不断传承和创新修复技艺过程中演进而来的；这些精湛的技艺能流传至今，充分肯定了它们在古籍保护中的作用。"黄装"与"蝴蝶装金镶玉"是在宋代蝴蝶装基础上经过改革与创新演变而来的，文章通过张士达摘抄黄丕烈题跋的札记分析发现，其创制"蝴蝶装金镶玉"的修复理念与黄丕烈的修书思想一脉相承，但与"黄装"相比，"蝴蝶装金镶玉"也有新的变革与改进。

关键词："黄丕烈"；"黄装"；张士达；"蝴蝶装金镶玉"

2018年底，上海图书馆与南京图书馆分别举办了大型珍贵古籍文献展览活动"缥缃流彩——中国古代书籍装潢艺术馆藏精品文献展"和"册府千华——2018江苏省藏国家珍贵古籍特展"。展览中，宋代蝴蝶装的两种改装形式引起了笔者关注。这两种改装形式，即"黄装"与"蝴蝶装金镶玉"。

笔者在展览中发现，"黄装"与"蝴蝶装金镶玉"都是针对宋代蝴蝶装古籍的保存保护而进行创新与变革的，因此更激发笔者去探寻黄丕烈"黄装"与张士达"蝴蝶装金镶玉"之间的关联，对这两种方法进行一些研究、探讨与分析。

蝴蝶装是宋元刻本常用的装帧形式，《明史·艺文志》中记载："秘阁书籍皆宋元所遗，无不精美，装用倒折，四周外向，虫鼠不能损。"文中所记即蝴蝶装。蝴蝶装在装帧历史上有过改装，其中以"黄装"最为有名，它是清代著名藏书家黄丕烈特别采用的一种能够保留蝴蝶装形式的装帧方法。肖振棠、丁瑜先生在《中国古籍装订修补技术》中的"蝴蝶装书籍装修法"中谈到"黄装"：书页对齐折好后，在折口的背面点上三四点浆糊，外面包上书皮，"清代藏书家黄丕烈多采用此种装订方法"[1]。以此种说法为基础，学界对"黄装"有较为一致的看法，即对连续两张空白书页进行点浆，空浆背外面包上书皮。这种做法的优点是不伤版心（书口），展开容易放平，缺点是因用浆糊少，容易散页，不坚固。笔者曾在拙文《"黄装"略议》一文中写道，"黄装"的另一个重要特点不容忽视，即"书页四周镶出保护页"的部分[2]，这一点在以往论著中未曾提及。

一、蝴蝶装的改装形式——"黄装"

上海图书馆"缥缃流彩"展陈的宋刻孤本《重雕足本鉴诫录》（图1），曾历经项元汴、黄丕烈等名家收藏，流传有序。此书为宋代刻本，宋刻本原装应为蝴蝶装，即版心向内，单口向外，版心背口处相互粘连的一种装帧形式。但就此书的装潢形式来看，该书页的书脑处留有多处订眼孔，说明这部书有一段时间曾以线装的形式存世。根据黄丕烈的题跋记载可知，当此书传至黄丕烈处，他将书籍恢

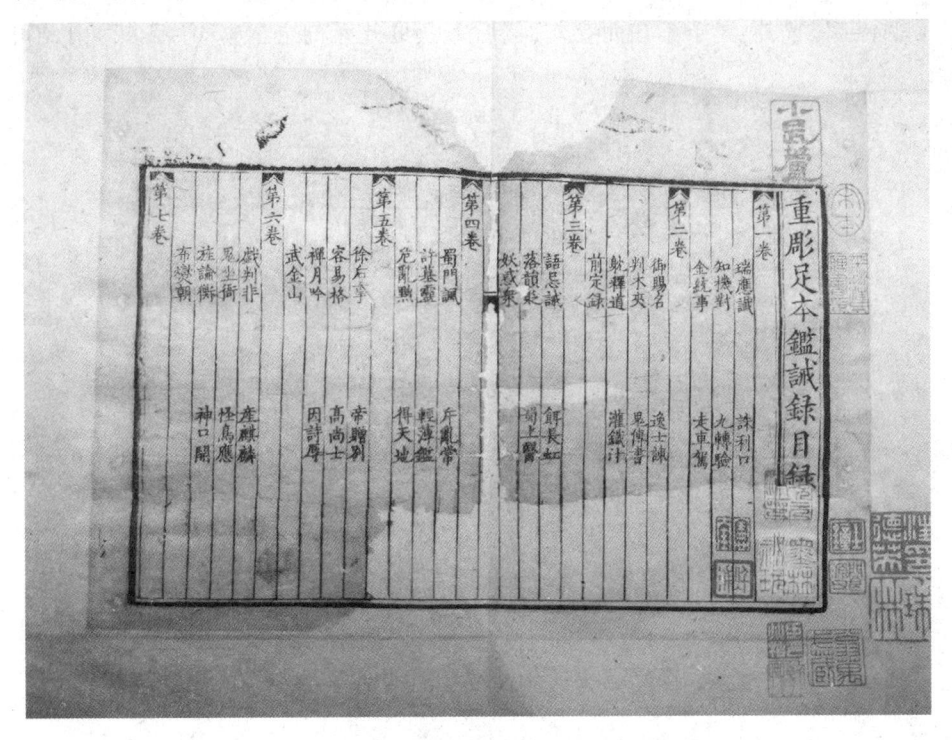

图1　上海图书馆藏宋刻孤本《重雕足本鉴诫录》

复了蝴蝶装的原貌。从外观整体来看,展现于眼前的是宋代流行的蝴蝶装形式,版心向内,四周向外。但细看则发现不同于蝴蝶装之处,书页四周皆用颜色相仿的纸补缀过,从外观看四周的衬纸恰好将书页镶嵌于其中。书页的内容在蝴蝶装以及四周衬纸的镶嵌下,得到了双重保护。通过跋文可知,为了保留宋本书的古风,使书籍延年益寿,黄丕烈对此书进行了改装,其跋文记载:"四围并前后副叶皆宋纸,面叶亦宋金粟藏金笺,装潢古雅,与书相称,虽损旧装为之,恐或更有益于是书。"[3]316笔者认为这样难得一见的装帧形式,可称为"黄装"。

南京图书馆"册府千华"展示的元刻本《乐府新编阳春白雪》(图2),元代杨朝英辑,明代柳如是校。此书内有黄丕烈亲笔题跋,正文前有柳如是小像一幅。从外观看,此书装帧古雅美观,打开书页能看到完整的版面,蝴蝶装形式完整保留。虽然书页有破损、残缺,但精湛的修复技术使得破损处被修补得天衣无缝,达到了整旧如旧的效果。根据展览现场观察,此书版心向内,书页四周镶有与书页颜色相仿的衬纸,同上海图书馆展出的《重雕足本鉴诫录》的装帧形式极为相似。《乐府新编阳春白雪》也正是笔者1998年《"黄装"略议》一文中提到的"采用了特殊的装帧形式"的书,黄丕烈在此书题识中记载:"余因全本不可得见,得见残本斯可矣。出重价购此,并不惜装潢之费,职是故耳。原书阙损几番,照影元钞本字体描补,异于不知而妄作,倘后来获见此元刻之全本……"[3]661由此可

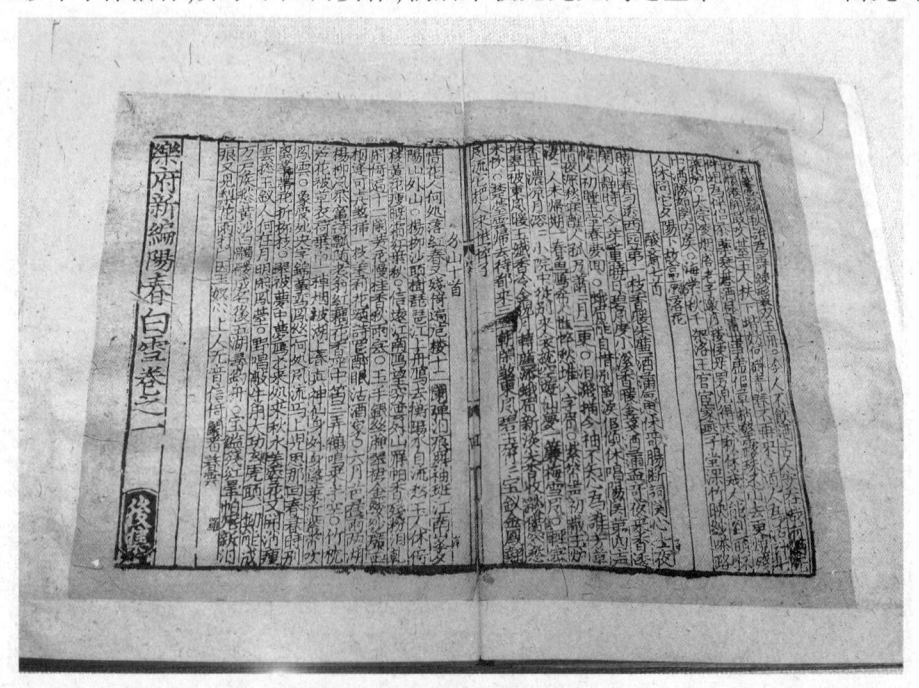

图2　南京图书馆藏元刻本《乐府新编阳春白雪》

见黄丕烈对此书改装所花费的精力和财力。笔者曾经对国家图书馆出版的《第一批国家珍贵古籍名录图录》中的四十一部蝴蝶装古籍进行初步统计[4]，发现图录中具有明显"黄装"特征（保留蝴蝶装形式且书页四周镶有保护页）、经黄丕烈收藏并改装过的善本古籍共有九部①。

由此笔者认为"黄装"的制作特点包括：原书为宋元版黄丕烈藏蝴蝶装古籍，经过修复，并对全书进行具有金镶玉特点的改装——镶嵌衬纸于书页四周后，再在书页的背面书口部位点少许浆糊使其相互粘住；书背的处理不再像蝴蝶装那样涂满浆糊，而是直接用书皮包裹，从而避免版心部分被蠹虫蛀蚀。这种装帧形式始自黄丕烈，这样的蝴蝶装改进形式才符合后人所称的"黄装"。

二、蝴蝶装的现代改装形式——"蝴蝶装金镶玉"

2018年，南京图书馆"册府千华"展示了北宋孤本《礼部韵略》（图3），其装帧形式是用一种类似"黄装"的"蝴蝶装金镶玉"来进行装帧保护的。根据专家

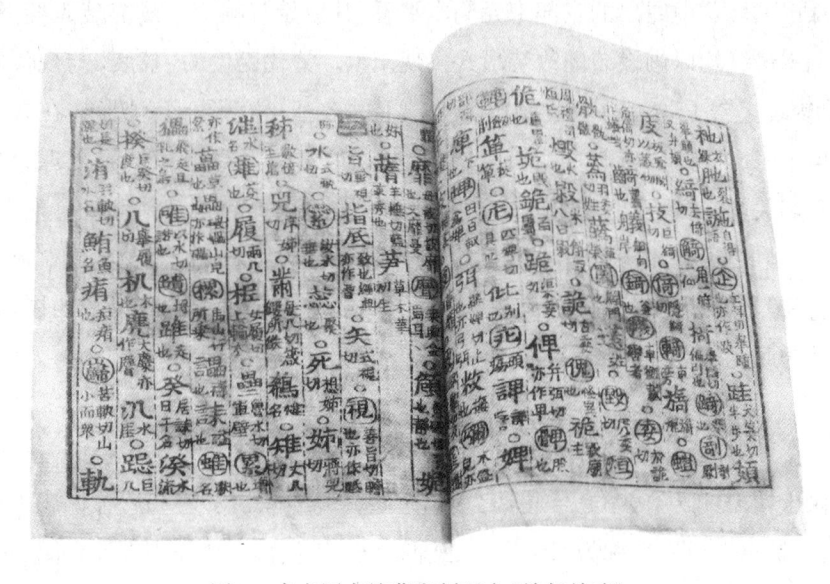

图3　南京图书馆藏宋刻孤本《礼部韵略》

---

① 这九部书包括：(1)《汉丞相诸葛忠武侯传一卷》，(宋)张栻撰，宋刻本，上海图书馆藏；(2)《续幽怪录四卷》，(唐)李复言撰，宋临安府太庙前尹家书籍铺刻本，国家图书馆藏；(3)《重雕改正湘山野录三卷续湘山野录一卷》，(宋)释文莹撰，宋刻本，国家图书馆藏；(4)《忘忧清乐集一卷》，(宋)李逸民撰，宋刻本，国家图书馆藏；(5)《梅花喜神谱二卷》，(宋)宋伯仁辑，宋景定二年(1261)金华双桂堂刻本，上海博物馆藏；(6)《唐求诗集一卷》，(唐)唐求撰，宋刻本，国家图书馆藏；(7)《唐女郎鱼玄机诗一卷》，(唐)鱼玄机撰，宋临安府陈宅书籍铺刻本，国家图书馆藏；(8)《朱庆馀诗集一卷》，(唐)朱庆馀撰，宋刻本，宋临安府陈宅书籍铺刻本，国家图书馆藏；(9)《歌诗编四卷》，(唐)李贺撰，蒙古宪宗六年(1256)赵衍燕京刻本，国家图书馆藏。

介绍，这部书最初是 97 页的散页，如果按照宋代刻本的原貌还原成当时盛行的蝴蝶装形式，考虑到单纯的蝶装书籍彼此靠浆糊粘连，中间没有保护措施，很容易再次出现散页、脱落、破损等不牢固的问题。为了最大限度地保留书籍原貌，同时使之更加牢固持久，修复人员最终采用了内看为蝶装，外观是线装或包背装的"蝴蝶装金镶玉"装帧方式。

"蝴蝶装金镶玉"也称"挖镶"，是 20 世纪 60 年代北京图书馆修复师张士达先生创造发明的，笔者于 1982 年在江西跟随张士达先生学习，同师傅交流时先生回忆说："当年在北京图书馆修复大量宋元时期蝴蝶装善本古籍时，经过大量的分析研究和试验过程，想出这一方法，并得到赵万里先生同意和支持后才付诸实施。"这种方法既保持了蝴蝶装的原型，又镶嵌衬纸于书页四周以保护书页，最后还可用包背装或线装的风格，来对宋元时期的古籍善本进行全方位保护，应该说"蝴蝶装金镶玉"是一种对宋元时期蝴蝶装古籍经过修复保护后的非常理想的装帧方式。

从以上展览中展出的三部宋元刻本来看，其原始装帧应为蝴蝶装无疑，然而三部刻本最终均以蝴蝶装的改装形式再现于世。清代诞生的"黄装"与现代发明的"蝴蝶装金镶玉"，是在宋代蝴蝶装基础上的改革与变形。装帧形式在数百年间经历了一次次的创新与变革，而改装形式与修复者及藏书家的修复理念与思想有密切关联。黄丕烈一生藏书众多，很多残破图书被其重新装潢，再现生机，尤其以"黄装"最具代表性。而"蝴蝶装金镶玉"从外观来看，与"黄装"颇为相似，均保留了蝴蝶装版心在内、四周向外的形式，特别是衬纸护其书页四周，为书页的保护起到决定性的作用。

三、从张士达先生札记看"蝴蝶装金镶玉"与"黄装"

张士达（1902—1993），字俊杰，著名古籍修复专家，技艺精湛，曾供职于北京图书馆，被赵万里先生称为"国手"。20 世纪 60 年代张士达先生在北京图书馆供职期间，被公认为修复宋元破损善本古籍最多的人，宋刻本《杨诚斋集》（现藏于国家图书馆）是明确记录由张士达先生修复过的宋元善本古籍。虽然于当时没有留下更多关于先生修复工作的档案记录，但是先生在修复带有黄丕烈题跋记录的珍贵宋元善本时，对黄丕烈修书装书活动进行过非常细致认真的摘录、整理与研究。2013 年在张士达先生逝世二十周年之际，笔者邀约北京的三位师兄去江西祭拜先生，先生的大女儿将先生的研究札记拍照、复印后分别赠予我们四人留作纪念。

这里附张士达先生读《士礼居藏书题跋》中有关配纸、修书、装书等文字所做札记的手稿复印件(图4)，从中可见张士达先生早年对黄丕烈修书活动的深入研究，对黄丕烈所提出问题的格外关注，直接影响了其对实际修复工作的思考与经验积累。下面从张士达先生研究札记中摘取几条，由此可以看出"蝴蝶装金镶玉"创制的思想来源。

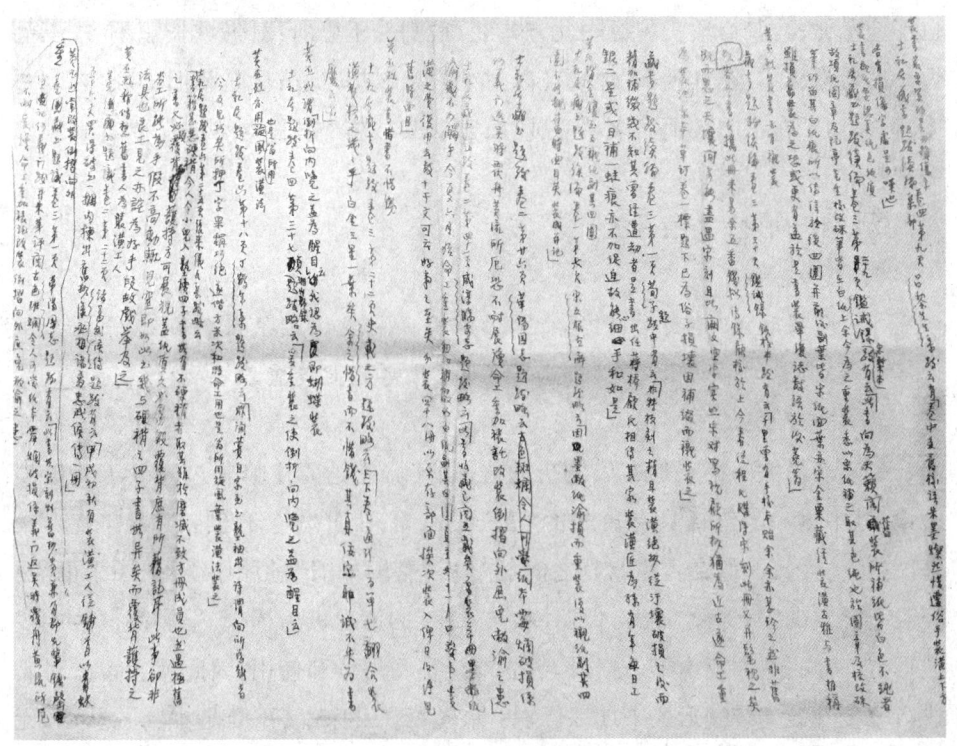

图4 张士达先生读黄丕烈题跋札记复印稿

① "衬纸副其四围"

手稿札记第四条：

  黄氏谓金镶玉为衬纸副其四围。

  《士礼居藏书题跋续编》卷一第六页《宋五服图解》题跋略云："因墨敝纸渝，损而重装，复以衬纸副其四围，不能睹旧时面目矣。装成并记。"

  《士礼居藏书题跋》卷二第廿六页《华阳国志》题跋略云："纸本霉烂破损，系义门返吴时覆舟黄流所厄，恐不耐展读，命工重加裱托改装，倒折向外，庶免敝渝之患。"

  《士礼居藏书题跋》卷二第四十一页《咸淳临安志》题跋略云："此书收藏已阅五载矣，原装三十册，墨敝纸渝，几不可触手。今夏六月始命工重装，细加补缀，以白纸副其四围，直至冬十一月中竣事。装潢之费，复用去数十千文,可云好事之至矣。分装四十八册,以原存部面挨次装入,俾日后得见旧时面目。"

张士达先生在札记中指出,黄氏所谓的"衬纸副其四围"即今天我们所说的"金镶玉"。而"衬纸副其四围"也有其最佳的适应范围,如书品珍贵、大小不一、书页老化、破损严重等方可采用此方法。今天修复界也有共识:"衬纸副其四围"也不应滥做;对装修珍贵古籍用此方式装订,则易于分册;对书页长短不齐、书品短小的珍贵善本,在其天头、地脚各以衬纸衬出以护之,虽然是整旧如新、外观整齐,但是对于古书旧装而言名为"损"而实对其载体"益",当然这就要看其利弊的选择。

② "倒折向内",保存原貌

札记第六条:

黄丕烈谓"倒折向内,览之益为醒目云",我认为即蝴蝶装。《士礼居藏书题跋》卷四第四十三页《湘山野录》题跋略云:"爰重装之,使倒折向内,览之益为醒目云。"

蝴蝶装最大的特点是书口倒折向内,由于张士达先生修复过大量宋元破损古籍,其中也一定包括具有黄跋的"黄装"古籍,因此才会有创新"蝴蝶装金镶玉"之说。今天人们在古籍修复之时都坚持"整旧如旧"的原则,不损原书面貌,但对于珍贵的宋元善本而言,保留原始蝴蝶装的情况极为稀少,很多都被改成线装形式。而一些古籍由于破损或老化严重,不耐展读和使用,因此就会考虑对其进行修复并改变装帧形式来加以保护。展览所见北宋本《重雕足本鉴诫录》和元代《乐府新编阳春白雪》是黄丕烈重新装池过的,衬纸副其四围,改装倒折向内并带有金镶玉的特点。

③ "颇厌覆背"

札记第十一条:

黄丕烈藏书颇厌覆背。《荛圃藏书题识》卷六第十五页《渑水燕谈录》题跋:"原装三册,俱以素纸覆背,盖书贾于钞本书往往为此,取其多而可获价也。余则颇厌之,兹因补钞第十卷,命工重装而辍其覆纸,仍为三册云。"

从上文可知张士达先生已关注到覆背问题,黄丕烈"颇厌覆背"的原因之一是当时的书商为牟取暴利,而刻意采用覆背以增加书的厚度。此外,就技术角度而言,"覆背"为装裱术语,古籍修复中指在书页背面用浆糊托裱单层或数层,以增加原书的强度。但其弊端是大量使用浆糊不利于书籍的长久保存与保护,尤其在南方环境不佳时书籍容易霉变与遭受虫蛀。由题跋可知,覆背中出现的诸多问题,也曾令黄氏苦恼不堪。张士达摘录此段内容,可见先生已经注意到蝴蝶装在改装时容易产生的问题。

四、从"黄装"到"蝴蝶装金镶玉"的改良

"黄装"作为一种特殊的装帧形式,是主要针对破损的宋元时期珍贵古籍的保护方式。"衬纸副其四围",即以托裱方式来完成修复;同时再在四边粘贴纸条,以保证其平整度。其实"黄装"与传统书画装裱中的册页、五镶经折与推蓬式册页有异曲同工之处。但是"黄装"也存有弊端,其最大问题在于托裱运用了大量浆糊进行覆背,对古籍的后续保存与保护带来许多不确定因素,就连黄丕烈自己也颇厌覆背。他在旧抄本《张来仪文集》题识中写道:"然遇极旧之书,又必须覆背护持,方可展视。盖纸质久必腐毁,覆背庶有所借托耳。此事却非劣工所能为,手段不高,动辄见窒……"[3]572由此看来,"黄装"通过"衬纸副其四围"的添加虽然对破烂古籍书芯进行了有效的保护,但覆背对古籍的长久保存留下了诸多隐患,如增厚的问题、易霉的问题、易虫蛀的问题等等。

张士达先生在北京图书馆整理修复过大量宋元时期各类珍贵善本古籍,特别是在修复具有黄丕烈题跋的"黄装"书籍时,发现了一些实际问题,他在"黄装"的基础上进行了大胆的创新和改革,并通过大量试验和模拟修复装订,创造发明了新的修复技法,最后得到赵万里先生的支持而付诸实施,"蝴蝶装金镶玉"因此诞生。

"蝴蝶装金镶玉"的制作特点是:(1)自制拉手;(2)配镶纸;(3)裁纸框;(4)点浆粘贴书页[5]。裁框、镶纸的科学配套,可以避免"黄装"使用浆糊覆背的问题;拉手的制作,让翻开镶纸页时展现在面前的是一整张书页;通过对书页的点浆,避免书页受到破损;四周多出的保护边是"黄装"形式的延续,为书芯提供了良好的小环境。由此进一步说明"蝴蝶装金镶玉"与"黄装"的关联与区别。

从这里我们不难看出"蝴蝶装金镶玉"与"黄装"的最大不同点,是张士达先生在20世纪60年代就以"最小干预"为原则而少用了浆糊,随后选配衬纸、夹框,制作拉手。这就是张士达先生"蝴蝶装金镶玉"的最大创新点,它解决了黄丕烈"颇厌覆背"的困扰,也解决了"黄装"全托裱的问题。

至此,从黄丕烈的"黄装"到张士达的"蝴蝶装金镶玉",我们不难看出它们在古籍修复技艺中的流传和一种传承。今天,当我们再次在展览中看到"黄装"代表作《重雕足本鉴诫录》《乐府新编阳春白雪》和"蝴蝶装金镶玉"的代表作《礼部韵略》,分析研究从"黄装"到"蝴蝶装金镶玉"的制作过程发现,修复者的目的

是要将此类破损、残缺严重的珍本和善本古籍,通过不同形式的装帧后既对破损古籍起到保护作用,同时又使古籍装帧恢复原本形式,这就是"黄装"和"蝴蝶装金镶玉"创新意义之所在。今天"蝴蝶装金镶玉"不但用于古籍保护,而且更广泛地应用到档案保护和一些文物如名人手稿、信札的保护中。

五、结论

通过解读张士达摘录的黄丕烈藏书题跋札记内容,并结合先生供职于北京图书馆期间的修复实践工作,由此推断张士达先生发明的"蝴蝶装金镶玉"吸收了前人的修复理念,与黄丕烈的修复思想一脉相承。修复方法上的创新与改革基于成熟的修复理念与思考,无论是"黄装"还是"蝴蝶装金镶玉",都是古籍修复技艺流传过程中的重要组成部分,它们在不同时期对古籍保护发挥了重要作用,同时也反映出黄丕烈和张士达先生在古籍装潢保护方面做出的重要贡献。

(邱晓刚,南京大学图书馆古籍修复师,副研究馆员;邱敏,南京艺术学院人文学院助教)

参考文献:

[1]肖振棠,丁瑜.中国古籍装订修补技术[M].北京:书目文献出版社,1980:86.
[2]邱晓刚."黄装"略议[J].江苏图书馆学报,1998(1):55.
[3]黄丕烈.黄丕烈藏书题跋集[M].余鸣鸿,占旭东,点校.上海:上海古籍出版社,2015.
[4]中国国家图书馆,中国国家古籍保护中心.第一批国家珍贵古籍名录图录[M].北京:国家图书馆出版社,2008.
[5]邱晓刚.蝴蝶装金镶玉:一种古籍装帧新方法[J].江苏图书馆学报,1996(5):51-52.

试论古籍的"传承性保护"
——以甘肃省博物馆为例*

On the Inheritance Conservation of Chinese Rare Books: Taking Gansu Provincial Museum as an Example

田 晨 周余姣

摘 要：古籍的"传承性保护"是最新提出的一种古籍保护理念。文章通过对"全国重点古籍保护单位"名录中的博物馆数量以及"全国古籍普查登记基本数据库"中的博物馆馆藏古籍数据进行分析，介绍了博物馆的古籍保护现状，指出"传承性保护"是博物馆古籍保护工作的发展方向。文章以甘肃省博物馆为例，建议博物馆在加强对古籍的"原生性保护"和"再生性保护"的同时，积极发挥其"传承性保护"的作用，以古籍展览、文化传承体验活动、古籍文创开发等多种方式推进古籍的传播与利用，助力古籍保护事业。

关键词：博物馆；"传承性保护"；古籍普查；古籍展览

2019年底，天津师范大学古籍保护研究院投标的国家社会科学基金重大项目"古籍保护学科建设与基础理论研究"获批。在该项目的投标书中，研究人员在目前古籍保护界普遍认同的古籍"原生性保护"和"再生性保护"基础上，又明确加入了"传承性保护"的内容。对古籍的"原生性保护"和"再生性保护"，学界已有较多阐述，而"传承性保护"还有待更多的论证。笔者认为，承担着古籍保藏和利用重任的博物馆，在古籍的"传承性保护"方面扮演着重要的角色。本文以

---

* 本文系国家社会科学基金重大项目"古籍保护学科建设与基础理论研究"（项目编号：19ZDA343）研究成果之一。

古籍的"传承性保护"为视角,分析博物馆古籍保护的现状,并以甘肃省博物馆为考察对象,一探新时代背景下的古籍保护与利用问题。

一、博物馆古籍存藏与保护现状

(一)作为古籍保护单位的博物馆

古籍记录了人类的文明历史,是文化传承的重要物质载体。千百年来,我国传承下来的古籍是极为丰富的,已往人们常用"浩如烟海"来形容。《中国古籍总目》中著录的中国古籍即达177107种[1]。2017年4月7日发布的《第一次全国可移动文物普查数据公报》中,古籍图书总数11912756件,数量占比18.59%[2],排名仅次于钱币。这些为数繁多的古籍除保藏在各级图书馆、档案馆外,也存藏于各级博物馆中。评选"全国重点古籍保护单位"有着严格的标准:第一,有一定的收藏量,其中对善本数量也有一定的要求。第二,有古籍的专用书库,有专门的古籍保护机构和工作人员。第三,有专项经费保障[3]。在这样的严格标准下,被评为"全国重点古籍保护单位"的博物馆也有不少,具体如表1:

表1 第一至第五批"全国重点古籍保护单位"名录中的博物馆

序号	批次	博物馆名称	所占比重
1	第一批	故宫博物院	5/51
2		山西博物院	
3		上海博物馆	
4		南京博物院	
5		天一阁博物馆	
6	第二批	浙江省瑞安市文物馆(玉海楼)	6/62
7		安徽中国徽州文化博物馆	
8		山东省青岛市博物馆	
9		山东省博物馆	
10		山东省曲阜市文管会孔府文物档案馆(今孔子博物馆)	
11		四川省成都杜甫草堂博物馆	
12	第三批	陕西省西安博物院	9/37
13		重庆中国三峡博物馆	
14		湖北省浠水县博物馆	
15		湖北省博物馆	
16		山东省泰安市博物馆	

(续表)

序号	批次	博物馆名称	所占比重
17		安徽省博物馆	
18		浙江省博物馆	
19		江苏省苏州博物馆	
20		江苏省南京市博物馆	
21	第四批	辽宁省博物馆	3/16
22		江西省博物馆	
23		西藏博物馆	
24		旅顺博物馆	
25	第五批	安徽省歙县博物馆	3/14
26		四川博物院	
总计			26/180

从上表可看出,自第一批至第五批,文博单位都在积极申报入选"全国重点古籍保护单位"名录,且都有一定数量的博物馆获批。具体情况是:第一批5家(9.8%),第二批6家(9.7%),第三批9家(24.3%),第四批3家(18.8%),第五批3家(21.4%)。从第一批占比仅为9.8%,到第五批占比21.4%,文博单位在历次"全国重点古籍保护单位"名录中所占比重有逐渐加大的趋势。而从总的数量上看,180家"全国重点古籍保护单位"中,博物馆有26家,仅次于公共图书馆系统(80家左右)与高校图书馆系统(50家左右)。可见博物馆作为古籍存藏和保护单位,积极参与并实施"中华古籍保护计划",发挥了重要作用。除此之外,在各省市的省级、市级重点古籍保护单位名录中,博物馆在其中也占有很大的比重。这些都可以说明,博物馆也是我国重要的古籍存藏机构,应该引起古籍保护研究者的注意。

(二)博物馆古籍存藏数量分析

自2007年实施"中华古籍保护计划"后,国家古籍保护中心致力于开展古籍普查,为每部古籍建立"身份证",以全面了解全国古籍的存藏情况,为进一步开展古籍抢救、保护和利用工作奠定了基础。截至2019年底,"全国古籍普查登记基本数据库"中,217家单位共发布古籍数据772861条7747203册[4]。虽然与前面《中国古籍总目》及《第一次全国可移动文物普查数据公报》中统计的数据不尽统一,但都可以说明我国的古籍藏量非常巨大。

这么巨大的古籍藏量中,博物馆馆藏古籍所占比重如何呢?笔者特意在"全国古籍普查登记基本数据库"发布的数据中,以单位为"博物馆"(须用繁体字输入)进行查询,网页右侧"数据导航"显示情况如表2:

表2 "全国古籍普查登记基本数据库"中博物馆馆藏古籍普查数据[4]

序号	所属省市	单位	结果(条)
1	天津	元明清天妃宫遗址博物馆	58
2		天津博物馆	2744
3	山东	烟台市博物馆	45
4		孔子博物馆	4268
5		烟台市牟平区博物馆	17
6		海阳市博物馆	5
7	江苏	连云港市博物馆	463
8	河南	辉县市博物馆	2328
9	浙江	浙江省博物馆	3146
10		宁波市天一阁博物馆	18161
11	重庆	重庆中国三峡博物馆	489
合计			31724

从"全国古籍普查登记基本数据库"中,可以获得六省市11家博物馆共31724条馆藏古籍在线数据。另有部分博物馆虽完成了古籍普查,但数据还未审核发布,而是以纸质出版形式先公布其古籍藏量,如浙江省的部分博物馆,参见表3:

表3 浙江省部分博物馆出版的古籍普查登记目录中的古籍数据

序号	单位	结果(条)
1	瑞安市博物馆(玉海楼)	2524[5]
2	东阳市博物馆	3100[6]
3	衢州市博物馆	3100[7]
4	临海市博物馆等六家	3800[8]
5	金华市博物馆等九家	6200[9]
合计		18724

以上虽为不完全统计,但单从这些数据看,已能在一定程度上说明各级博物馆的古籍藏量。2020年是全国古籍普查工作的决胜年,可以预见本年会有更多的古籍普查数据上传发布,届时也可窥得博物馆馆藏古籍的整个概貌。

二、博物馆古籍保护的发展方向

博物馆中既存藏有大量古籍,相关保护工作也刻不容缓,那么现实状况又怎样呢?

(一)"原生性保护"和"再生性保护"工作有待加强

如前所述,学界探讨较多的是古籍的"原生性保护"和"再生性保护"。"原生性保护"是对已经破损、脆弱不堪的古籍本身进行修复、处理,且严格控制古籍保存环境的温度、湿度,防止或减少微生物、灰尘等附着于古籍表面,最大限度降低保存环境所产生影响,延缓古籍衰老速度,从而延长其寿命[10]。加强古籍的"原生性保护",一项重要的工作就是改善古籍的存藏环境。博物馆中的藏品除古籍外,还有大量其他文物,种类多、数量大,难以实现库房恒温、恒湿的标准,所藏古籍不可避免出现了一定程度的酸化、腐蚀、潮霉、虫蛀、破损、老化等问题,为此亟须采取有效措施改善库房的存藏环境。在"中华古籍保护计划"中实施的"全国重点古籍保护单位"评选活动,有利于"以评促建"。各级博物馆可利用这个契机,积极申请改善库房,延缓古籍老化速度。

除"原生性保护"外,以内容再生为特点的"再生性保护"也是博物馆古籍保护工作中的重点。"再生性保护"是利用现代化技术将古籍的内容复制或转移到其他载体上,从而让古籍文献长久保存下去的一种保护类型。其主要有四种工作方式:一是古籍的影印出版,二是古籍的缩微复制,三是古籍的数字化,四是古籍的整理再出版。在不改变古籍载体形式的情况下,这四种方式可将古籍内容完整保存下来。利用缩微复制和数字化的形式,还能节省大量的存储空间。"再生性保护"的意义还在于它是从根本上对原件进行保护,实现古籍的长久保存,同时也为科研人员利用古籍提供极大的方便[11]。

近年来,在古籍的缩微复制与数字化等方面,各地博物馆陆续获批了一定的资金,也购置了一些先进设备。但在博物馆中专事古籍保护的专业人员有所欠缺,能独立从事古籍普查、古籍鉴定、古籍修复的专业人员相对较少。因此,加强博物馆的"原生性保护"和"再生性保护",还须从人、财、物方面提供相应的保障。

(二)"传承性保护"是主要发展方向

按照"原生性保护"(存形)、"再生性保护"(移形)、"传承性保护"(传神)的思路,古籍的"传承性保护"是在原有基础上的提升。"传承性保护"的概念源于非物质文化遗产领域。2011年颁布的《中华人民共和国非物质文化遗产法》,

"第一章　总则"中提出"对体现中华民族优秀传统文化,具有历史、文学、艺术、科学价值的非物质文化遗产采取传承、传播等措施予以保护""保护非物质文化遗产,应当注重其真实性、整体性和传承性","第四章　非物质文化遗产的传承与传播"中提出"国家鼓励和支持开展非物质文化遗产代表性项目的传承、传播",显示了"传承性保护"的必要性。尤其是2017年1月,中共中央办公厅、国务院办公厅印发《关于实施中华优秀传统文化传承发展工程的意见》,提出要"坚持创造性转化和创新性发展",且定下总体目标:"到2025年,中华优秀传统文化传承发展体系基本形成,研究阐发、教育普及、保护传承、创新发展、传播交流等方面协同推进并取得重要成果,具有中国特色、中国风格、中国气派的文化产品更加丰富,文化自觉和文化自信显著增强,国家文化软实力的根基更为坚实,中华文化的国际影响力明显提升。"[12]基于此,古籍保护工作者应将古籍保护的外延拓展至"传承性保护"。笔者认为,"传承性保护"是"原生性保护"和"再生性保护"的高级阶段,具有更为丰富的形态,也是古籍保护的最终目的。只有将三者结合起来,才能构成古籍的"整体性保护"和"系统性保护"。目前,"传承性保护"的通行做法是通过展览展示、"活化"体验项目以及文创产品开发等形式,让书写在古籍里的文字"活起来",推动优秀传统文化的创造性转化和创新性发展。

在新的"传承性保护"理念的指导下,博物馆作为古籍存藏单位,可利用其对外展示、开放的优势,承担起古籍的保护、宣传、陈列、展览、开发、利用的责任,通过各种途径增强人们对古籍保护重要性的认识。如果说古籍的"原生性保护"和"再生性保护"非博物馆所长,而"传承性保护"则是博物馆的"当家本事"。《中华人民共和国公共文化服务保障法》第二十九条规定:"公益性文化单位应当完善服务项目、丰富服务内容,创造条件向公众提供免费或者优惠的文艺演出、陈列展览、电影放映、广播电视节目收听收看、阅读服务、艺术培训等,并为公众开展文化活动提供支持和帮助。"陈列展览是博物馆服务于民众公共文化需要的重要方式,也是国家对博物馆机构设置的职能要求。通过各种类型的古籍展览,人们可以增进对古籍善本的直观认识。

2019年9月在国家典籍博物馆正式开幕的"中华传统文化典籍保护传承大展"就是这样一个典型案例。该展览持续近4个月,取得了较好的口碑与反响,为观众奉献了一场优秀传统文化盛宴。若能经常举办类似的古籍展览,可提高社会人士对古籍保护的关注度,为古籍保护事业奠定更为坚实的社会基础。博物馆是承担古籍"传承性保护"最为重要的机构,将在古籍保护事业中做出其应有的贡献。

三、甘肃省博物馆的"传承性保护"途径

(一)甘肃省博物馆古籍保护工作一窥

1.古籍藏量大且丰富

据甘肃省文物局2018年3月30日发布的《甘肃省第一次可移动文物普查数据公报》显示,甘肃省共收藏古籍图书586446件,占所有文物的29.95%[13]。这些古籍主要存藏于甘肃省图书馆、敦煌市博物馆、甘肃省博物馆等机构。甘肃省博物馆前身为1939年建立的甘肃科学教育馆,1950年更名为西北人民科学馆,1956年更名为甘肃省博物馆,被定为省级地志博物馆。1962年甘肃省博物馆设立文物保护实验室,为当时的"全国三大文物保护实验室"之一。2008年该馆文物保护部在原有基础上组建了文物保护修复中心,下辖三个分支科室:文物保护实验室、文物修复室和古字画装裱室。经过多年的发展,2010年该馆被甘肃省政府授予"甘肃省古籍重点保护单位"称号。2019年甘肃省博物馆迎来80周年华诞,踏上了新的发展征程。

该馆除古籍保藏数量多外,所藏古籍也极具特色,被列入第二批甘肃省珍贵古籍名录中的嘉峪关长城博物馆馆藏《仓颉篇》[14]就是其中的代表。《仓颉篇》的文献载体是6枚汉代木牍,于1977年8月在玉门花海汉长城烽燧出土,被鉴定为国家二级文物,具有重要的文献、文物、艺术价值,是研究汉代历史、边关行政、书法等方面不可多得的实物资料[15]。除文物出土外,甘肃省博物馆的古籍馆藏来源还有个人捐赠,如文史名家张维先生就曾向甘肃省博物馆捐赠了一批地方志。张维(1889—1950),又名张国钧,甘肃省临洮县人,曾任甘肃省图书馆馆长、甘肃通志馆馆长等。张维平生致力于西北史志的研究,著作之多、成就之大,居近代甘肃学者之首[16]。顾颉刚先生赞其著作"博大精通,为后学所必需"。他收藏图书达七万余册,为西北私家收藏所少见。甘肃省博物馆收藏的这些珍贵的古籍,非常适合通过古籍展览展示,以增进人们对甘肃地域文化的了解。

2.古籍保护的相关工作还有待加强

古籍普查是古籍保护工作的基础,是一项艰巨且重要的工作。普查人员需要具备一定文献学基础知识,对古籍的题名卷数、著者、版本、册数、存卷、行款、分类等进行细致而翔实的统计与记录[17],还要处理馆藏古籍原始信息记录,如版本、刊刻时间有出入或不全的问题[18]。虽然甘肃省博物馆藏有大量的古籍,但在"全国古籍普查登记基本数据库"中,我们尚未能查到甘肃省博物馆的数据,可见相关工作相对滞后。要在2020年底的时间线前完成古籍普查的工作并上传数

据,甘肃省博物馆还有很多工作要做。

(二)甘肃省博物馆古籍"传承性保护"路径

根据甘肃省博物馆古籍藏量大且丰富的特点,笔者认为该馆还可以在古籍的"传承性保护"方面多所用力。

1.利用古籍在博物馆中开办展览

甘肃省博物馆采用"基本陈列"与"临时展览"相结合的模式,向社会展示该馆珍藏。基本陈列有5个,分别是:甘肃丝绸之路文明、甘肃彩陶、甘肃古生物化石、庄严妙相——甘肃佛教艺术、红色甘肃——走向1949。这些基本陈列,均荣获过历届"全国博物馆十大陈列展览"精品奖或优秀奖。自2008年以来,甘肃省博物馆也以临时展览的形式,举办了多次与古籍相关的展览。如2008年在广州艺术博物馆举办的"甘肃雕刻艺术文物展"、2009年的"兰州碑林藏甘肃古代石刻拓片精华展"、2010年的"丝绸之路出土纸质文物展"、2011年的"杜生军藏西夏文物展"、2012年的"石墨镌华——西安碑林名碑拓本展"、2015年的"西北汉简与陈杰简书展"等等。

除了举办类似的临时展览,还可将古籍展览纳入该馆的基本陈列中。在该馆所藏古籍中,不乏精品。出自敦煌藏经洞的唐代写本《大般涅槃经卷三十二迦叶菩萨品之二》,为该馆国宝级藏品。此写经纵23.3厘米,横1173厘米。用硬麻黄纸24张书写,共662行,每行17字,有乌丝界栏,保存完好,有轴。楷书修正自持,端庄严谨,数千字不失行次,精美绝伦,字字珠玑,堪称唐代写经典范之作[19]。此外,还有迄今所知最早的西夏文活字印刷作品——《圣胜慧到彼岸功德宝集偈》,罕见的早期木活字版印本——西夏文《大方广佛华严经》,在地下埋藏八九百年后仍洁白、柔软、书法精美的雕版印刷佛经——《佛说观弥勒菩萨上生兜率天经》[20],等等。利用这些珍贵的西夏古籍和其他文物共同展览,可以让观众更好地了解这个位于西北地区的神秘古国。

2.开展各种文化传承体验活动

甘肃省博物馆开展文物保护工作的时间较久,其中与古籍相关的是古旧书画修复和装裱。该馆文物保护修复中心副主任赵莉被誉为"文物医生",她从事纸质文物的保护修复与字画装裱工作40余年,经其妙手修复装裱的字画作品多达上万件。巨幅敦煌壁画——《天宫伎乐图》在其手下重新焕发出了新的光彩。赵莉还曾多次呼吁要加强对文物修复人才的培养,鼓励优秀青年人才进入文保修复行业[21]。古旧书画修复和装裱与古籍修复有着极为密切的联系,从修复原则到修复技法都有许多共通之处,如坚持"保护为主、抢救第一"的方针,遵循"修旧如旧""最小干预""过程可逆"的原则等。

古籍虽然是一种典籍遗产,但古籍修复技艺、古籍曝书等传统仪式活动却具有非物质文化遗产的属性。博物馆可通过文物修复技艺、古籍修复技艺展示的方式,进行活态传承,以更好地吸引青年人的目光。2014年,甘肃省文物局在"文化遗产日"当日邀请公众免费参与体验甘肃省博物馆文物保护修复全过程,取得了较好的效果。2018年,甘肃省博物馆首次为青少年开放文物保护修复科研基地,通过让观众听讲解、看视频、亲手修复彩陶、补损填色等流程,在人们心中种下文物保护的种子[22]。除书画装裱外,与古籍保护关系更为密切的雕版印刷或碑帖捶拓等活动,参与性强,可予以多次组织,使公众产生更为深刻的文化体验。

3.进行古籍文创开发与经营

近年来,关于古籍的各种文创开发活动取得了良好的社会效益和经济效益。国家图书馆古籍馆自1998年开始开展文化产品开发与经营活动,截至2018年底,古籍馆文创已经形成了以古籍元素为核心,品类多样的文创产品,可销售产品400余种,线上销售200余种[23]。2015年甘肃省博物馆也成立了文创中心,2016年推出67种设计的"彩陶系列",另还有"铜奔马系列"和"画像砖系列"等文化创意衍生品。2018年推出博物馆文物典藏籍、博物馆彩陶文件夹、铜奔马钥匙扣等新品,展厅咖啡店所推出的铜奔马、驿使图、人头形器口彩陶瓶等系列"文物咖啡",也广受参观者喜爱[24]。2019年设计开发了以"交响思路"为主题的文创图书产品《甘博日历 二〇二〇年》[25],其中对清代的"吴门画帖集览册"也进行了揭示。

这些人民喜闻乐见的文创产品,有利于"寓教于乐",给参观者以深刻的印象。在此基础上,笔者建议还可对被列入《国家珍贵古籍名录》的古籍加大文创开发力度,以更好地满足社会的需求。

除以上三种主要的"传承性保护"路径外,博物馆还可通过配置古籍阅览机、制作古籍流动展板、编制馆藏古籍图录等,推进古籍保护工作的发展。

四、结语

虽然古籍只是博物馆馆藏文物的一个种类,但自"中华古籍保护计划"实施以来,各地博物馆也加强了对古籍的保护工作。与图书馆相比,博物馆所存藏的古籍在数量上虽有不及,但不乏精品,且在对古籍的"传承性保护"方面具有天然的优势。在新时代的背景下,博物馆可凭借其固有的优势,加强古籍展览的陈列工作,积极开展各种文化传承体验活动,利用馆藏古籍精品进行文创开发,开创古籍保护与开发利用的新模式。这既是古籍保护从业者的责任,也将构成古籍保护事业发展的新愿景。至于如何有效开展古籍的"传承性保护",目前还在探索阶段,有待于更多的理论探讨和实践总结。

(田晨,天津师范大学历史文化学院文物与博物馆专业古籍修复与出版方向2019级硕士研究生;周余姣,博士,天津师范大学古籍保护研究院副教授,天津师范大学历史文化学院博士后)

参考文献:

[1] 赵昌平.《中国古籍总目》:传承与创新[N].中华读书报,2013-01-16(9).
[2] 国务院第一次全国可移动文物普查领导小组办公室,国家文物局.第一次全国可移动文物普查数据公报[EB/OL].(2017-04-07)[2020-02-26].http://www.ncha.gov.cn/art/2017/4/7/art_722_139374.html.
[3] 周和平.周和平文集:中卷 公共文化服务体系[M].广州:中山大学出版社,2016:764.
[4] 中国古籍保护网.全国古籍普查登记基本数据库[DB/OL].(2019-10-28)[2020-02-26].http://202.96.31.78/xlsworkbench/publish.
[5] 瑞安市博物馆.瑞安市博物馆(玉海楼)古籍普查登记目录[M].北京:国家图书馆出版社,2018:前言.
[6]《东阳市博物馆古籍普查登记目录》编委会.东阳市博物馆古籍普查登记目录[M].北京:国家图书馆出版社,2019:前言.
[7]《衢州市博物馆古籍普查登记目录》编委会.衢州市博物馆古籍普查登记目录[M].北京:国家图书馆出版社,2018:前言.
[8]《临海市博物馆等六家收藏单位古籍普查登记目录》编委会.临海市博物馆等六家收藏单位古籍普查登记目录[M].北京:国家图书馆出版社,2019:前言.
[9]《金华市博物馆等九家收藏单位古籍普查登记目录》编委会.金华市博物馆等九家收藏单位古籍普查登记目录[M].北京:国家图书馆出版社,2019:前言.
[10] 马富岐.浅论公共图书馆古籍文献的保护方法[J].图书馆工作与研究,2015(S1):96-97.
[11] 宋莉洁.博物馆古籍保护工作要点研究[J].收藏界,2019(4):88-89.
[12] 中共中央办公厅、国务院办公厅.关于实施中华优秀传统文化传承发展工程的意见[M]//高国庆,哈楠.历史性跨越:文化改革发展这五年(2012—2017).北京:中国言实出版社,2017:271.
[13] 甘肃省文物局.甘肃省第一次可移动文物普查数据公报[EB/OL].(2018-03-30)[2020-02-26].http://wwj.gansu.gov.cn/content/2018/11582.html.
[14] 王春梅.第二批甘肃省珍贵古籍名录公布:长城博物馆馆藏《仓颉篇》汉代木牍入选[N].嘉峪关日报,2013-12-04(1).
[15] 俞春荣.第二批《甘肃省珍贵古籍名录》公布[N].嘉峪关日报,2014-04-09(2).
[16] 张怀宁.民国时期西北方志学家张维[J].新疆地方志,2015(3):9-11.
[17] 张若琦.从古籍普查实践看古籍整理人才的培养方向[J].太原城市职业技术学院学报,2019(8):159-160.
[18] 梁俊.浅谈馆藏古籍的有效保护与利用[J].文物鉴定与鉴赏,2018(3上):142-143.
[19] 张正新.大般涅槃经卷三十二迦叶菩萨品之二[J].陇右文博,2017(3):92.
[20] 陈炳应.甘肃省博物馆藏西夏文献览珍[M]//俄军.甘肃省博物馆学术论文集.西安:三秦出版社,2006:265-273.
[21] 王钊."文物医生"赵莉与千年字画的"不了情"[EB/OL].(2019-07-27)[2020-04-06].http://gs.ifeng.com/a/20190724/7593901_0.shtml.

[22]宋芳科.甘肃省博物馆首次开放文物保护修复科研基地[EB/OL].(2018-08-16)[2020-04-09]. http://gansu.gscn.com.cn/system/2018/08/16/011999853.shtml.

[23]赵大莹,曹菁菁,朱默迪,等.我国古籍文创产品开发现状调研报告:以古籍元素研发的实体文创为中心[G]//《古籍保护研究》编委会.古籍保护研究:第四辑.郑州:大象出版社,2019:133-172.

[24]贾建威.栉风沐雨80载 春华秋实谱新篇[G]//甘肃省博物馆.岁月如歌:甘肃省博物馆建馆80周年纪念文集.兰州:甘肃人民美术出版社,2019.

[25]甘肃省博物馆.甘博日历 二〇二〇年[M].兰州:读者出版社,2019.

"古籍"名称英译刍议*

On the English Translation of the Name of "Ancient Books"

罗 彧

摘 要:中国古籍既是中华文化厚重记忆的载体,又是继承和研究中国历史文化的重要依据。由于各种历史原因,中国古籍分散存藏在世界各地,成为中国文化积极参与国际交流的重要元素。然而学界对"古籍"的英译名称尚未形成统一的规定和认识,这种现象不利于对中国古籍的研究、保护和利用,同时对学人在国际舞台的交流形成极大障碍。准确定义中国古籍的内涵,辨析中国"古籍"的多种译法,为"古籍"找到准确的英译方法至关重要。

关键词:古籍;英译;辨析

中国古籍是记录我国传统文明与文化最重要的载体,是凝聚传统文化记忆的遗产与瑰宝,也是中华文化存在和传承的依据。无论是保护和研究古籍,还是在中外文化的交融和交流中,恰当的"古籍"英译应当说都是一个亟待解决的问题。它不仅是专业外语最基础和最重要的术语之一,也关系到在国际舞台上的准确定位。但从大量中国古籍研究相关论文的英文摘要可以看出,学者们对"古籍"的英译名称还未形成统一认识,有的翻译为 ancient books,有的翻译为 rare books,也有的翻译为 classic books,等等。笔者查阅了 CNKI 和万方数据库,发现

---

* 本文系国家社会科学基金重大项目"古籍保护学科建设与基础理论研究"(项目编号:19ZDA343)研究成果之一。

学界对此相关的研究仅有论文《"中国历史文献学"英译名称探研》[1]，但该文是对"历史文献学"的英译名称的探讨，而不是研究"古籍"的英译方法。迄今为止，尚未见到学界对"古籍"一词英译的专门探研。本文即对此问题进行探索和研究，试图找到答案。

一、中国古籍的定义和内涵

要准确翻译"古籍"，首先要明确古籍的定义和内涵。中国古籍，笼统地讲就是"中国古代的典籍"。"古代"这一概念，按照历史学家对中国历史的分期，清道光二十年（1840）鸦片战争以前为古代，1840年鸦片战争以后至1919年五四新文化运动为近代。事实上，中国封建王朝终止的标志，是1911年辛亥革命推翻清朝统治，清末帝溥仪于1912年逊位。但就学术方面而言，"社会性质的变化，并不意味着学术文化马上统统起根本性的变化"[2]。清朝的灭亡和民国的建立，并不表明中国的传统学术戛然而止，传统学术依然在延续。只有到1919年五四新文化运动兴起前后，中国的传统学术才发生了大的转折。先是光绪二十四年（1898），光绪帝下诏废八股文，考试改用策论，办京师大学堂，各省书院一律改为学校。接着于光绪三十一年（1905），彻底废除科举制。1912年民国建立，教育总长蔡元培颁布《大学令》，明令大学取消"经学科"，改分为"文、理、法、商、医、农、工"七科，我国传统学术就此从"四部之学"走向"七科之学"。在此期间，白话文开始流行，但文言文尚未完全退出学术界，新旧学术同时并存。因此，"古籍"的内涵包括1911年辛亥革命以前编撰（撰著、编述、抄纂、注疏等）出版（写、抄、刻、印）的各类图书。这个内涵的限定也符合中华人民共和国文化行业标准《古籍定级标准（WH/T 20—2006）》对古籍的定义："古籍"是"中国古代书籍的简称，主要是指书写或印刷于1912年以前具有中国古典装帧形式的书籍"[3]。

在英译中，"古籍""古籍善本"和"古籍珍本"三个概念常常被混译，因此需要先把三个概念辨析清楚，以免混淆不清。"古籍""古籍善本"和"古籍珍本"的内涵是不同的。一般认为，古籍善本更多强调的是古籍的学术价值，通常是指时代久远或精加校勘、错误较少、不残缺的古籍。旧刻本、精抄本、精校本、手稿、古旧碑帖拓本等常被界定为善本古籍。叶梦得认为"唐以前，凡书籍皆写本，未有模印之法，人以藏书为贵。人不多有，而藏者精于雠对，故往往皆有善本"[4]。这个"善本"显然是指精校本，即错误较少的本子。欧阳修《集古录跋尾·唐田弘正家庙碑》云："自天圣以来，古学渐盛，学者多读韩文，而患集本讹舛，惟余家本屡更校正，时人共传，号为善本。"这个"善本"的含义也很明确，即指错误少的本子。

学术意义上的善本可归纳为"精注精校,不缺不讹"[5]。以学术价值为标准来定义善本,这个概念基本上不受时代早晚限制,而且经常表现为后出转精。它可以是清末时的刻本,当然也可以是宋元本、明本、旧抄本、稿本、批校本等。自从编制《中国古籍善本书目》之后,学术界逐步形成共识,即将古籍善本的标准概括为历史文物性、学术资料性和艺术代表性三个方面。

珍本的标准则主要是从文物价值来考虑的,是比较稀见或比较珍贵的书籍或资料。珍本贵在"难得"。如罕传本、国内所存较早较稀有的原拓版本,都是稀世珍本。善本在一定程度上是珍本,但是善本并不一定是珍本。珍本主要贯彻"物以稀为贵"的原则。至于将来,譬如过了若干年,清代、民国时的刻本又稀少起来,则我们的子孙后代很可能再把它提升为珍本。可见这种具有文物含义的善本的标准不是一成不变,要随着时间的推移而有所变动。至于名家手稿、名家手批手校或亲笔题跋的本子,无论时代早晚,也以其文物价值高而被收入珍本。

由此看来,"古籍""古籍善本""古籍珍本"的概念是不同的,涵盖的内容也是不一样的,不能混为一谈。那么,无论是中文表达还是英文翻译,都应该区别开来,而不能一概而论。

二、国内外对"古籍""善本""珍本"英译的表达

目前,国内外对"古籍"的翻译存在多种多样的译法。从 CNKI 搜索"古籍"出来的论文,通过研究其摘要和关键词可以发现,"古籍"的译法各不相同,表现出很强的随意性。如刘星辰、金小峰的论文《朝汉混排古籍的文字切分方法》,英文标题为 Characters Segmentation Method of Historical Documents Mixed in Korean and Chinese,"古籍"被译为 historical documents。同样也是在这篇文章中,"古籍"作为关键词又被译为 ancient books[6]。陈红彦、董晓莉《信息生态视阈下古籍数字资源保护研究》的英文标题为 Research on Ancient Books Digital Resources Preservation from the Perspective of Information Ecology,"古籍"被译为 ancient books[7]。贺海侠、张晶《新媒体环境下高校图书馆古籍阅读推广》,英文标题为 The reading and promotion of ancient books in university libraries under the new media environment,在其英文标题和摘要里都将"古籍"译为 ancient books[8]。赵宣的《俭腹高谈我用忧,肯肯朴学胜封侯——李致忠先生基于"虚鉴实考"理论的版本目录学研究》中将关键词"古籍"翻译为 rare books[9]。毕翔、唐存琛在《本真与还原——古籍善本的数字化处理研究》里将"古籍善本"译为 ancient rare books[10]。《古籍整理研究学刊》是于 1985 年创办的一本期刊,由东北师范大学古籍整理研究所主办,外文名为 Journal of Ancient Books Collation and Studies,"古籍"被译为 ancient books。大型文献典籍资源库"古籍馆",英文名称为 GuJiGuan。也有一部分期刊刊载论文则没有英文名称翻译,也没有英文摘要,也许是考虑到"古籍"的英译名称并不确定,避免引起歧义。

"古籍"一词除了在期刊论文翻译中表现得较为繁乱,其在一些词典中也没有统一的译法。如在免费翻译软件"有道词典"输入"中国古籍",会出来一系列和中国古籍有关的词组及其英文翻译。比如:"中国古籍"被译为 Chinese ancient books,"中国古籍善本"被译为 Chinese rare books,"中国古籍综合目录"被译为 comprehensive bibliography of Chinese ancient books,"中国古籍版本学"被译为 Chinese textual bibliography,"中国古籍善本书目"被译为 booklist of good edition of ancient books in China,"中国古籍版本学史"被译为 history of Chinese textual bibliography,"中国古籍原典导读"被译为 introduction to Chinese classics。从这些翻译中可看出,即使是同一部词典,对于"古籍"的译法也是多种多样。

综上看来,"古籍"的译法大致有 historical documents, ancient books, rare books, classics, ancient rare books, ancient literature, GuJi 等。有意思的是,这些词语中,rare book, classic book 等又常常被作为"古籍善本"或"古籍珍本"的英文对译。以上情况在一些比较权威的词典中都比较常见。以 1988 年外语教学与研究出版社出版的《现代汉英词典》为例。该书中,"古籍"的英译为 ancient book[11]306。而"善本"在这部词典里译作两种:一为 reliable book,一为 good edition。"善本书"为 rare book[11]767。"珍本"则为 rare edition 或 rare book[11]1129。

《留学生汉英学习词典》中,"古籍"被译为 ancient books[12]218。"善本"为 rare book, reliable text 或 good edition[12]570。"珍本"为 rare edition 或 rare book[12]859。

《新汉英词典》中,"古籍"被译为 ancient books[13]331。"善本"被译为 good edition, reliable text。"善本书"被译为 rare book[13]812。"珍本"被译为 rare book (edition)[13]1184。

《中国国家图书馆外文善本书目》的英译名称为 Catalog of Rare Books in Foreign Languages in the National Library of China,在这里,"善本"被译为 rare books。

关于"古籍"的译法,笔者也采访了一些西方图书馆学界和古籍界学者,并询问过北京外国语大学高级翻译学院的专家,他们都表示"古籍"在西方英语国家并没有固定的说法。一般来说,大家翻译时把手稿叫 manuscript,古书手抄本也叫 codex,匈牙利语 kodex(手写本)便是从这个词转变过来的。此外还有 book, text,document,literature 等许多随上下文需要而选择的译名。北京大学古典文献中心李零教授的著作《简帛古书与学术源流》前言中提及:"英文里的'古书',就我所知,好像可以有很多译法,册页类,他们叫 book;手卷类,他们叫 manuscript。此外,还有 text,document 和 literature 等许多随上下文可以选择的翻译,好像没有十分贴切的词汇。"[14]李零教授的描述也表达了学界对"古籍"英译的困惑。

三、"古籍"英译的辨析

由以上论述可知,"古籍"在不同的词典、数据库等学术工具中存在多种多样的译法,甚至同一部工具书里都存在着不同的翻译;"古籍"在各种权威机构的英译名称中的译法也略有不同;而在学术论著中的翻译也呈现出种种差异。然归结各种译法,对于"古籍"的名称,一般有 ancient documents, rare books, classic books, ancient literature, ancient books, reliable books 等。那么,从词源本义来看,这些词语的内涵是什么?哪种译法更为准确?英式的《牛津高阶英汉双解词典》和美式的《韦氏高阶美语英汉双解词典》是两部准确性较得到公认的词典,《朗文英汉双解词典》也是较为常用的词典。接下来就以这几个词的词源本义、用法,结合该词在上述三部词典的释义来进行辨析。

ancient 的英文本义有三:一为 of great age; very old 年代久远的,古老的;二为 of or relating to times long past, especially those of the historical period before the fall of the Western Roman Empire (ad 476). see synonyms at old 古代的或与古代有关的,尤指西罗马帝国灭亡(公元 476 年)之前的历史时期,和 old 意思差不多;三是 old-fashioned; antiquated 老式的;古旧的。

ancient 在《朗文英汉双解词典》里,作为形容词解释为 ancient is the word used for civilization of the distant past or their products。ancient 这个词是用来指古老的文明或其产品[15]39。《韦氏高阶美语英汉双解词典》中 ancient 的用法: of, dating from, or in a time long past, esp. before the end of the Western Roman Empire a.d. 476 古代的(尤指公元 476 年西罗马帝国灭亡以前的)[16]208。《牛津高阶英汉双解词典》中 ancient 作为形容词的用法: belonging to a period of history that is thousands of years in the past 古代的[17]65。从以上可以看出,ancient 主要是指古代,是从时间上来定义的。

classic 的英文本义: a classic is a book which is well-known and thought to be of a very high literary standard,意思是"具有很高文学水准的名著"。因此,classic 这个名词内涵为"古典文学、文学名著"。《朗文英汉双解词典》中 classic 的用

法：a piece of literature or art of the first rank and of lasting importance 经典著作，艺术杰作[15]208。《韦氏高阶美语英汉双解词典》中 classic 的解释为：①of the first or highest quality or rank 最优秀的，顶级的，一流的；②serving as a standard; definitive 标准的，权威的；③of long-lasting interest, quality, or style 经典的[16]363。《牛津高阶英汉双解词典》中 classic 的用法：adj.①accepted or deserving to be accepted as one of the best or most important of its kind 最优秀的，第一流的；②（同 classical）with all the features you would expect to find; very typical 有代表性的，典型的[17]350。概括该词本义及其在几种词典中的解释，classic 作为形容词，主要意思是"经典的、著名的"，是对作品学术水准的表达。

rare 本义为 something that is rare is not common and is therefore interesting or valuable，表示"稀有、不常见"的意思。《朗文英汉双解词典》中的解释为：uncommon and perhaps valuable things are rare，也指不寻常、罕见[15]998。《韦氏高阶美语英汉双解词典》中 rare 的用法：①very uncommon 罕见的；②(before a noun) unusually great (用在名词前) 杰出的，极好的，极妙的[16]1594。《牛津高阶英汉双解词典》中 rare 的用法：adj.①not done, seen, happening, etc. very often 稀少的，稀罕的；②existing only in small numbers and therefore valuable or interesting 稀罕的，珍贵的。如 rare book 表示珍贵的书[17]1640。从这些解释可知，rare 主要指物品由于珍稀、罕见而珍贵。

reliable 本义为：①worthy of reliance or trust 值得信赖的；②conforming to fact and therefore worthy of belief 符合事实，因此值得相信；③worthy of being depended on 值得依靠的。《朗文英汉双解词典》对 reliable 的解释如下：able to be trusted; dependable 可信赖的，可靠的[15]1022。《韦氏高阶美语英汉双解词典》中 reliable 的用法：capable of being relied on; always or often dependable in character, judgment, performance, or result 可靠的，可信赖的，确实的[16]1628。《牛津高阶英汉双解词典》中 reliable 的用法：adj.①that can be trusted to do sth. well, that you can rely on 可信赖的，可依靠的；②that is likely to be correct or true 真实可信的，可靠的[17]1679。由此看来，reliable 的内涵为"符合事实，值得信赖"。

book 的英文词源释义为：a book is a number of pieces of paper, either blank or with words printed on, which have been fastened together along one edge and fixed inside a cover of stronger paper or cardboard。中文意思为：书是由一些空白或印字的纸，沿着一条边被固定在一起，固定在一张结实的纸或纸板的封面上的册子。这个释义强调的是 book 这个词所代表的"书"应该是"纸册，簿册"。

《朗文英汉双解词典》中 book 的用法有以下几种：①a collection of sheets of paper fastened as a thing to be read, or to be written in 书,书籍；②written records of money, names, etc.账簿,名册；③any collection of things fastened together, esp. one with its own covers(装订在一起并有封皮的)本子[15]124。

《韦氏高阶美语英汉双解词典》中 book 的用法有三种：①a work printed on sheets of paper bound together within covers 书,书本；②a number of sheets of paper bound together, for writing, etc.（用于书写等的）本子,簿册；③a division of a literary work, esp. one of the larger divisions(文学作品的)卷,篇[16]221。

《牛津高阶英汉双解词典》对 book 有以下解释：①a set of printed pages that are fastened inside a cover so that you can turn them and read them 书,书籍；②a written work published in printed or electronic form 印刷(或电子)出版物,著作；③for writing 书写用, a set of sheets of paper that are fastened together inside a cover and used for writing in 本子,簿子[17]215。也就是说,book 是指册子、簿册、印刷品、出版物等等,基本上涵盖了纸作为书写材料以后的文献的所有含义。

document 的本义解释为：A document is an original or official paper relied upon as the basis, proof, or support of anything else, including any writing, book, or other instrument conveying information pertinent to such proof or support. Any material substance on which the thoughts of men are represented by any species of conventional mark or symbol.意思是：文件是任何其他事物的基础、证明或支持的原始或官方文件,包括任何传达与该证明或支持相关信息的文字、书籍或其他文书。任何物质的人的思想是由任何种类的传统标志或符号来代表的。因此,document 的本义是指"文件、证件",不能涵盖古籍作为文献的大部分特征。

text 基本含义解释有二：一为 a text is a written passage consisting of multiple glyphs, characters, symbols or sentences,意为"由多种字形、文字、符号或句子构成的文字段落"；另一个解释是 a text is a book, or other set of writings,意为"一本或一卷文字记录"。

《朗文英汉双解词典》关于 text 的解释如下：①the words in a book as opposed to notes, pictures, etc.正文,文字；②the original words or printed form of a speech, article, book, etc.原文[15]1252。

《韦氏高阶美语英汉双解词典》对 text 这样解释：n.(count 可数)①the actual, original words of an author or speaker, as opposed to a translation, etc.(作者或发言者的)原文；②any of the various forms in which a writing exists 课本,书本,

文本[16]2014。

《牛津高阶英汉双解词典》中 text 是指：①the main printed part of a book or magazine, not the notes, pictures, etc.(书籍或杂志的)正文,本文(并非附注、图片等)；②any form of written material 文本,文档；③a book, play, etc., especially one studied for an exam 课本,教科书,剧本[17]2089。

由上述词典的释义不难看出,text 一词本义是强调"文本",即强调的是文献的文本内容。

literature 英语释义有四个：一是 the body of all written works,意为"所有论著"；二是 the collected creative writing of a nation, people, group or culture,意为"一种文化、一个民族或一个国家所有的全集"；三是 all the papers, treatises etc. published in academic journals on a particular subject,意为"发表在学术期刊上的某个专题的所有论著"；四是 written fiction of a high standard,意为"高水平的小说"。这四个基本含义都和"文献"有关。

《朗文英汉双解词典》中 literature 作如下解释：written works which are of artistic value 文学,文学作品；infml printed material, esp. giving information(非正式用法)印刷品,宣传品(尤指商品说明书或宣传材料)[15]713。

《韦氏高阶美语英汉双解词典》关于 literature 的解释：n.(noncount 不可数)①writing in prose or poetry thought of as having permanent value or excellence 文学,文学作品；②the writings dealing with a particular subject(关于某一学科或专题的)文献、图书资料；③any kind of printed material, as circulars, leaflets, or handbills 印刷品(如公告、传单、宣传册等)[16]1142。

《牛津高阶英汉双解词典》对 literature 如是说：①pieces of writing that are valued as works of art, especially novels, plays and poems (in contrast to technical books and newspapers, magazines, etc.)文学,文学作品；②pieces of writing or printed information on a particular subject(某学科的)文献,著作,资料[17]1181。

由此看来,literature 一词涵盖了甲骨文、金文、陶文、简牍、帛书、纸卷、簿册等有文字记载以来的所有文献的内容。

除以上词语之外,偶尔还可见使用 edition 的情况。《朗文英汉双解词典》中 edition 意为 one printing, esp. of a book 版,版本。如 a first edition 第一版。又如 a paperback edition 纸面平装本, a hard edition 硬面精装本[15]383。《韦氏高阶美语英汉双解词典》中有关 edition 的解释为：n.(count 可数) the format in which a literary work is published 版式,版本[16]658。《牛津高阶英汉双解词典》中 edition 意为 the form in which a book is published 版本(出版形式)。如 a paperback/hardback edition 平装本/精装本[17]638。可见,这里的 edition 用作"本",并非书,而是指版本。

综上所述,本文认为:"古籍"是中国古代书籍的简称,主要是指书写或印刷于1912年以前具有中国古典装帧形式的书籍,即经出版流通的书册、簿册等,译作 book 比较恰当;而能涵盖"古籍"之"古"的英文词应为 ancient。所以,将"古籍"译为 ancient books 最为合适。至于 rare books,由于强调的是稀罕本、罕见本,则应为"珍本"的译词。"善本"强调的是古籍内容的可靠性,则以译为 reliable books 为好。

(罗彧,中国科学院文献情报中心)

参考文献:

[1]毛瑞方."中国历史文献学"英译名称探研[G]//中国历史文献研究会.历史文献研究:第29辑,上海:华东师范大学出版社,2010:293-298.

[2]黄永年.古籍整理概论[M].上海:上海书店出版社,2001:4.

[3]中华人民共和国文化部.古籍定级标准:WH/T 20—2006[S].北京:北京图书馆出版社,2007:1.

[4]叶梦得.石林燕语[M].北京:中华书局,1984:116.

[5]杜泽逊.文献学概要[M].北京:中华书局,2001:138.

[6]刘星辰,金小峰.朝汉混排古籍的文字切分方法[J].计算机工程与应用,2020,56(11):135-141.

[7]陈红彦,董晓莉.信息生态视阈下古籍数字资源保护研究[J].图书馆理论与实践,2019(5):94-99.

[8]贺海侠,张晶.新媒体环境下高校图书馆古籍阅读推广[J].黑龙江科学,2019,10(9):74-75.

[9]赵宣.俭腹高谈我用忧,肩肩朴学胜封侯:李致忠先生基于"虚鉴实考"理论的版本目录学研究[J].大学图书馆学报,2019,37(2):97-103.

[10]毕翔,唐存琛.本真与还原:古籍善本的数字化处理研究[J].高校图书馆工作,2018,38(6):47-50,55.

[11]现代汉英词典[M].北京:外语教学与研究出版社,1988.

[12]《留学生汉英学习词典》编写组.留学生汉英学习词典[M].上海:上海译文出版社,2007.

[13]胡学元.新汉英词典[M].海口:海南出版社,1994.

[14]李零.简帛古书与学术源流[M].北京:生活·读书·新知三联书店,2004:前言2.

[15]朗文英汉双解词典[M].北京:外语教学与研究出版社,1992.

[16]达尔吉什.韦氏高阶美语英汉双解词典[M].北京:外语教学与研究出版社,2006.

[17]霍恩比.牛津高阶英汉双解词典:第7版[M].北京:商务印书馆,2009.

五台徐氏批校抄本《敦艮斋时文》考述

A Study of the Manuscript of *Dungenzhai Shi Wen* by Xu Family in Wutai

凌一鸣

摘 要：清抄本《敦艮斋时文》，藏于天津师范大学图书馆。是书为清人五台徐润第所撰时文集，润第之侄徐继榖选抄，润第之子、清代知名学者徐继畬批校。此书对于丰富徐润第生平学术、五台徐氏家族史、清代时文乃至科举制度等相关研究都颇具意义。

关键词：《敦艮斋时文》；徐继畬；清抄本

清代抄本文集存世者数量宏富，其中不乏名人批校、版本系统复杂者。天津师范大学图书馆所藏《敦艮斋时文》由于原缺卷端题名，且外封书名题为"敦艮斋文稿"，引发了对其作者、版本、内容的长期误解。通过笔者对此书的考察以及相关文献的爬梳，该书模糊的面貌逐渐清晰——为清末山西著名仕宦世家五台徐氏成员所著、所抄、所校，并且具有相当的版本价值与研究空间。

一、作者及其著述考

天津师范大学图书馆所藏清抄本《敦艮斋时文》，原著录为《敦艮斋文稿》。是书共六册，每册外封书"敦艮斋文稿"，并书"诒孙选抄"。书名即按外封题名著录。馆藏卡片目录著录为"徐子苓撰，徐贻孙选抄，《丛书集成》有著录"。按徐子苓（1812—1876），字西叔，一字毅甫，晚号龙泉老牧，安徽合肥人，清道光间举人，晚岁选授和州学正，斋名"敦艮吉斋"，著有《敦艮吉斋诗存》二卷、《文存》

六卷,其斋名并非"敦艮斋"。而徐姓且以"诒孙"或"贻孙"为字号者,自清中期以降,亦不在少数。较知名者,有乾隆间青阳人徐念祖,字诒孙,与方苞、戴名世等均有交往;又有晚清至民国时会稽(今浙江绍兴)人徐维则(1866—1919),字贻孙,为绍兴藏书家徐树兰之侄。但此数人与徐子芩均无甚联系。

其实,徐姓清人且以"敦艮"为斋名者,除徐子芩外,尚有五台徐润第。徐润第(1761—1827),字德夫,号广轩,山西五台人,据是书前所录署"河间府教授王菜拜识"之《敦艮斋时文序》,有"广轩先生"之谓,则是书为润第之作无疑。

据书前王菜《敦艮斋时文序》及是书所收诸篇内容,是书当专就徐氏所撰之时文,裒辑而成,故书名当为《敦艮斋时文》。

徐润第为乾隆六十年(1795)恩科进士,经二年入京补中书舍人,转内阁典籍,保送军机章京。嘉庆十三年(1808),徐润第补储运仓监督,次年奉调海运仓,引疾归返乡。两年后再入京师,补中书。次年外放为湖北施南府同知,任上整顿吏治,官声甚佳。嘉庆二十一年(1816),徐润第应河南光州牧王瑶峰之邀,赴其署讲学授课。道光四年(1824)二次归里,后辗转东冶、晋阳、崞县、介休教学。直至道光七年(1827)染病身亡。润第服膺陆王,于易学用力尤多,故以"敦艮"名其斋。此外又工书法,楷书早岁学欧,晚而转颜,行草则师二王而别具一格,颇受时人所重,更被何绍基所赏。

五台徐氏由来有自,大约于明初从朔州迁入。此后累世经营,直至徐润第之父徐敬儒(字东冶)始获功名。敬儒乾隆二十四年(1759)中举人,累官至九江府同知。润第三十五岁时,续夫人生子徐继畬[1]5。

据徐继畬《显考赠资政大夫施南府同知广轩公家传》,徐润第"生平于儒先之书,读之殆遍,旁涉道藏、内典、壬遁、风角,中岁专心学易,前后近四十年,剙精造微,所读儒书皆以易象证之,一一吻合。制义以理法为主,探原于《史》、《汉》、八家,独得乾坤清气。生平讲学及杂文,继畬裒集付梓,曰《敦艮斋遗书》。制义多散佚,检其存者二百余篇付梓,曰《敦艮斋时文》"[1]402。则徐润第为学特长偏好可见一斑。同时也可以看出,徐继畬曾在徐润第死后将其著述辑成《敦艮斋遗书》出版,又将时文二百余篇单独整理成集付梓。这段记载亦为后来各方志所沿用。

如《山西通志·乡贤录》,徐润第"中岁即潜心易学,悟入元微,先儒理学之书,读之殆遍,旁涉二氏百家,皆以易象折衷。生平未尝专著书,门人有质疑者,随问条答,或读书有得,随手札记。子继畬裒集为《敦艮斋遗书》梓行"[1]392,并未提及徐继畬于《敦艮斋遗书》外另刊有《敦艮斋时文》。《山西献征·郡丞徐广轩先生事略》《五台新志·徐润第传》所录,内容皆与此大致相同,唯后者称其"古文得乾坤清气,尤工纪事,稿多散佚。制义以古文为骨,理法最精。卒后子继畬从门人处裒集得杂著十七卷,曰《敦艮斋遗书》;制义二百余首,曰《敦艮斋时文》。俱授梓"[1]395。后人研究徐继畬的著作亦多称徐继畬"集刻"《敦艮斋时文》[2]。

徐继畬为父所辑《敦艮斋遗书》,为清道光二十八年(1848)徐氏自刊,后又有民国十年(1921)铅印本。前有《校字》,内署该书为"五台徐润第著,男继畬校刊,受业续新德、堂侄继壖校字",后有参与抄辑之及门弟子"满洲阿灵阿"等三十五人,其中五台人十四人。末又有"堂弟间第、胞侄继畴、堂侄继秀、堂侄继贲、族孙徽、侄孙木"诸五台徐氏子弟参与抄校。据徐继畬自按,其于徐润第遗稿中"检得札记数册,乃属及门诸子各钞辑所存,共得若干卷"。是书卷一《说易》,卷二、三《图说》,卷四、五《臆说》,卷六《杂言》,卷七《〈中庸〉私解》,卷八《〈逍遥游〉解》,卷九至十四《札记》,卷十五、十六《杂篇》,卷十七《遗文》。如徐继畬所说,《敦艮斋遗书》既收录了徐润第专书若干,又由各方搜集而成的零散札记缀合成篇。

二、清抄本《敦艮斋时文》

(一)版本考

天津师范大学图书馆所藏抄本《敦艮斋时文》不分卷,每半页八行,行二十四字,无栏格版框。外封墨笔书"敦艮斋文稿",下钤阳文方印"松龛读过",部名下钤阴文方印"敦艮斋书";又墨笔书"诒孙选抄",下钤阴文方印"臣徐继穀",阳文方印"诒孙"。书内尚有钤印若干:目录部分篇名上钤阴文长方印"眼前生意"与阳文椭圆印"藏密",《上论后·君子博学于文(一章)》末徐继畬识语后钤阴文方印"徐继畬松龛甫",《窃比于我老彭》末徐继畬识语下钤阳文方印"继畬之钤"。全书一函六册,每册外封"敦艮斋文稿"下分别墨笔书"学庸""两孟""上论前""上论后""下论前""下论后"。

是本前有署"河间府教授王棻拜识"之《敦艮斋时文序》,后有《敦艮斋行文条约》及署"嘉庆壬申书于施南郡宦舍"之《敦艮斋八股一得说》。《敦艮斋八股一得说》下有墨笔书"壬申年在施南书此寄继畬",据其字体,似为徐继畬补注。

如上所言,徐继畬曾撷拾其父遗著结集出版,更以时文别为一书出版。此后各方志、传记,乃至后人著述皆沿用此说法。据邵文海《山西清代名臣家传文物捐献风波》,五台徐氏后人曾向三晋文化研究会捐献文物若干,其中就包括《敦艮斋时文》书版168块[3],则是书确曾雕版,当无疑问。但考诸《中国古籍总目》,未著录《敦艮斋时文》。核查近年来孔夫子旧书网等古籍拍卖网站,得见《敦艮斋时文》刻本,是书为清道光三十年(1850)徐氏家刻本。每半页九行,行十五字,上单黑鱼尾,黑口,四周双边。内封镌"道光庚戌/敦艮斋时文/家塾藏板"。可证是书确付梓成书,考其内容可知,天津师范大学图书馆藏本为是书可见最早版本,亦为刻本之底本。

天津师范大学图书馆藏抄本为徐润第之侄徐继毂奉继畬之命所抄,并寄与继畬。徐继毂,生卒年不详,咸丰九年(1859)起任台湾府经历。据民国间徐永信纂修《五台徐氏宗谱》,徐继毂与徐继畬同属第二股第十五世,《名秩谱》载其诰授奉政大夫[4]。据美国学者德雷克(龙夫威,Fred Drake)考证,同治五年(1866)总理衙门重印《瀛寰志略》,徐继毂曾参与校订工作[5]。据此抄本外封所钤印鉴,徐继毂当字诒孙,一字贻孙。另据学者考证,徐继毂与徐继畬交往较为密切,继毂之子徐磐(字鸿石)曾随继畬赴平遥书院,掌文书、印章[6]。

据抄本内容与徐继畬批校及题记,是书之抄当在刻本之前。故而有徐氏批校意见,当为付梓之用。此本中又收阿灵阿所作时文数篇,非徐润第所作,当为徐继毂多方搜求润第时文之作时误收。今核诸所见刻本,已删除阿灵阿之作。

根据上述所言诸印信,阳文方印"松龛读过"、阴文方印"敦艮斋书"、阴文方印"徐继畬松龛甫"、阳文方印"继畬之钤"、阴文长方印"眼前生意"均为徐继畬所有。其中最后者取自宋儒张栻"便觉眼前生意满,东风吹水绿参差",亦可稍见徐润第父子学问所宗尚。

是书所收时文分作四大部分,收录"学庸"三十二篇,其中《心诚求之虽不中(其二)》《谓之中(其二)》二篇有目无文;"上论"八十六篇,其中《五十以学〈易〉》有目无文;"下论"六十八篇;"两孟"四十篇。目录共录二百二十六篇,目与文未尽一致。正文前冠以《盖碗》一文,以供时文启蒙,目录未著此篇。该篇后录有徐润第自记,可见以此文开端之旨意:

> 分比立柱,抱柱发挥,行文正路。题眼在"盖",专发"盖"字,相题路学,八比从此等入手,自无浮夸合掌之病。(自记)

> 题虽游戏,文自郑重,搏兔搏象,其力皆全诚,细细看去,不但童业,即墨法亦不外是。(又记)

若某篇题目出自某次考试中,则于其下注以该次考试的年次、级别等。

(二)批校考

是本另一重要特色与意义在于其保留了徐继畬的批校及注语,为刻本所无。徐继畬(1795—1873),徐润第长子,道光六年(1826)进士,朝考第一,授翰林院编修。历任广西、福建巡抚,闽浙总督,总理衙门大臣,首任总管同文馆事务大臣。继畬著有《瀛寰志略》《〈古诗源〉评注》,殁后结集成《松龛先生遗集》。继畬学问对其父多有继承,《清史稿》即称"继畬父润第,治陆王之学。继畬承其教,务博览,通时事"[7]。徐继畬以西学、地理最为学界所重视,相关研究也大多集中于此。其实,继畬不仅对时文甚为关注,还颇以此道自矜,著有《退密斋时文》《退密斋时文补编》,这也是其将其父时文之作专门结集付梓的原因之一。

是书大多篇目后有自记,当为徐继毅据底本抄录。间抄有他人批语,有"本房李荫垣先生批"《民之所好好之民之所恶恶之(乙卯会墨)》一篇,张静生批《取人以身》《子贡曰见其礼》《齐人曰所以为蚳蛙则善矣所以自为则吾不知也(乙卯会墨)》《君子有三乐(其一)》《君子有三乐(其三)》《仁者乐山》六篇①,王菉识《夏礼(河间府院试童生题)》《殷礼(河间府院试童生题)》二篇,"高兰墅同年"评《舜有臣五人(才难)》,高兰墅、桂香岩、王荫林均识《子曰我未见好仁者(一节,丁卯顺天乡试拟墨)》一篇。

据考,李荫垣即李长森(1756—1823),字木三,号荫原,又号穆川,安徽太湖人。长森乾隆四十九年(1784)进士,授礼部仪制司主事,历官湖北学政、福建盐法道、山东按察司、贵州布政使等,为徐继畬房师,是以继畬用墨笔在其批后注"本房李荫垣先生批"(如《柴也愚参也鲁师也辟由也喭(乙卯会试墨)》)。张静生即张廷鉴,字静生,山西阳曲人,其弟张廷铨为徐润第弟子,并参与了《敦艮斋遗书》的抄辑工作。桂香岩即桂龄,生卒年不详,号香岩,正黄旗汉军人,嘉庆元年(1796)二甲进士[8],张百龄之弟,则其汉姓当亦为张。高兰墅即高鹗(约1738—约1815),字兰墅,一字云士,乾隆六十年(1795)进士,历官内阁中书、内阁典籍、内阁侍读、江南道监察御史、刑科给事中等职。高鹗与徐润第谊属同年,交情深厚。

以上数人,大多为徐润第故交。据徐继畬《显考赠资政大夫施南府同知广轩公家传》,徐润第"僿直之外,不妄请谒人,同官中订交者,惟先师高兰墅谏给(名鹗,公戊申、乙卯同年,畬从之受业)、桂香岩少宰(名龄,大学士百文敏公之胞弟)、杨启庭太守(名书绍,后知河南彰德府)。谈文之友,则兰墅师与山左徐郁亭(显文)两人而已"[1]397。

除去移录他人批语外,此本以徐继畬于书眉、行间批评及墨笔校改为最多。兹列其目于后:《富润屋(其一、其二)》《是故君子先慎乎德》《君子之道造端乎夫

---

① 其中《君子有三乐(其一)》文后录有"廷鉴读",《君子有三乐(其三)》文后录有"廷鉴读""廷鉴又记"两段批语,应为转录。

妇》《鸢飞戾天(二句)》《取人以身》《齐人有言曰》《是集义所生者》《孟子曰人皆有不忍人之心(其一、其三)》《辅世长民莫如德》《齐人曰所以为蚔蛙则善矣所以自为则吾不知也(乙卯会墨)》《今一见之》《五羊之皮》《其三人则予忘之也》《夫义路也礼门也惟君子能由是路出入是门也》《周道如底》《孔子曰操则存》《人苟欲生之皆知所以养之者》《所以动心忍性曾益其所不能》《君子有三乐(其一)》《掘井九轫而不及泉》《是以言恬之也》《有朋》《曾子曰吾日三省吾身》《而亲仁》《行有余力则以学文》《信近于义言可复也》《敏于事而慎于言就有道而正焉》《就有道而正焉》《是谓能养》《子夏问孝》《君子不器》《子张学干禄》《阙疑》《林放问礼之本子曰大哉问》《不如林放乎》《夏礼》《子曰我未见好仁者》《劳而不怨》《君子欲讷于言而敏于行》《君子哉若人鲁无君子者》《敏而好学》《李文子三(一章其一)》《子曰回也其心三月不违仁》《谁能出不由户》《仁者乐山》《君子博学于文(一章)》《己欲达而达人》《虽执鞭之士我亦为之》《加我数年》《三月不知肉味》《恭而安》《动容貌(六句)》《斯远暴慢矣》《荡荡乎民无能名焉》《舜有臣五人(才难)》《衣敝缊袍与衣狐貉者立》《可与适道(四句)》《翔而后集》《颜渊闵子骞冉伯牛仲弓(其一)》《颜渊闵子骞冉伯牛仲弓(其二)》《于吾言无所不说》《有之瑟(其三)》《柴也愚参也鲁师也辟由也喭(乙卯会试墨)》《有父兄在》《以道事君》《为仁由己》《主忠信徙义崇德也》《虽有粟》《子欲善而民善矣(其二)》《忠告》《君子以文会友以友辅仁》《以友辅仁》《人之言曰为君难(此嘉庆丁卯考试差前会课之作)》《无欲速(其一、其二、其三)》《古之学者为己(其二)》《知德者鲜矣》《戒之在得》《今之愚也诈而已矣》《使之闻之》《以杖荷莜》《三饭缭适蔡》《尧曰咨》《周有大赍(二句)(庚午广西乡试题)》《谨权量》《谨权量审法度》,《若已有之》《此一时也五百年》《人苟欲生之皆知所以养之者》[①]《君子有三乐(其一)》《居仁由义大人之事备矣》《不亦乐乎人不知》《曾子曰吾日三省吾身》《君子哉若人鲁无君子者》《己欲达而达人》《动容貌(六句)》《斯远暴慢矣》《衣敝缊袍与衣狐貉者立》《可与适道(四句)》《知德者鲜矣》《小子何莫学夫诗》《使之闻之》《以杖荷蓧》。

另有《贫而无谄》一篇有夹签:"'有财'二字二目现成,易作'不贫'二字妥当稳洽。"是篇中凡"有财"二字即据以用墨笔改为"不贫"。

(三)题记录

除前述之外,徐继畬还有题记数则,述各篇缘由,于研究徐氏父子生平、交

[①] 此篇与前列同名者为同题异文,下同。

游、学术多有助益,兹录并识于下:

1.《齐人曰所以为蚳蛙则善矣所以自为则吾不知也(乙卯会墨)》

先君子自云,场中为此文时一气写完,仅一时许,未起草也。座师刘青垣先生极赏之,自中比以下十三行,密圈到底,不遗一字,故是科晋省中额止二名,先君子获与焉。继畬谨注。

按:此篇即徐润第会试所作文。刘青垣即刘跃云(1736—1808),字青垣,江苏武进(今常州武进区)人,大学士刘纶子,乾隆三十一年(1766)探花,累官至礼部侍郎。乾隆六十年(1795),"左都御史窦光鼐为正考官,内阁学士瑚图礼、礼部侍郎刘跃云为副考官。……山西取中二名"[9]。是书所收,凡科考中所用原题,徐继畬皆以墨笔标注,如《周监于二代郁郁乎文哉》题注"壬午山西乡试题"、《知者乐仁者寿》题注"山西乙酉乡试题"。

2.《其三人则予忘之也》

先师高兰墅先生与先君子乡、会同谱,又同官内阁,论文最契。一日偶论此题,先生谓震川着笔太重,尚非合作。先君子书此质之,先生极为叹赏。继畬谨注。

按:如前所言,高鹗与徐润第素有交谊,同榜乡试、会试,更是润第为数不多的谈文之友。徐润第《谕继畬书》称高鹗"天才明敏,遇事如锥脱颖,无不了办"[1]403,又有题高鹗文集诗云:"磊落高兰墅,文章有内心。相期神不隔,一往思何深。噩噩中声律,憪憪古调琴。剧怜此种曲,几处遇知音。"[10]可见徐高之交,不仅因官场来往,更因在文学取好上声气相通。徐继畬记中所及,又是两人论文之一例证,亦可见两人不止于互相应和,更不乏力争。

3.《然则饮食亦在外也》

亦为阿实甫改朱卷之作。继畬谨注。

按:阿实甫,即阿灵阿,字实甫,谥号悫勤,内务府大臣佶山子。嘉庆三年(1798)起,徐润第受邀馆于其家,教授阿灵阿,同窗有徐继畬、王秋宝共席学文,其时高鹗亦为阿灵阿座上之客,常共讨论[2]225,241。是篇为阿灵阿之作,徐润第为其批阅,当是徐继毅抄录时掺入此集。徐继畬编辑《敦艮斋遗书》时,虑及阿灵阿身份地位显贵,将其置于参与抄辑之及门诸君的首位。

4.《是谓能养》

戊辰初夏继畬初学为文,先君子命以此题,因书此篇,示拆题布局之法。继畬谨注。

按:戊辰年为嘉庆十三年(1808),据《清徐松龛先生继畬年谱》,时徐继畬与

"王月潭先生(嘉庆六年进士)子秋宝、万昌同受业于广轩先生、月潭先生,主读《史记》《汉书》、八家古文,初习八比文。广轩先生批改课文,月潭先生讲授经义"[1]16-17。则是篇乃徐润第为徐继畬时文发蒙之用,篇后润第自记称:"通篇一气,归重在'谓'字,以题眼在此……凡题上虚字样,俱是真神所在,不可忽略。"故而继畬称其父以此"示拆题布局之法"。

5.《子夏问孝》

此亦戊辰年课继畬题。继畬谨注。

按:是篇亦徐润第用以向继畬演示破题与布局要点,篇后自记云:"布局次第与陶炼干净处宜着眼。几十比文字无一比不切子夏立论。"

6.《奚取于三家之堂》

此为初学童子示布局之法,只是一篇讲书白话耳。然节奏全是古人妙处。继畬谨注。

按:是篇亦润第教授弟子之作,全文简练明白,为让初学者大致了解时文布局的方法。润第曾在《敦艮斋行文条约》中申明:"学文譬之作室,先基址,后木石,而后及于涂饰。"以此相较,可见授课之宗旨,在于筑基为岑。

7.《大哉问》

此亦戊辰年课继畬之作。继畬谨注。

8.《祭如在》

此亦戊辰年课继畬之作,时同学者为堂兄继畴、王君万昌。继畬谨注。

9.《邦有道榖》

此亦课继畬与王秋宝之作,在戊辰、己巳间。继畬谨注。

按:此三篇为戊辰(1808)至己巳(1809)年间继畬启蒙之作。徐继畴同为五台徐氏二股十五世,为徐润第亲侄,与王万昌均在抄辑《敦艮斋遗书》诸人之中。由此亦可见,徐润第戊辰间教授的弟子不止徐、王两家子弟,也包括其侄。

10.《君子博学于文(一章)》

此阿实肯课文,先君子所批点也。(钤阴文方印"徐继畬松龛肯")

11.《窃比于我老彭》

此亦阿实肯课文,误钞入此本。(钤阳文方印"继畬之钤")

按:是二篇均为阿灵阿所作,不当置于此集。徐继畬特为注出,并用墨笔大字写,钤阴、阳文两方印以示突出。

12.《棠棣之华》

此先君子中年文字,大约在癸丑、甲寅间。继畬谨注。

按：癸丑、甲寅分别为乾隆五十八年（1793）、五十九年（1794），时徐润第尚未中第。

三、《敦艮斋时文》的文献价值

据以上所录徐继畲题记及批校，此本可能为付梓时的底本，具有一定程度上的稿本特征，又以刻本罕觏而愈显重要，文献研究的价值自不待言。

而除文本本身外，其研究价值主要体现在以下两个方面。

其一，时文研究史上的价值。时文虽为功名而作，在清人眼中，同样是学习文章的必修功课，如商衍鎏所言"宋元独尚讲学，明代间兼会文，清则讲学者鲜，后且以考课为主，而与科举之关系特深"[11]。由于这种特殊性，明清两季时文集于市面上刊行者品类繁多，以致射利者跟风而上，拙劣之作鱼目混珠，被学者摒弃。其中较为知名者如目耕斋选本，引得士子争相购求，"由束发就傅以至登巍科、掇高第，内入词林、外宰百里，皆以是为阶梯"[12]。至清中后期，许多知名学者在编辑文集时均特列时文一项，甚或径以时文别为一集。

时文不仅关乎书生的前途命运，自身亦有其行文规矩与技巧，"亦文章中之一奇也"[13]。是以被奉为一代文宗、桐城派领袖的姚鼐认为"一代文章之兴，安知不出于是"[14]。在这种倡导之下，清中后期以科举改变家族命运的士人们多有编选时文之举。

徐润第编纂时文，非为图利，而是以古文轨范约束时文，因此所作时文规矩谨严，并体现在其所撰之《敦艮斋行文条约》中。该《约》开篇所言，足可以见其时文立意：

《论语》曰："辞达而已矣。"《易》曰："言有物。"又曰："言有序。"盖无物则无可达，无序则不能达。物即八股家所谓理，序即八股家所谓法。理是根本，学者读书讲书，全副精神用之于此。是当别论。至于文法，在成熟之后，原亦变化无方，而初学诣浅，则须有所遵循，然后能入。今条为五：一曰审题……二曰布局……三曰立柱……四曰谐声……五曰选色。

由此可见，徐氏针对帖括制艺之学言之无物、行之无序的弊病，在对八股文进行梳理总结之后得出了其认可的为文方法。在科举制度与突变的内外环境相碰撞之下，传统的时文训练不仅为新思潮的拥趸所诟病，也受到了在此体制内摸爬滚打甚至受益的学者们的挑战与反思。因此出现了"以古文为时文"的八股教育思想[15]，徐润第亦此思想的实践者。王荼序称："予谓意者，文之所由生，意立则词自从。有词而无意，则真气亡矣。"这可谓对徐润第时文观的理解。除重视内容即所谓"物"以外,徐润第鼓励在时文中发挥个性,体现自我风格,其授与继畬之多年钻研八股心得——《敦艮斋八股一得说》中有其甘苦之言:"物安在？在经史,是固然也。然万物皆备于我,天下岂有心性以外之物哉？"这些观念,产生在特殊的历史文化环境中,在晚清时文诸大家中亦属特殊,对文体学研究有一定的个案意义。

其二,对于五台徐氏家族研究的意义。五台徐氏相关研究以徐继畬为中心展开,多集中于对其生平、著述的考察与分析,虽然对徐继畬的出版与编辑活动也有所涉及,但大多只是作为其生平研究的组成部分。《敦艮斋时文》由徐继毂奉继畬之命抄录,并寄与继畬,由继畬在此本上进行批校,作为出版之底稿。结合《敦艮斋遗书》的成书过程,从中可以一窥徐继畬组织编纂乃至出版活动的一般模式,即由徐继畬分派族中子弟或徐润第学生搜集遗文甚至将零散札记缀合成篇,由徐继畬校勘定稿。

对于徐润第生平学术的系统性研究,目前还付之阙如。此抄本的考察,对于更深入和全面地认识与了解徐润第,具有一定意义:一方面为探究徐润第的时文风格与特色提供了参考,一方面又为了解徐润第的交游提供了直接证据。因此无论对于五台徐氏整体,还是对徐润第、徐继畬个人的研究,此抄本都提供了有价值的资料与信息。

(凌一鸣,天津师范大学古籍保护研究院讲师)

参考文献:
[1]方闻.清徐松龛先生继畬年谱[M].台北:台湾商务印书馆有限公司,1982.
[2]刘贯文.徐继畬论考[M].太原:山西高校联合出版社,1995:225.
[3]邵文海.古ী秘事[M].西安:陕西旅游出版社,2006:179.
[4]徐永信.五台徐氏宗谱[M].铅印本.民国二十三年(1934):卷七.
[5]德雷克.徐继畬及其瀛寰志略[M].任复兴,译.北京:文津出版社,1990:179.
[6]俞旦初.北京图书馆藏徐继畬《瀛寰志略》誊清修改稿本初考[J].文献,1992(1):99-108.
[7]赵尔巽,等.清史稿[M].北京:中华书局,1977:12186.
[8]江庆柏.清朝进士题名录[M].北京:中华书局,2007:672.
[9]王炜.《清实录》科举史料汇编[M].武汉:武汉大学出版社,2009:577.
[10]徐润第.《兰墅文存》题辞//兰墅文存[M].清稿本.卷首.
[11]商衍鎏.清代科举考试述录及有关著作[M].天津:百花文艺出版社,2004:234.
[12]林志钧.《饮冰室合集》序[M]//夏晓虹.追忆梁启超.北京:生活·读书·新知三联书店,2009:51.
[13]戴名世.有明历朝小题文选序[M]//贾文昭.桐城派文论选.北京:中华书局,2008:14.
[14]姚鼐.陶山四书义序[M]//惜抱轩诗文集.刘季高,标校.上海:上海古籍出版社,1992:271.
[15]程嫩生.清代书院"以古文为时文"教育论析[J].中州学刊,2018(12):136-141.

国家图书馆古籍著录订误一则
——兼及《室名别号索引》失收二例*

An Emendation to the Cataloguing of Ancient Books of the National Library of China: With Two Cases not Embodied in *The Index of Chinese Alias*

翟新明

摘　要：国家图书馆所藏吴氏式古训斋抄本《七录》是目前所见最早从事具体文献辑录的《七录》辑本，国家图书馆著录为民国本，但经考证可知此本为晚清藏书家吴丙湘手抄，递经徐乃昌、郑振铎收藏，实为清抄本。复知吴丙湘以"式古训斋"为斋名，陈乃乾编、丁宁等补编《室名别号索引》"式古训斋"一条仅著录闵萃祥，失收吴丙湘与吉城二人。

关键词：式古训斋；吴丙湘；吉城；《七录》；《室名别号索引》

南朝梁阮孝绪《七录》是汉唐间最为重要的书目之一，南宋以后已亡佚，其序、目保存在唐释道宣所编《广弘明集》中，具体的文献著录则有赖于《隋书·经籍志》所注"梁有"之书的记载。《七录》至清代才开始有辑本，但清人辑本如刘喜海味经书屋抄本、王仁俊《玉函山房辑佚书续编》本，仅是抄录《广弘明集》所载《七录》序、目等，间或附录阮孝绪传记；臧庸辑本略据《经典释文》等辑得二十余条，附于各部之下，另有《附考》，也不过是汇录阮孝绪相关传记资料，并无真正意义上对《七录》具体文献的推原与辑佚。在任莉莉《阮孝绪〈七录〉辑证》（河南师范大学 2005 年硕士学位论文，修订后由上海古籍出版社于 2011 年出版，改题

---

*　本文系 2019 年湖南省普通高等学校教学改革研究项目"立足古籍保护、加强实践训练——古典文献学教学改革研究"研究成果之一。

为《七录辑证》)、殷炳艳《〈七录〉研究及其重辑》(吉林大学 2009 年硕士学位论文)之前,中国国家图书馆所藏吴氏式古训斋抄本《七录》是唯一一部真正从事具体文献辑录的《七录》辑本,文献价值颇大。但任、殷二人的新辑本并未注意到这一抄本,孙启治、陈建华编撰《中国古佚书辑本目录解题》(上海古籍出版社 2009 年版)没有收录此本,国家图书馆对此本的著录也存在错误。

国家图书馆所藏吴氏式古训斋抄本《七录》,根据吴沂澐介绍,为粉丝栏,半页十一行,行二十字,小字双边,单花鱼尾,黑口,版心有"吴氏式古训斋写本"[1]2。《北京图书馆普通古籍总目》第一卷《目录门》著录(目 303/355.4)[2],归为"1911 年以后出版的线装书"①;国家图书馆出版社 2015 年出版的《国家图书馆古籍普查登记目录》未收录此书,应该是限于不收 1912 年以后书的体例。

"吴氏式古训斋"这一名称向来无人查考,导致这一抄本的著作权长久以来没有归属,版本著录也产生错讹②。陈乃乾《室名别号索引》"式古训斋"条仅列有闵萃祥一家[3]28,丁宁等增补未及此条。后来学者所编《古今人物别名索引》[4]、《清人室名别称字号索引》[5]、《中国室名大辞典》[6]等,均同陈乃乾书。经查考,闵萃祥,字颐生,号八指生,江苏华亭(今上海松江区)人,生于道光二十九年(1849),卒于光绪三十年(1904),著有《八指诗存》《式古训斋文集》等[7]。但闵萃祥与"吴氏"不合,可知此"吴氏式古训斋"并非闵萃祥。

事实上,除《室名别号索引》已经著录的闵萃祥外,以"式古训斋"为室名者尚有吉城、吴丙湘二人,自陈乃乾以下均失收,各家订补亦未涉及。

吉城,字凤池,别字经郚,号曾甫,江苏东台人,生于同治六年(1867),卒于民国十七年(1928),曾任南京上江公学堂与安徽庐州府中学堂教习等,撰有《易象礼征》《尚书微子注》《左氏诗学》《楚辞甄微》《鲁学斋文钞》等[8]。吉城自光绪十三年(1887)至宣统三年(1911)间撰有日记二十三册,其中《式古训斋日记》收录了光绪二十年(1894)正月至二十二年(1896)七月间的日记,可知吉城也曾以"式古训斋"为室名。除"式古训斋"外,由其自题日记可知,吉城还曾以"将就斋""如不及斋""鲁学居""鲁学斋"等为室名。但吉城也非吴氏,吴氏式古训斋另有其人。

式古训斋《七录》抄本今无序跋,自别集部《沙门释智藏集》五卷以下阙,钤

---

① 《北京图书馆普通古籍总目》编例五:"顺序号后标明'＊'号者,为 1911 年以后出版的线装书。"吴氏式古训斋写本《七录》顺序号后即标"＊"号,知当时北京图书馆以此书为 1911 年以后出版的著作。

② 吴沂澐仅据此本首页有"朱彝尊《经义考》卷三引"推测"此抄本当晚于朱书年代",而未能从"吴氏式古训斋"入手考察。

有"积学斋徐乃昌藏书"朱文长印、"徐乃昌读"朱文方印、"南陵徐乃昌校勘经籍记"朱文长印、"长乐郑振铎西谛藏书"朱文方印等,知递经徐乃昌、郑振铎等名家收藏[1]2。我查郑振铎《西谛书目》,著录有《七录》一册,但无更多信息[9]。又查徐乃昌《积学斋藏书记》,果然发现有关于《七录》的解题:

> 亡友吴次潇先生丙湘手钞本。首有自序。是书久佚,序及总目见《广弘明集》,而以《隋志》"梁有"者注于下,分合去取,不甚确也。[10]93

此解题明证"吴氏式古训斋"即吴丙湘,并说明此本是将《广弘明集》所载阮孝绪《七录序目》及《隋书·经籍志》所注"梁有"之书辑录抄出。此本后来有所残缺,且佚去了吴丙湘自序,导致抄者不明。实际上,由徐乃昌记载可知,此本为清抄本,抄者即吴丙湘。

吴丙湘,字次潇,初名进泉,又字滇生、潇碧,号瘦梅、蛰园,江苏仪征人,生于道光三十年(1850)①,卒于光绪二十二年(1896),著有《经说五篇校异》《南兖州记》《瘦梅花馆诗文词集》《潇碧词》等,辑刻有《传砚斋丛书》《蛰园丛刻》。《清代朱卷集成》第一百二十册收录其小传、谱系及光绪十四年(1888)参加顺天乡试的试卷[11],孙葆田《河南候补道兼龙骑都尉又一等云骑尉吴君墓表》也备载其家世、仕履等[12]。孙葆田所撰《墓表》未载吴丙湘室号,从其辑刻丛书来看,应是以"传砚斋"为室号,丁宁等《室名别号索引补编》即收录吴丙湘室号"传砚斋"[3]202。由上可知,在"传砚斋"之外,吴丙湘还以"式古训斋"为室名,陈乃乾、丁宁以下均失收。

此外,尚有古籍印鉴可为佐证。徐乃昌《积学斋藏书记》经部著录《毛诗草木鸟兽虫鱼释》十二卷(今藏上海图书馆,《续修四库全书》影印)、史部著录《前汉书》一百二十卷(今藏中国国家图书馆,善本书号:07999)、《扬州图经》十三卷(残稿本今藏中国国家图书馆,善本书号:15035)②、集部著录《吕衡州文集》十卷(今藏中国国家图书馆,善本书号:A00530)、《小畜集》三十卷,均记载其上钤有"吴丙湘校勘经籍印"朱文、"式古训斋藏书"白文两方印[10]6-7,43,78,192,200。美国柏

---

① 《清代朱卷集成》所载吴丙湘小传称其生于咸丰癸丑五年七月十二日,即咸丰三年(1853)。孙葆田所撰《墓表》则称其卒于光绪二十二年(1896)十月,年四十有七,是生于道光三十年(1850),与其后称吴丙湘光绪十六年(1890)补应殿试、赐进士出身时年四十一相吻合;《(民国)江都县续志》卷二七《吴丙湘传》称其"年四十,光绪己丑始成进士",是光绪十五年(1889)举进士时四十岁,亦生于道光三十年。本文从后者。

② 根据张连生介绍,《扬州府图经》残稿本上钤有"焦循"印;国家图书馆还藏有《扬州府图经》抄本六册十一卷(善本书号:A04369),上钤有"积学斋徐乃昌藏书"印。因二本均未见及,尚不能确认吴丙湘与徐乃昌所藏为何本。见张连生《八卷本〈扬州图经〉作者质疑》,《扬州大学学报(人文社会科学版)》2001年第2期,第74页。

克莱加州大学东亚图书馆藏清武英殿刻本《十三经》三百五十卷附《考证》[13]、复旦大学图书馆藏明崇祯刻本《阅史约书》[14]、中国嘉德国际拍卖有限公司2019年春季拍卖会上拍卖的清刻本《说文解字通释》①，均钤有"式古训斋藏书"白文方印、"吴丙湘校勘经籍印"朱文方印，可知均为吴丙湘旧藏。嘉德同期拍卖会上还有清刻本《一切经音义》，钤有"式古训斋藏书"白文方印、"吴丙湘校勘经籍印"朱文方印、"徐乃昌读"朱文方印等，知经吴丙湘、徐乃昌等校勘收藏②。此类古籍印鉴，除"式古训斋藏书"外，还均钤有"吴丙湘校勘经籍印"，二者是同一人印鉴，"式古训斋"即吴丙湘的室号。《（民国）江都县续志》卷二七《吴丙湘传》称其"颜所居曰'式古训斋'"[15]，《江苏艺文志·扬州卷》所言相同[16]，应当是因袭前书，也可以作一佐证。

除国家图书馆所藏《七录》抄本外，山东省图书馆所藏海源阁原藏《林文忠公奏议》不分卷本亦著录为"清式古训斋钞本"，朱栏，每半页八行，行二十二字，四周双边，单红鱼尾，书口下有"式古训斋"，行格信息与国家图书馆藏本有所不同[17]，也应是吴丙湘所抄。国家图书馆、山东省图书馆所藏古籍均为吴氏式古训斋抄本，但未能据书目著录与其他文献印鉴等信息考察"式古训斋"即吴丙湘室号；至于国家图书馆将吴氏式古训斋抄本《七录》认定为民国本，导致这一清抄本未能被收入《中国古籍总目》《国家图书馆古籍普查登记目录》及"全国古籍普查登记基本数据库"等，或许是将晚清藏书家吴丙湘与民国政客吴炳湘（1874—1930）相混淆，因而导致这一错误，应加订正。

此外，据上文可知，除刻书外，吴丙湘于校勘、藏书亦用力甚勤，所藏多流入徐乃昌手中，叶昌炽《藏书纪事诗》、郑伟章《文献家通考》（中华书局1999年版）、范凤书《中国私家藏书史》（武汉大学出版社2013年版）等均失收此人。吴丙湘为晚清名臣、湖广总督吴文镕之子，与曾国藩、李鸿章、翁同龢、曾纪泽、缪荃孙、叶昌炽、徐乃昌等政坛、文坛名人均有交游，但目前尚未见及针对吴丙湘的专门研究，还有待于后来。

综上所述，清末以"式古训斋"为室名者实有三人，即闵萃祥、吉城、吴丙湘。三人所处时代相近，又均曾以"式古训斋"为室名。近代以来学者所编各种室名别号索引均仅著录闵萃祥一人，而失收吉城、吴丙湘。本文所引及的吉城、吴丙

---

① https://auction.artron.net/paimai-art0083192397/[2020-3-2]。
② https://auction.artron.net/paimai-art0083192442/[2020-3-2]。此本曾经富彼国际拍卖（北京）有限公司2008年秋季拍卖会（http://auction.artron.net/paimai-art56240850[2020-3-2]）、上海国际商品拍卖有限公司2011年秋季艺术品拍卖会（http://auction.artron.net/paimai-art5012470314[2020-3-2]）两次拍卖。

湘其他室名也多未收录。今因校正国家图书馆古籍著录之误,复以见存文献,增补"式古训斋"一条,兼及吉城、吴丙湘二人著述及其他室名别号,以备将来学术界研究之用。

(翟新明,湖南大学文学院助理教授,文学博士)

参考文献:

[1]吴沂澐.四部分类的奠基与开创——现存阮孝绪《七录》版本及流传考[G]//第五届全国中文学科博士生论坛论文集.广州:中山大学中文系,2016.

[2]北京图书馆普通古籍组.北京图书馆普通古籍总目:第一卷 目录门[M].北京:书目文献出版社,1990:80.

[3]陈乃乾.室名别号索引(增订本)[M].丁宁,何文广,雷梦水,补编.北京:中华书局,1982.

[4]陈德芸.古今人物别名索引[M].上海:上海书店,1982:22.

[5]杨廷福,杨同甫.清人室名别称字号索引(增补本)[M].上海:上海古籍出版社,2001:162.

[6]孙书安,孙正磊.中国室名大辞典[M].北京:中华书局,2014:227.

[7]黄刚.近代作家闵萃祥生卒年小考[J].上海师范大学学报(哲学社会科学版),1981(4):17.

[8]吉家林.吉城生平与著述[M]//吉城.鲁学斋日记(外二种):第一册.北京:国家图书馆出版社,2010.

[9]北京图书馆.西谛书目:卷一[M].北京:文物出版社,1963:44a.

[10]徐乃昌.积学斋藏书记[M].柳向春,南江涛,整理.上海:上海古籍出版社,2014.

[11]顾廷龙.清代朱卷集成:第120册[M].台北:成文出版社,1992:251-283.

[12]汪兆镛.碑传集三编:卷二十[M]//钱仪吉,等.清朝碑传全集:第5册.台北:大化书局,1984:4196-4197.

[13]柏克莱加州大学东亚图书馆.柏克莱加州大学东亚图书馆中文古籍善本书志[M].上海:上海古籍出版社,2005:3.

[14]四库全书存目丛书编纂委员会.四库全书存目丛书:史部三二[M].济南:齐鲁书社,1996:748.

[15]钱祥保,桂邦杰.(民国)江都县续志:卷二七[M]//中国地方志集成.江苏府县志辑67.南京:江苏古籍出版社,1991:781.

[16]南京师范大学古文献整理研究所.江苏艺文志:扬州卷[M].南京:江苏人民出版社,1995:562.

[17]山东省图书馆.山东省图书馆藏海源阁书目[M].济南:齐鲁书社,1999:88.

鉴往知来　作育英才

——谈古籍版本鉴定人才的培养

A Review and Outlook on the Talents Cultivation of Ancient Books Edition Identification

沈　津

摘　要：近年来，古籍保护学科建设和人才培养问题引起了学界的广泛关注。2020年1月18日，版本目录学家沈津先生就"古籍版本鉴定人才的培养"这一问题，接受了《古籍保护研究》编辑周余姣的专访，其中所提到的前辈版本目录学家为培养青年人才所做出的贡献、版本鉴定人才培养的三要素（志向、名师、实践）、版本鉴定人才的基本功和学术修养等，均能促进学界对古籍保护人才培养问题做更深入的思考。

关键词：古籍版本鉴定；人才培养；古籍保护；学科建设

周余姣（以下简称周）：沈先生，您好！这两年关于古籍保护学科建设和人才培养的话题很热，我们想请您就"古籍版本鉴定人才的培养"谈谈您的观点，可以吗？

沈津（以下简称沈）："古籍版本鉴定人才的培养"，这个题目不容易讲，因为没有在这一行里干过几十年，或没有大量实践和自己的切身体会，是很难说清楚的。目前在国内（包括台湾地区、香港特区）的一些图书馆也面临尽快培养版本鉴定专门人才的问题。十多年来，不少省市图书馆的古籍版本鉴定力量一直处于青黄不接的状态。尽管2007年国家古籍保护中心成立后，除培训修复古籍图书的人员外，也在举办各种训练班，以提高古籍整理、版本鉴定人员的素质。他们做了许多工作，但或许还要待以时日，进步才能完全彰显。

沈津先生

实际上,多年前我也在考虑这个问题。20世纪90年代,原文化部图书馆司司长杜克(原北京图书馆常务副馆长)两次参加美国亚洲学会图书馆年会,每次我都会和他见面,谈话中多涉及培养古籍版本鉴定人才等事。因为培养训练一位古籍版本方面的专家,不是一件容易的事。然而没两年,杜先生竟御鹤西归了。

古籍版本鉴定人才的培养,不是几年、十几年就能轻易做成的事,而是要有一定的方法、目标。1996年,上海图书馆建馆50周年纪念,我从美国专程飞往上海。其间,上海东方电视台采访我,我说:图书馆系统有不少学术研讨会,但发表的有质量的论文少。有些文章虽多为图书馆系统的学会刊物所用,但学术价值不高,多为评定职称的"急就章"。所以,上海图书馆新馆虽然漂亮,但专业人员的培养,已到了刻不容缓的地步。

在中国图书馆学界,1960年以前进入版本目录学领域的专家、学者,现在尚健在者只有两位了,其中南京图书馆资深研究馆员沈燮元先生已96岁,北京中国国家图书馆资深研究馆员丁瑜先生也94岁了[①]。他们都退休了好多年,或颐养天年,或做自己想做的事。而我则是1960年3月拜上海图书馆馆长顾廷龙先生为师,研习流略之学,至今还混迹于这个圈子里,和年轻的朋友在一起,时时可以向他们请教。大约再过三年,我也要"金盆洗手",告老还乡,优哉游哉了。

周:这个问题,老一辈的学者曾经是怎样看的?

沈:1979年8月,我随侍顾廷龙先生去杭州。顾先生是中国图书馆学会副理

---

① 丁瑜先生于2020年6月16日逝世,享年94岁。——编者注

事长、上海图书馆馆长,也是内定的《中国古籍善本书目》主编,那年顾先生76岁。他和我去杭州,是因为他想了解浙江地区对古籍善本的普查以及工作进展的情况。那次,浙江图书馆的邱力成馆长专门接待我们。邱馆长在1949年以前,在四明山上打游击,是位"老革命",后在浙江图书馆负责历史文献部的工作。他是个高个子,胡子也没刮,说话不紧不慢的,有时还带点小官腔,但他很随和,没有什么架子,笑嘻嘻的,给人一种很容易接近的感觉,我们聊过几次就很熟了。由于当时正在筹备《中国古籍善本书目》的事,邱馆长就和我专门谈关于培养古籍整理及版本鉴定专业人员的事。他问我:这方面的人才如何去培养?你怎么看?他是很诚心地征求我的意见,因为浙江图书馆已经面临这方面的问题了。

我当时说了三条,是从我自己走过的路来说的。这三条,后来我在不同的场合都说过,包括在北京、台北。三条分别是:第一是自己要立志,主观上想学,甚至要当作一项事业去做。第二是要有好的导师,最好是一流的专家,他们实践经验丰富,可以从各方面去指导你。第三是要有大量的善本书、普通线装书及工具书、参考书可以看、查,而且要不断地总结。三条中缺一不可,而第二、三条是相辅相成的。邱馆长对我的说法表示同意,他认为浙江图书馆第二条没有办法解决。当然,没有好的一流师资,也是各大图书馆几十年来所无法解决的问题,也没有人能说出自己的"师承",所谓的"专家"也多靠自学努力而成。直至今天,国内的古籍版本鉴定似都缺乏一位能"一言九鼎"的人物,因为这二十年内再也不会出现像徐森玉、顾廷龙、赵万里、潘景郑、冀淑英这样的大家了,包括他们的道德文章。当然,如今的台北,自从昌彼得先生走后,也呈现一样的状态。

周:老一辈的版本目录学家给我们留下了丰厚的学术遗产,他们也曾为版本鉴定人才的培养做出了很重要的贡献。您对哪一些版本目录学家印象较为深刻?他们为培养古籍版本鉴定人才做了哪些努力?

沈:这几十年来版本目录学家写自己的心路历程者,几乎没有,有的只是点滴,不成规模。我看过的最好的两部,一为昌彼得先生十多年前发表在台北《书目季刊》上的回忆录《病榻忆往——宗陶老人自叙》,可惜只刊发了两期就停了,后来台北另一馆刊又刊至第五期。另一部是周景良先生回忆其父亲周叔弢先生的藏书史实,是《丁亥观书杂记——回忆我的父亲周叔弢》[1]吧!

上个世纪初,我国的公立、私立的图书馆相继建立,百年来在中国图书馆学界里,出现了不少知名的专家、学者,如缪荃孙、柳诒徵、沈祖荣、袁同礼、蒋复璁、刘国钧、皮高品、汪长炳、李小缘、姚名达、王献唐、屈万里等。从20世纪30年代到50年代,在图书馆里成名的版本目录学家不多,北方的赵万里、王重民、冀淑英,南方的顾廷龙、潘景郑、瞿凤起、王欣夫等都是最为重要的人物。他们长期在图书馆一线工作,得天独厚的环境优势造就了他们扎实的专业水平,这种丰富的编目、整理、鉴定实践,也就显得愈加珍贵。

如北京图书馆的赵万里,他是王国维的学生。1928年进入北平图书馆后,又佐著名版本目录学家徐森玉先生。周叔弢谈及赵万里时说:"斐云版本目录之学,既博且精,当代一人,当之无愧。我独重视斐云关于北京图书馆善本书库之建立和发展,厥功甚伟。库中之书,绝大部分是斐云亲自采访和搜集。可以说无斐云即无北京(图书馆)善本书库,不为过誉。斐云在地下室中,一桌一椅,未移寸步,数十年如一日,忠于书库,真不可及。其爱书之笃,不亚其访书之勤。"[2] 90年代中我写的《北京图书馆古籍善本概述》[3]中也说及赵先生,他为了采访古籍,足迹遍及大江南北,在江苏、浙江、福建、广东等地为国家搜集了不少宋元旧本和明清罕见善本,我以为他是对北京图书馆贡献最大者之一。

我还记得20世纪60年代初,潘师景郑先生告诉我的事。20年代末他就开始买书,并与苏州藏书家邓邦述、徐乃昌、宗舜年、丁初我等人结识,晨夕过从,纵论今古,乐谈版刻,赏析奇书。30年代他又大事搜集乡邦文献,甚至与老辈收藏家角逐于书林,偶见奇帙,辄相争取。抗战期间,尽管物价腾贵,他仍在旧书店买书,总想多保存一些。他的眼光及鉴定能力,都是从实践中获得的。他说,买书也要花学费,有时买到一部书,回家后一查,发现问题,甚或藏书章是假的,那就会去想为什么会上当,错在什么地方。如不当回事,那以后还会犯错。他说,经验就是从教训中来的。这话一点没错,朴素至极。

早在"文革"前的60年代初,北京中国书店就请专家及老师傅们给年轻人讲课,也请过赵万里先生,授课时有油印讲义。1965年9月,天津人民图书馆的领导请周叔弢先生为图书馆的工作人员讲授"关于书的问题"。至12月,讲稿大致完成,又过十天,"善本"一节也写完了。次年1月,周将稿子交天津人民图书馆征求意见,2月又寄赵万里,并请他改正。赵有回信但增改不多。可惜没多久,"文革"开始,此事就不再提了,那一年周76岁。可惜,周先生的稿子却是"泥牛入海无消息"了。

70年代初,上海图书馆就将培养古籍整理及鉴定接班人的事,提到了议事日程。当时的上海图书馆仅有300余人,经过"文革"十年,有些工作人员年龄过大,退休者较多,于是领导就向市文化局打报告,请求有关部门同意招收一批青年人来馆工作。1973年,上海图书馆就从上海长征农场招了50位青年人,经过办学习班的形式后,再分配到各个部门。我曾从这50人中挑选了4人到古籍组,其中 2 人为初中生,2 人为高中生。其中一位后来成为上海某大学的教授、古籍所所长、博导,另三位也已退休。

周:我国台湾地区的情况怎样?

沈:像台北"故宫博物院"前副院长昌彼得先生、"故宫博物院"文献处处长吴哲夫先生都是老一代的版本目录学家,他们为培养台北的新人做出了不少贡献和努力,即使是卢锦堂先生也还在为培养文献、目录、版本方面的人才而努力工作。乔衍琯先生也早就担心台湾这方面的人才培养,他有一本《古籍整理自选集》[4],里面就有一篇讲"培育板本鉴定人才"的文章。这四位台北先进,我都有接触交谈,谈得最多的就是昌彼得先生和卢锦堂先生了。

台北学者郭明芳博士告诉我:"台湾古籍整理人才,我认为只限于学院内。三十年前政治大学中文系目录学组只招几年就没了,本世纪初,也成立几个相关系所,其中台北大学古文献所,相关训练也最完整,但撑了十三年也告终止。一般图书馆可能接收不到学院内古文献培养的人才(通常都是图书馆系出身)。最主要原因可能是图书馆所藏线装书不多,不受重视。"

要寻找好的导师,尤其是名师,有了名师就有了一个好的学习方法。凡是涉及中国文化的各个领域,都是如此,比如说武术、书画、琴艺、棋艺、中医、烹饪等等,这些名家只要一出手,你就知道正法正脉。旁门左道学来的不入流,还是名师的传承靠谱,他们的举手投足、一笔一画都有来历。所以要追随名师,访问高人,多向有德有道之人请教,多切磋,多学习,多体会。尤其是导师口头上的传授,在书本上是找不到的。

周:您谈到要追随名师,可否也再跟我们谈谈您跟随顾廷龙、潘景郑、瞿凤起三位先生学习的经历?

沈:近代以来,古籍鉴定人才的培养,多是采用师傅带徒弟的模式,我就是在长期追随导师顾廷龙、潘景郑、瞿凤起三先生的过程中成长起来的。我在很多时候都谈过他们对我的培养和指导,虽然他们倾囊相教,无保留地将多年积累的经验传授与我,但对我个人而言,要能适应现代社会的需要,还需要学更多。我以为培养古籍整理及鉴定的人才,首先上版本、目录的专业课还是很重要的。1975年在上海图书馆,就专门举办过一个古籍训练班,招收了上海市的大学图书馆、科学院系统图书馆、古籍书店以及上海图书馆古籍组的 15 位青年人。培训时间为一年半,师资请顾廷龙、潘景郑、瞿凤起先生和有经验的同事共 9 人担当,课目计 18 讲,其中潘景郑授有 6 讲,我授有 5 讲。当年的教材,合订起来竟然有一大本。

其次，我感觉到自己成长的过程，即过去传统的师傅带徒弟的方法，最得益的就是实践。20世纪60年代初，我跟从顾廷龙先生习版本目录之事，那时每个星期天上午8时半至12时，顾师和我都在上海图书馆的长乐路书库（旧为合众图书馆，1955年易名为上海市历史文献图书馆）的办公室里度过，有不少时光是聆听先生讲过去的事情，如清末民初遗老的掌故，张菊老和叶葵老的旧事，北平沪渎的访书趣事。至于节衣缩食，穷搜坟典，勤俭办馆，更是记忆犹新。那时的我，小青年一个，求知欲极盛，又是"一对一"开小灶，所以听得如痴如醉。我那时已在顾师的指导下，在长乐路书库收集翁方纲题跋手札的资料，做《翁方纲年谱》的准备工作。如今先生墓有宿草，不免颇有山阳邻笛之感。俱往矣，思之痛矣！

周：您跟着这些学者大家在一起，主要做了哪些工作？

沈：那时上海图书馆正在编撰《上海图书馆古籍善本书目》的初稿，我做的是最普通、最基本的工作，那就是根据善本书的卡片，从善本书库里把书调出来，潘景郑、瞿凤起两位先生就根据书来核对卡片，看看原来的著录对不对，然后再用毛笔修正在卡片上。顾先生对我说：你要看原来的著录和现在的修正，尤其是版本项的认定，为什么要这么修正。所谓版本版本，就是多看而已，就像北京的琉璃厂、上海的旧书店，那些过去的小伙计，为什么会成为眼光不错的小老板？就是要多看多记。每个时期的刻本都有不同的特点，尤其是字体、纸张，你必须记着它；什么书是很"冷"的、难得的？也就是以稀为贵，你大致上要知道。

所以，潘、瞿两位先生核对后的卡片我几乎也全部核对了一遍。许多年后，在经过思考之后我才发现，这样的实践机会实在是不可多得。它是一种缘分，正是那次编撰《上海图书馆古籍善本书目》初稿的机缘，才让我将当时上海图书馆所藏的一万四千部善本书几乎全部经眼一过，从而打下了较为坚实的版本鉴定的基础；也正是那次的机缘，使我在十多年后参与编纂《中国古籍善本书目》的工作时，不至于迷惘；也正是那次的机缘，使我在二十多年后在美国哈佛大学哈佛燕京图书馆这座殿堂里，能够游刃有余地完成《美国哈佛大学哈佛燕京图书馆中文善本书志》。

周：他们对您要求还挺严格的。

沈：对，顾先生还要求我学写毛笔字，也是为鉴定版本打基础，这种训练是今天的年轻人所没有的。他要求我每天临池一小时，写大楷、小楷。所以我早年临过多种碑和帖，临过很长一段时间的褚遂良、欧阳询的楷书。每临写一个星期，我就将所临的字呈给顾先生看，有时他会告诉我写字的要点。我写字的时候，顾先生有时就在我背后看，有时他兴起时，也会临帖一纸让我看。有一次，我无意中将毛笔字写得很小,他看见了,说这样的小字他也能写,说完他就写了"共产党万岁""毛主席万岁""精品乌龙水",这一张小纸我至今仍保存着。

为什么要学习书法呢?那是要让你体会到,写一个字或是连写几个字,那都是一气呵成的,不会停顿,尤其是行书、草书,脑子里想什么,马上就写出来;临摹出来的字是不灵活、死板的,显得呆滞。版本鉴定中,刻本造假,多是割裂挖改,以残充全,或染色或钤假印等。而抄本、稿本、校本不易看,你要看熟各个重要学者、藏书家等人的字,比如翁方纲的字、黄丕烈的字,看熟他们的用笔,笔势的点捺与转折。所以过去旧书估们也怕抄本、稿本、校本,那是因为将真的看成假的,就会懊恼不已,失去发笔小财的机会;假的看成真的,搞不好会破财。所以,对于搞版本鉴定的专家来说,一部假古籍,总是有破绽,多看多思,慢慢地就辨别出来了。这关键就是多看,多比对,真的假的都要看,还要不断去总结。所以,那时我不仅临帖,还抄过小本的书,不仅在善本书上钤馆藏印,也写过馆藏名人手札的书签等。

周: 我想这样的训练,对您个人的学术成长确实是大有助益的。

沈: 可以这么说吧。顾先生在79岁时曾写过一篇《跋映庵自记年历》,跋中谈到当年训练我和吴织写字事。有云:"一九五八年,四馆合并,设善本组,仅瞿凤起、潘景郑两君,年逾五旬,领导上考虑培养青年接班问题,因调沈津、吴织两年轻同志来组。余意从事古籍善本,必须能作毛笔小楷,因经常以小册分两同志抄写,此册其一也。今检阅及之,忽忽二十四年矣,补记数语,以告我后来青年同志。前三页沈津写,后九页吴织写。"[5]970

我在早年为了解《四库全书》的编纂,曾专门读了一遍《于文襄公手札》,那是一册石印本。于敏中是当时参与编纂《四库全书》的重要官员,手札都是行书,我不仅读了,还将之全部抄录了下来。这是我抄的第一本书,也是一种认字的训练。

对于认字,我还有一些体会,不妨说来供大家参考。不能单纯地为"认字"而"认字",须带有研究性的眼光,在一个课题中"认字"。1961年,顾先生对我说:"你每天都和古籍版本接触,这可以在工作中提高你的业务能力,但是你应该做一个题目,以后还应该做些研究,不能把自己框在一个圈子里。"顾先生要我做的题目是《翁方纲年谱》,并辑录翁氏的题跋和手札。翁是乾嘉年间非常重要的学者,著作等身,他的文集、诗集以及散存各处的题跋、序文、笔记、提要、手札等都较明清两代任何一位学者为多,所以,翁的一生和贡献都很值得研究。我做的这个题目,既"认字"了,也产出了新的成果。

周：我现在也在协助美国华盛顿大学东亚图书馆整理古籍，我也体会到"认字"——辨识古籍上题写的文字是整理工作的前提，您以前是怎么跨过"认字"这个门槛的呢？

沈：后来我就利用业余时间开始抄录各种影印本、石印本碑帖中的翁跋，继而扩展到拓本，包括宋拓本、明拓本，以及各种尺牍、佚文等，只要看见就抄。但是最难抄录的却是台北文海出版社影印的翁方纲手稿本——《复初斋文稿》二十卷、《诗稿》六十七卷、《笔记稿》十五卷、《札记稿》不分卷。多年来，这部台北珍藏的善本因为原稿字小且密，又多行草，不易辨认，故从中探索者多望而却步，而整理引用者鲜见其有。所以，我在阅读并做抄录时，耗在辨字读句上的时间实在是很多的。后来我辑的《翁方纲题跋手札集录》收翁跋1300多篇，较之《复初斋题跋》多出900余篇，而许多佚文都是录自文海出版社影印的手稿本。我以为这次"认字"的成果，在于这是已刊行的翁氏著作之外的最重要的一次辑佚，也是翁氏题跋之集大成者。

这几十年来，我曾见过不少明清以来的学者书札、题跋，但识认柳亚子的字，却是非常不易。因为柳亚子的字是"天书"——柳先生的字极为潦草，不要说一般人认不得柳字，就是柳自己也不见得认识。柳曾说："讲到我的字，那真是糟糕，从小就以恶书劣字出名的。""我的脾气太急，写字像冲锋一般，喜欢赤膊上阵，杀了一下，胜败不问，也就完蛋，管它写得像样不像样呢。有人说我的字是新柳字，又说有些像龚定庵。照我自己看来，只是扶乩和画符罢了。"[6]他还常说他写字的毛病就是太快，太随便，倘若把字一个一个地剪碎了，连他自己也会不认得，这如何要得呢？所以说，柳的字突破了书法的藩篱而卓然一格。

1981年，我将上海图书馆所藏的柳亚子藏书中的柳跋全数做了整理。我主要是抄录柳的书跋，我没想到的是，柳字是那么难认，我要猜上下文意，要去想，那可真是辛苦。我总共辑得270多篇柳跋，7万余字。我的体会是，那就是在前进的道路上，要做点有难度的事，逼着自己向前。什么事都顺顺当当的，进步亦不快，体会也不深刻。所以"认字"这种"作业"，是忘却不了的经验，那是别的书本上看不来的。这对我来说，在版本鉴定上，尤其是在稿本、抄本、批校本，以及各种题跋、题识字体及真伪的辨别上，都打下了坚实的基础。

周：总体看，您似乎很自然地就被导引到了版本目录学的领域，有没有走弯路的时候？

沈：我年轻时也走过一些弯路，业余时间也打过乒乓球，已经"混"到了上海市黄浦区队，但晚上时时要训练，要参加比赛，搞得很疲劳。顾先生就跟我说：

"你不要去参加训练了,这种训练对你来说没什么意义,你打得再好,顶多进上海市队,那里强手如林,你打不过人家,但是搞目录版本学的又有多少人?"顾先生说的是对的,那时黄浦区队有个小家伙,每晚都来参加训练,有一次教练丁冠玉(国家裁判)叫我和小家伙对打,我根本就不是小家伙的对手,差得远了。几年后,我才知道,小家伙后来去了北京八一队,再后来国家队,一直打到世界冠军,他就是李振恃。顾先生说了没多久,我就放弃了乒乓球的训练。

20世纪60年代初,我喜欢看长篇小说,那时候的小说有《青春之歌》《红日》《苦菜花》,各种各样的我都看,看得也快。顾先生知道后,对我说:你不能这样,将来这些小说拍成电影,你只要花一个半小时就能看完一部,现在你把时间用在看小说上面,太浪费时间了。我一听,马上停,及时刹车是对的。所以说"师父领进门,修行在个人",有严师的督促,我才有进步的可能。

周:这么说来,顾廷龙先生等前辈师长对您的个人影响非常大。

沈:是的。我看过一篇报道,说中国培养外交人才就是手工作坊式的,也是师傅带徒弟,碰上一个好师傅,进步就很快。徒弟要是很有悟性,进步更快。如果碰上一般的师傅,进步不大,人才的培养和成长就很缓慢。而且根据中国的外交情况来看,真正经历过"大外交"的人不多。如果希望21世纪中国外交事业上升,那关键就是人从什么地方培养,靠什么培养。要靠实践,也要靠学校里讲课的案例,没有外交案例,人才培养太慢。古籍整理和版本鉴定也是如此,要靠实践,也要靠导师讲课的案例。

实际上,一个人从小学到高中,再从大学到研究生毕业,这十多年或近二十年,都是在不同的老师的教导下成长起来的,知识面逐步从广博而到专题的研究,而真正对你有影响的导师可能就是你在读研究生时期,也就是一至数位导师,这或许是你在专业上逐步打基础的时期。在你走上工作岗位后,面对你的可能就是独当一面的操作。然而在版本目录学这个领域,你或许只有皮毛般的知识,因为在大学时期,实践的机会少得可怜,你必须在图书馆的古籍版本这样一个书海里游弋个一二十年,付诸大量的实践,方可获得这方面的真知。

导师的重要,就在于他告诉你的有很多是书本上没有的东西,是他过去的实践,以及长期积累的经验,尤其是他们晚年所说的,多是早年见过的东西。老话说"棋高一着""姜是老的辣"。1982年冬,我和几位同事为《中国古籍善本书目·史部》中的一些有必要看书才能解决的事,随侍冀淑英先生去山东济南。在山东博物馆看书时,有一部书原定"宋本",我看后觉得似乎没问题,但谨慎起见,又拿给冀先生看,请她定夺。她翻了下说:"你再看看。"就这四个字,其他就没再说什么。我再定睛细看，真看出了问题，字体、纸张、韵味都到不了宋代，后来就改为"明初刻本"了。

周：确实是"行家一出手，就知有没有"。有时来自前辈学者的一点点拨，就能让人豁然开朗。

沈：目前，国内有几所大学设有"图书情报学系"，有的也设有"古籍研究所"，现在也有你们的"古籍保护研究院"等，但培养的人才与图书馆通过实践培养人才还是有些不同。顾廷龙先生在1988年3月18日给我的一封信中专门谈到了此事，他写道："我从天津开会归后，即承任继愈馆长由冀大姐陪同降舍，谈培养问题。任公即言要像对你培养这样来培养点研究古籍人才。你与吴织同志实皆自学成才，我何敢贪天之功以为己力？你信中亦以你的成绩与我联系，增我汗颜。与任公谈话中，他感到我们不能'礼失而求诸野'。闲谈之后，我颇兴奋，就再写了一封信给他，补充了一些事。回忆当年上级领导的支持，可以说十分信任的，我亦比较大胆。现在自顾年迈废学，又不适应于新环境，但是总感到古籍不能任其散亡，古籍数量上是不会大发展，而古籍整理工作是要大大发展。古籍工作者要大大培养，真不能'礼失而求诸野'啊！人皆不体会我们的工作与古籍研究所和图书馆学系的大不相同，是将望你们继而为之。"可见当年两位中国图书馆学界的大佬对培养图书馆内的古籍版本目录学的人才是非常关心的，这些也都在他们的考虑之中。

现在你去问一些单位的版本鉴定专家，当年有无这方面的师承？我相信，很少有人会说指导自己研习版本目录的导师是谁，他们最多告诉你他们在大学里的专业及导师。但是他们多通过在图书馆工作及自身的努力，而获得这方面的知识。还有一种是虽无师承，也不在图书馆里工作，但自己相当努力，完全是在实践中去获得真知的，像王贵忱、黄永年、黄裳、韦力、王德等都是。

周：那现在如果不能像您有这样好的师承学缘关系，青年学者还能成为高级的版本鉴定人才吗？

沈：我以为在古籍版本的专业领域里，有三种人可以成才：一是大图书馆里的专业人员，二是私人藏书家，三是书店（包括拍卖行）里的从业人员。三者之中，大馆中成才的条件是后两者所难以达到的，那是因为省、市一级的公共图书馆里的古籍资源丰厚，宋元秘籍、明清雕本、名稿精抄，应有尽有，那是几代人为之搜集而成规模的。在图书馆古籍部、特藏部或历史文献部的工作人员，由于自身的努力，近水楼台先得月，又时时请教有经验的前辈，勤看多查，以增加实践经验并积累知识。即使是生手，经过二三十年的训练，也可能会成为专家。

前些年,某出版社出了一套"中国版本文化丛书",一整套十来本,什么宋刻本、元刻本、明刻本、清刻本等,其中有几本内容有一定重复,质量欠佳。但是有一本《佛经版本》非常有意思,一般人不大会去看,那是李际宁写的。李际宁在中国国家图书馆善本部工作,他对那些佛经,尤其是对敦煌写经、佛经大藏,以及一些单刻佛经版本都做了非常深的研究。过去研究中国佛教史的几位权威,包括一些大和尚,他们都有著作,里面也都涉及佛经的一些版本,大量地征引文献资料,但他们并不一定能够看到实物。而李际宁却把在日本寺院、内阁文库、静嘉堂、京都国立博物馆、京都大学,包括在一些私人收藏家手里所看到的各种佛经版本,尽可能地用手里省下来的钱,去复印并拍摄了不少重要的国内没有入藏的佛经版本,把过去的历史文献和现在的实物全部结合起来进行比勘、研究,所以他写的较别的学者透彻。因为他比别人看得多,再加上勤奋,所以他写他所知,并能说出个"所以然",而难就难在"所以然"上,所以一整套的丛书,我最为看重的就是这一本。

民间藏书家在工作之余,玩玩古籍善本和一些有特色的古籍,也很有意思。这类藏家人不多,他们对古籍的鉴定能力大多是靠自己的刻苦钻研而得来,虽然没有师承,但他们会时时请教前辈和同行,尽可能地避免识错。同时,他们又有较雄厚的经济实力予以支持,再加上眼光和魄力,他们肯花较多的钱买自己想买的书。我有一位朋友,凡古籍版本的拍卖会,他必会参与,白天看书做笔记,晚上则细查。哪天不摸书,吃饭都不香,真是"迷"了。有的藏家甚至还能在自家的藏品中选一些做研究,并有研究成果出版,这就比一般的玩家高一个层次了。他们肯花大量的时间扑在上面,从不吝啬。我以为,这种藏家和作为投资而短暂收藏者不一样,他们在很大程度上有一种很强的自我迫切感,所以这种实践最能加快人的成才,而且他们的鉴定能力绝不亚于公共图书馆古籍部门的专业人员,这种能力也绝非十年内能够达成,因为这是知识和实践,再加上时间的不断积累,可以想象,这种藏家再过一二十年,或许就是这个领域中几位领军人物中的一个了。

周:好像韦力先生就是您说的这种类型。

沈:韦力是国内最为重要的藏书家,也是藏书界中的代表人物,他的收藏不仅仅是数量大,质量之好也使我惊讶不已。我看过许多家图书馆的善本书库,美国的国会图书馆、重要的东亚图书馆,国内包括国家图书馆、上海图书馆及不少省市级公共图书馆、大学图书馆,还有我国香港、台北、澳门的图书馆善本书库,我都曾涉足。但在韦力的芷兰斋,却是芸帙盈屋,雅静整洁,佳本不乏,人之让我油然产生一种错觉,真似刘姥姥进大观园般。他知道我对他的那些宋元佳椠、明清精本都不感兴趣,所以他拿的都是名家抄校稿本,看了十余种。还有潘景郑师送给郑逸梅的清中期吴中学者、藏书家的手札十数通,每人都有潘先生写的词一首,写得满满当当。还有几种"奇怪"之书,是我从事版本目录五十多年来从未想到过的"怪书"。后来在夜晚的饭局上,我说我过去写的有关版本的文章,看来有些内容要改写。韦力的鉴定能力很强,这是他多年来实践所致。我曾对有些朋友说:"再过二十年,重新看韦力。"

王贵忱先生也是一例。他是文献学家、版本学家,岭南地区的大佬,藏书亦不少,和我是忘年之交。他的书法有唐人写经味道,耐看。有一年,他曾给我写过一副联句,精妙至极。贵老亦是博通古今、谦虚谨慎的长者,92岁的人了,思考仍很缜密,对古籍版本之鉴定能力也极强,与他交往,得益颇多。有一次,他坚持要来中山大学图书馆看我,我怎么挡驾也挡不住,情急之下,只好请同事取书一种,暇时请他审定。那是一部有书价钤印的书,是《宋李忠定公全集》四卷、《奏议》十五卷、《文集》二十九卷(宋李纲撰,明左光先选,李春熙辑)。明末刻本。扉页上钤"秘府奇书定价壹两"印。贵老坐下寒暄不久,我即说:"请您看看好玩的书。"谁知他取书手上,打开扉页一秒钟,即脱口而出:"这是一部明末刻本。"我赞叹老先生的敏捷,那本书确是明末刻本,扉页上的文字是蓝印的,内容涉及书的广告词、出版者、出版地,另有一方明末木质方形书价钤记,很稀见。能在一秒钟内说出一书之版本,是因为能辨识那时古籍的独特"气息"。那可不是数年之功可达成的,如今国内能有此功力水准者,已不多见。那天,老先生也带了几种书让我欣赏,我们谈了不少。

周:他们都有一个共同的特点,就是经眼的古书多。

沈:是。书店(包括拍卖行)里的从业人员,也有一些人的鉴定能力很强。早年在旧书店里做伙计出身的小老板很多,他们大多文化程度不高,有的仅读过小学、初中,但靠自己做伙计时的努力,勤记、细听、腿勤、动脑子,就是翻书都长一个心眼儿。当时也有一些老板不大讲鉴定的窍门,就怕他们"偷师"。所以不少小伙计对于某书之优劣、版本之异同等知识,更多的是从去店里买书的学者那儿(或去学者家送书)学到的,有的是通过同行的交流获得的。因为那是他们将来吃饭的本钱,也就特别用心。

过去北京琉璃厂的通学斋主人孙殿起,是位很有心的人。他在贩书的同时,又将经眼的书做了很详细的记录,结果编成了《贩书偶记》《贩书偶记续编》。他有一篇《贩书传薪记》,记载了当年琉璃厂各书肆从业人员的传承。他说:"贩书事虽微细,但亦非如他项商业,将所售物品预备整齐,以供出售,即谓毕其事。盖书籍与字画文玩,历史悠久,每件物品,各有其供应价值与方向,又不仅善于应对顾客也。例如供应一书,书中内容,需要明了,书之版本优劣,亦须清楚,要在平日多看版本,多听内行人讲说书之内容,多向顾客虚心领教,积年累月,经验多,始有判断能力,此非一朝一夕可以骤至,需赖业师指授,方能胜任也。"[7]在北京的旧书业,就是靠师傅带徒弟的方式,一代一代地传承,这在《贩书传薪记》中可以看得很清楚。

书估也有他们的历史,从挑担的小贩到有自己的门面,从拜师做徒弟到自己做老板,店铺或许也是从摆摊到有小门面再到大开间甚或在外埠有分店。总之,由小变大,由伙计熬成掌眼,到手下有助手若干,也是一段艰辛的历程。这种历程就是实践。书林中有才能的人不少,我过去读郑振铎1951年9月26日致徐森玉函,说:"郭墨林及郭石麒在沪均甚窘,此二人皆不可多得之人才,先生深知之,不知有办法延揽之否?"二郭都是贩书经验十分丰富的能人。

周:传统意义上的"书估"现在很少了吧?我们的社会已发生了很大的变化。现在古籍拍卖公司是不是也出现了一些版本鉴定人才?

沈:如今时代不同了,没有过去的土壤、温床了,从业者不仅是收得的古籍数量极其有限,加上物品的转换,又乏高手指导,所以成才更难。这只要看拍卖行的图录及某些拍卖公司拍卖大宗藏书前没有自信,而只能以某种手段邀得图书馆专家介入(这种鉴定实质上是为拍卖公司站台、背书,即商业上的"托儿"行为),即可见一斑。至于有些古籍图录中的手札等物,多真赝参差,鱼目混珠,真叫人看不懂。

但亦有极特别者。记得有一年,我曾在上海某大酒店里观看北京某拍卖公司的一场拍卖预展,同时亦见到了公司的负责人之一,我们就善本书事聊了起来。我说,贵公司为什么只做字画、钱币、邮票和其他文物,却不做古籍善本呢?他说,没有这方面的专家,懂行的很难物色到,而且货源也不容易去找,所以条件不成熟,也就以后再说了。由此,又谈起了人才的培养和有关的出版物。我说,现在有些善本图录印制、装潢都好,但无专业人员把关,所以错误总是存在。我举的例子是《浙江图书馆馆藏珍品图录》,第一种版本即错,上海图书馆的《馆藏精选》第一种宋本书影却是抄配的一页。我说,我忘记那部宋本的书名了。谁知某先生马上说,那部书的书名是《春秋经传集解》。这使我为之一惊。我以为如不是细读《馆藏精选》且有心得者,绝不能即刻说出书中所摄某书之书名的,某先生绝非一般人物。

我这个人有好奇心,当晚我即打电话给北京的朋友,询问某先生的底细。朋友告诉我,此公也是一位藏书家,较低调,有实力,收藏品不多,但质量高,每遇一善本,即细查各种参考书、工具书。在台北时,为了一书之版本,他还会跑去核查其他善本书,非要弄个明白不可。原来,某先生真是在古籍善本上下功夫的人。

周:可以看出,在您眼里,版本鉴定人才的实践经验非常重要。

沈:确乎如此。记得1992年4月底,我应哈佛大学哈佛燕京学社之聘,任访问学者。那次是我在美国波士顿第一次买房,房地产的中间人告诉我说:买房的要点,第一是location(地点),第二也是location,第三还是location。所以,对于培养古籍版本鉴定的人才,我以为那就是第一是实践,第二也是实践,第三还是实践。也只有实践方能出真知。总之,要想成才,必须有高手指导,积之有年,有大量的实践方可。

有一位在国学上很有造诣的学者叫南怀瑾,他曾说:"技在手,能在身,思在脑,从容过生活。"学习版本鉴定,并无捷径,非经岁月浸淫不能成器。你想急于求成,恐怕不能达你所望。潘景郑先生和韦力兄一样,他们收藏的每一部书都是他们所经手的,都要经过认真查核,翻看大量的参考书及各家书目,这都是付出学费的一部分。

我以为培养图书馆里的版本目录专才,也应该放到大环境里去培养训练。要想大量地经眼古籍善本,只有一个前提,即有一个大型计划(或是说目标、工程)的实施,如编辑一部馆藏善本书目,编一部专题目录或大型图录。书店从业人员能大量看到各类图书,那是他的职业,是由他的饭碗所决定的。图书馆做事不能从卡片到卡片,或是通过计算机检索,只相信编目人员的输入,而也要讲实例,有系统地去讲、去实践。

周:我们知道在您的学术经历中,非常得益于参与《中国古籍善本书目》的编制,这也是一个"大实践",是吧?除了"大实践",日常工作中的"实践"还需要注意哪些方面?

沈:是的。上个世纪的70年代末,周恩来总理指示"要尽快地把中国古籍善本书目编出来"。这之后,全国图书馆界都行动起来,投入这一大工程中去了。那时许多图书馆专业人员不足,需要培养。《中国古籍善本书目》主编顾廷龙先生在一篇《中国图书事业的一项伟大成就——〈中国古籍善本书目〉追记》中写道:"当时的情况不像现在,古籍编目人员十分缺乏,水准参差不齐,工具书不足。例如,苏州的西园藏经楼有大量的佛经,苏州市派出了三个不懂版本的同志前去做著录、鉴定工作。他们认真学习、刻苦钻研,渐渐从不懂怎么做,到比较懂了。东北三省整理鉴定古籍的人员原来就不多,绝大多数图书馆都没有专业干部,或者有,但却已改行离开。因此,要做好善本总目编辑工作必须充实专业队伍。在有关领导的支持下,专业队伍扩大并组织起来。以辽宁省为例,原来专业人员不过六七个人,渐渐地超过了四十个人,是过去的七倍。其中辽宁省馆原有古籍线装专业人员四人,后来有十二人,旅大市馆过去只有三人,后配备八人,其他图书馆过去一般都没有专业人员,现在凡是有古籍善本书或线装书的图书馆都配备一至四五人。吉林、黑龙江两省情况也大体如此。并在哈尔滨办东北地区古籍善本学习班。一次学习班有学员五十余人,都是东北三省的省、市、地和部分大学图书馆的在职专业人员。北京图书馆的冀淑英、中国书店的张宗绪、吉林大学的罗继祖等五位同志讲授版本、目录、工具书使用、校勘、辨伪、印章等方面的知识,并印发了有关的工具书。经过半个月的紧张学习,每个学员都感到收获很大。"[8]

当然,除了参加全国性项目的"大实践",还需要一些"日常实践"。所谓"日常实践",就是在日常工作中要多接触古书,实际上你什么版本都要看,善本书、普通古籍,只要有机会都要看,不要以为光看善本就可以什么都知道。其实普通古籍里有许多书是你必须去了解的。就从版本来说,清代乾隆以后的嘉庆、道光、咸丰、同治、光绪、宣统,刻本多多,还有民国时期的刻本,至于那段时间里的活字本、版画、套印本、抄本、稿本等等,又不知多少,而有价值的文献,还须更进一步地去发现、去利用。

在一些大馆里,有些不错的善本书也会流落在普通本书库里呢,我过去在上海图书馆普通古籍书库里发现《四库全书总目提要》残稿二十四册,在美国哈佛燕京图书馆地下室的普通本书库挑出如清何绍基批本《复初斋文集》等善本二十余部。除在美国国会图书馆的普本书库里挑选出七八百部善本外,我还在他们存放了数十年的未编古籍中编了二百来种善本书。而你如果要做题目,要写一篇善本书志,也一定要到普通古籍中去查找对你有用的资料。有些图书馆的设置很好,比如古籍部,馆方把善本、普通古籍分开置放在不同的房间,或距离不远,那查普通古籍中的资料就方便很多。个别大馆资源丰富,善本、普通古籍分处两地,路上都要费去一些时间。

在图书馆,"日常实践"还主要表现在为古籍图书编目。这个编目过程,就涵盖了每一种书的书名、卷数、作者、版本、册数,也就是说你要去核其目录、读其序跋、识其装帧、验其纸张、辨其钤印,去核查残缺还是全帙,甚或抄本之新旧、稿本之真伪。至于查证前人书目之著录、翻阅学者之研究成果,以及各种工具书、参考书,你都要花时间去细查。每天编一种乃至数种,而且都是不一样的书,持之以恒，累积数年，我相信你的鉴定能力一定会大有提高。如果在编目实践中，你能提出问题，或者指证前人之著录错误，那就说明你有进步。

除了这种实践，还必须去做一个大题目、若干个小题目，这不仅是做研究，而且也是锻炼你的写作能力，以及熟悉大量的工具书、参考书，要掌握查书的技巧。

周：您说的非常有指导意义。除了多实践，一些良好的个人学习和工作方法是不是也很必要？比如王重民先生、赵万里先生在看善本书时，都做了大量的提要、笔记。

沈：对，要多做笔记。我有时候特别看重的是什么呢？说出来或许大家不相信，我特别在意的就是冀淑英（《中国古籍善本书目》副主编）的那些小笔记本。冀大姐是位了不起的人物，她是真正的版本目录学家，性格耿直，工作认真负责。那个时候我们都在为《中国古籍善本书目·史部》的复审工作而集中在上海，有好几年我们都在一个办公室里，办公室里还有顾师廷龙先生（主编）、潘天祯先生（副主编）、潘景郑先生（顾问）、沈燮元先生、任光亮先生。我就看到冀大姐一直在记，她把她翻阅卡片时发现的问题都写在她那个小本子里，都是工工整整的字，她的字从来都不潦草。她记有她的道理，这些问题零零散散的你看不出来，但经过她的整理，和过去的想法拼起来以后，就可以成为一条链子，就可以看出个所以然来。所以这些小本子非常重要。两年前，我去过一次北京，在国图的一位朋友处，又见到了冀大姐的不少小本本。

有人或许会说，这种笔记本算什么呀？实际上学者在其治学道路上，大都有自己的读书学习笔记，随时随地将自己读书所得的重要段落甚或是有所感的心得，录于小本或纸片。所以学者们为了做研究，搜寻材料，有所思考及记录，多是利用纸笔，勤奋动手动脑。我们说几种很重要的书吧，你看宋代王应麟的《困学纪闻》、明代胡应麟的《少室山房笔丛》、清代钱大昕的《十驾斋养新录》、民国间胡适《藏晖室札记》等都是笔记类型的典范，于后人治学多有裨益。

顾老也曾告诉我，一定要勤做笔记。我在他身旁工作了整整三十年，就看到他时时从自己口袋里掏出小笔记本来记什么。在20世纪70年代中，我随侍顾老去杭州的浙江图书馆、宁波的天一阁看书，70年代末去四川成都杜甫草堂、三苏纪念馆，以及在乐山大佛寺讲课，他都有小本子随身。2002年，我在做《顾廷龙年谱》，搜集了大量的资料。那时，我在北京北苑、上海淮海中路先生的住宅里，也看到了数十册小笔记本，那熟悉的笔迹，又一次引发了我的感慨。我在顾诵芬院士（顾老的儿子）的帮助下，复印了我需要的许多材料。《顾廷龙年谱》中的大量材料都是第一手的，包括日记、信件、档案，而小本子里的随手所记，也正是其他地方或书本上所没有的内容。它也是顾先生平时将他所看到的书或他有兴趣的东西做一记录，以做"备忘"，有的就写有年月日，而这正是我最需要的。

顾先生曾写有一篇《读书要勤作笔记》，说道："古人读书作笔记，以免过后遗忘。这类著作，在古籍书目编在子部。宋代以来，名著甚多，明清尤盛。近人所著亦多精粲。如宋代王应麟的《困学纪闻》，明代胡应麟的《少室山房笔丛》，清代顾炎武的《日知录》，钱大昕的《十驾斋养新录》，王念孙的《读书杂志》，洪颐煊的《读书丛录》，宋翔凤的《过庭录》，吴承志的《横阳札记》。近人如胡适的《藏晖室札记》，顾颉刚的《读书笔记》等。笔记中往往记下自己的读书体会，有时也涉及书本以外的所见所闻。古人说：'日知其所亡，月无忘其所能。'顾炎武的书名，殆即此意。我很羡慕他们的勤勉。我虽亦作过一点笔记，但作辍无常，这是一大毛病。友人杨宽在四十年代曾劝我写笔记，岁月久长，必有可观。可惜我无长性，未能实践，断断续续，悔已莫及！但翻翻几十年前所记点滴，如逢久别之老友，平添兴会。翻阅旧录，有时颇觉新鲜。"[5]877 我做笔记有一个毛病，就是摘录原文，往往不校，但到引用时，发现有笔误，有脱字，又失记出处，殊深遗憾！我在此说一声，以告同好，免蹈我的覆辙。

周：做笔记的重要性我很认同，章学诚在《文史通义》中说："札记之功，必不可少；如不札记，则无穷妙绪，皆如雨珠落大海矣。"

沈：我不知道你有没有读过顾颉刚先生的《顾颉刚读书笔记》，那套书我是在香港中文大学图书馆工作时读到的，二十多年前的事了。记得新书还未编目，我就迫不及待地翻阅，每册都夹了不少小条，后来我找了个机会，将我感兴趣的内容全部复印了下来。颉刚先生几十年来所存的笔记共积累了近两百册，计三四百万言，他以为要注意零碎资料与系统之知识，他说："凡是人的知识和心得，总是零碎的。必须把许多人的知识和心得合起来，方可认识它的全体。笔记者，个人至琐碎之记录也，然以其皆真实不虚，故其用至广。以小说史言之，有俞樾之《小浮梅闲话》等，于是有鲁迅之《小说旧闻钞》，于是撰小说史者得有基础之材料。以经学言之，有臧琳之《经义杂记》等，于是有蔡启盛之《皇清经解检目》，于是欲综合历代经说求出一结论者得有基础之材料。必有零碎材料于先，进一步加以系统之编排，然后再进一步方可做系统之整理。若大家说我要系统之知识，但不要零碎的材料，是犹欲吃饭而不欲煮米也，乌乎可！"[9]

这些年，我曾时常翻阅旧时笔记，笔记所载多是20世纪60年代初到80年代末所见善本图书的记录，尤其以1978年至1985年者为多，盖其时参与《中国古籍善本书目》编委会的初审、复审、定稿时所记。其中有些记录是在审校善本图书以卡片核书时所发现的问题,有的是根据复印件或照片做出判断的不同版本特征,有的是请教顾师廷龙、潘师景郑、冀淑英等先生后所得。当时随手做的记录中,涉及书估作伪、著录错误、著录不妥的较多,这在今天看来,或许对有些研习版本鉴定者或图书馆专业人员有些借鉴作用。反之,如若当年不及时记录,那也就烟消云散,记忆不再了。

我们还可以举陈乃乾的例子。民初,陈先生在上海十多年,江南各大收藏家如黄彭年、沈德寿、莫友芝、缪荃孙的藏书散出,陈都经手其事,对所有古籍虽经眼但未曾记录。陈后来说可惜都已云烟过眼,只能用"叹憾"来表达了。直到1930年,吴引孙的测海楼藏书为书贾王富晋所得,陈又有机会全部经眼,为免后日之追悔,这一次他详记每书之行格、序跋、版本、钤印、价钱、函册等,真是给后人留下了考订之资。所以他在《测海楼旧本书目》序中说:"二十年来,若四明卢氏、独山莫氏、江阴缪氏诸家之藏,先后星散,无一不经吾眼。事后追维,恍同梦影。今于吴氏书,乃得握管而记之,而江南藏书之家已垂垂尽矣,则是编者,亦不过雪泥鸿爪之留而已。"

周:您给我们介绍了这么多有益的经验,我相信当代的青年学人会很受启发。

沈: 对于新手来说,机遇很重要,但选择更重要。不是说"长江后浪推前浪,一代新人换旧人"吗?这当然是亘古不变的自然法则,但是这个法则在很多时候在少数领域又未必有效。很多人都知道,在美国好莱坞,一部商业电影的成功取决于三个要素:名导、名编、明星。中国也是一样。很多人对电影中的名演员可以叫出一大串,此外还产生了什么追星族、粉丝。但是,这个圈子被认为是更新换代速度最快的,你看像电影业的赵丹、白杨还会再出现吗?就像我们这个小小的版本目录学领域里,还会再有徐森玉、顾廷龙、赵万里、冀淑英、潘景郑这样一言九鼎的人物吗?或许要再过十年、二十年。让我们拭目以待吧。

周:请您为正在从事古籍保护的工作者和青年学子提供一些人生建议。

沈: 我以为对于版本鉴定的专业人员来说,在埋头实践的过程中,还要有自甘寂寞、不诱于物的修养,不让外界争名夺利的邪气来干扰自己。如若能做些愚拙的工夫,锲而不舍,积年累月,必有所得。古人云:"聪明睿智,守之以愚。"宋代朱熹也说:"大抵为学,虽有聪明之资,必须做迟钝工夫,始得。既是迟钝之资,却做聪明底样工夫,如何得!"(《朱子语类》卷八)所以只要有恒心,有耐性,是一定有收获的。反之,如若贪求近功,急于求成,则很难取得成就。

一个人的生命有限、眼界有限、知识有限,不管你在学术上有多高的造诣,也必须牢记:纵横苍茫,天外有天,千万不能恣情率性,为所欲为。世界是属于年轻人的,但是年轻人去争夺世界也是需要时间的。培养版本目录学的专门人才,使之后继有人,是一件不易之事。对于图书馆来说,面对深厚的中国传统文化,这些古书资源也必定要有人整理、编目、鉴定、保管,如若无真正懂行之专业人员,那是说不过去的。所以,专业人员要抓住机遇,有所选择,努力学习,不断进步。千万不要想走捷径,更不要去做不道德的剽窃抄袭他人成果之事。

我想用张舜徽的话来做此次谈话的结尾。这是他写的一篇《致友人论图书馆事业在国家建设中的地位和作用》中的一段话:"就主持一个省级的或国家级的大型图书馆的人选来说,非有渊博的学识,卓越的见解,不足以胜任。事实告诉我们:过去老一辈在图书馆事业上做出了成绩的人,如张元济的于东方图书馆,柳诒徵的于盋山图书馆,徐森玉的于北京图书馆,王献唐的于山东图书馆,都以绩学之士,主持其事达几十年之久,在收聚遗籍旧刻,保存文化遗产,做出了不小的贡献。另一方面,他们又通过实际工作,锻炼并培养了一批有用人才,继起为国家服务。因而图书馆中出现不少精通版本、目录的专家。他们是从工作实践中取得的知识,较之一般大学毕业单从书本得来的知识,更为深入而可靠。"[10]

周:今天您的谈话让我们深获教益,非常感谢您接受我们的采访!祝您身体健康,新年愉快!

(沈津,研究馆员,复旦大学中华古籍保护研究院特聘教授)

参考文献:
[1]周景良.丁亥观书杂记:回忆我的父亲周叔弢[M].2版.北京:国家图书馆出版社,2016.
[2]李国庆.弢翁藏书年谱[M].周景良,校定.合肥:黄山书社,2000:226.
[3]沈津.北京图书馆古籍善本概述[G]//沈津.书韵悠悠一脉香:沈津书目文献论集.桂林:广西师范大学出版社,2006:223-238.
[4]乔衍琯.古籍整理自选集[M].台北:文史哲出版社,1999.
[5]顾廷龙.顾廷龙全集:文集卷下[M].上海:上海辞书出版社,2015.
[6]中国国民党革命委员会中央委员会,中国革命博物馆.柳亚子纪念文集[M].北京:中国文史出版社,1987:11.
[7]孙殿起.琉璃厂小志[M].北京:北京古籍出版社,1982:196.
[8]顾廷龙.顾廷龙全集:文集卷上[M].上海:上海辞书出版社,2015:458.
[9]顾颉刚.顾颉刚学术文化随笔[M].北京:中国青年出版社,1998:328.
[10]张舜徽.讱庵学术讲论集[M].长沙:岳麓书社,1992:608-609.

藏书楼文化在中国文化传承中的历史地位
——以天一阁、文澜阁、退园为中心的调查

The Historical Position of Library Culture in Chinese Cultural Heritage: An Investigation Centered on the Tianyi Pavilion, Wenlan Pavilion and Xiayuan Garden

李勇慧　马晓钰

摘　要：中国之所以成为世界四大文明古国中唯一没有中断文明的国度，其重要原因之一在于中国有悠久的藏书文化。其中，藏书楼对保护典籍起到了极为重要的作用。四百多年前创建的宁波天一阁以独特的建筑布局、护书理念，对后世的藏书楼产生了极大影响，以至于皇室藏书楼、私人藏书楼及公共图书馆的建筑形制与命名方式都争相效仿。为更好地总结与借鉴历代先贤保护中华文脉的智慧，本文以天一阁、文澜阁、退园作为私人藏书楼、皇室藏书楼、公共图书馆的代表，从藏书楼命名由来、书楼形制、建筑布局、配套设施、管理制度、收藏特色、保存现状等七个方面，分别论述藏书楼对文化载体的保护和传承意义。

关键词：藏书楼；天一阁；文澜阁；退园；文献保护

利用建筑使文献得到集中保存而不致流散，同时可以避光、防火、防水、防风沙、防虫害，是我国先民保护珍贵典籍的重要手段之一。20世纪30年代，河南安阳小屯村考古发现了我国殷商时期保存甲骨卜辞的窖穴，证明我国先民用合适的建筑来保护文献已有三千多年的历史。汉代建金匮、石室收藏皇家图书档案，《史记·太史公自序》："卒三岁而迁为太史令，绅史记石室金匮之书。"明清两代帝王的档案库"皇史宬"亦仿汉制。私人藏书家利用藏书楼保护文献，以明嘉靖间宁波范氏天一阁最为著名，它以独特的建筑布局、护书理念，对后世的藏书楼产生了极大影响。这些藏书楼中，既有中国历史上著名的皇室藏书楼乾隆"四库

七阁",又有近代公共图书馆山东图书馆"遐园",它们共同形成了藏书楼文化。

一、私人藏书楼的代表——天一阁

天一阁是中国现存最早的私家藏书楼,也是亚洲现存历史最久的图书馆,与意大利马拉特斯塔图书馆、美第奇家族图书馆并称为世界现存最古老的三个家族图书馆。天一阁坐落于今浙江省宁波市内月湖西畔,始建于明嘉靖四十年(1561),建成于明嘉靖四十五年(1566),原为明兵部右侍郎范钦的藏书处。

"天一阁"之命名,取意汉郑玄《易经注》"天一生水,地六成之"。因火灾是藏书楼最大的祸患,而"天一生水",范钦以"天一"两字名阁,取"以水制火"之意。

范钦在设计藏书楼时也独具匠心,藏书楼高下深广及书橱数目尺寸俱含六数,打破了一般建筑物忌用偶数的格局。天一阁主体建筑"宝书楼",设计为硬山顶重楼式砖木结构六开间二层楼房,楼下六间,楼上合而为一大间。这种上一下六的建筑格局,正合"天一生水,地六成之"之意。范钦在建楼之初,从藏书楼的布局、结构到配套设施,皆首先注意藏书楼的防火安全。宝书楼前有"天一池",与东面的月湖相连。水池既可美化环境,又可蓄水防火,如遇意外便能就近引水灭火,目的是保护图书安全。宝书楼全部木质结构封于山墙内,以备火患。东西两山墙采用封火墙(没有门窗、没有可燃建筑构件外露的实体墙),为观音兜样式。天一阁建筑中多有屋顶挑檐,室外过廊,出檐深远,起到对屋内防雨遮阳的作用,有利于通风避光。清康熙四年(1665),范钦曾孙范光文又绕天一池叠砌假山,用山石堆成九狮一象等景点,修亭建桥,种花植草,以"福、禄、寿"作为园林的总体造型,风物清丽,格调高雅,别具江南庭院式园林特色。

天一阁建筑的防火理念,符合现代建筑防火设计规范的要求。第一,生活区与宝书楼进行分隔,保持一定的防火间距。为避免住宅火灾殃及藏书楼,范钦在居住处与宝书楼之间建立了一条1.7米宽的防火隔弄。第二,居住处的门与宝书楼的门不直接相对,两门相错,使相邻的生活区、藏书区形成两个防火分区。第三,在宝书楼及周围环境设置足够的安全出口,用于安全疏散。第四,天一池与月湖相通,池水终年不涸,确保在发生火灾时有足够水源用于灭火。

天一阁长期以来严格执行"烟酒切忌登楼""凡阁厨锁钥,分房掌之。禁以书下阁梯,非各房子孙齐至,不开锁""代不分书,书不出阁"等制度。天一阁1982年入选第二批"全国重点文物保护单位",2007年被国务院公布为首批"全国重点古籍保护单位"。历经四百余年,天一阁现仍藏各类古籍近三十万卷,其中珍善本八万卷。现在,宁波市城市口号"书藏古今"便指天一阁藏书文化,天一阁俨然已经成为宁波市的城市名片。

二、皇室藏书楼的代表——文澜阁

清乾隆三十八年(1773),高宗下诏开馆编纂《四库全书》。乾隆三十九年(1774)上谕:"闻其家藏书处曰天一阁,纯用砖甃,不畏火烛,自前明相传至今,并无损坏,其法甚精……今办《四库全书》,卷帙浩繁,欲仿其藏书之法,以垂久远。"[1]《四库全书》修成后,乾隆又"命取其阁式","就御园中隙地,一仿其制为之,名之曰文源阁"[2]16-17。清代著名学者阮元《宁波范氏天一阁书目序》亦云:"海内藏书之家最久者,今惟宁波范氏天一阁岿然独存。其藏书在阁之上,阁通六间为一,而以书厨间之。其下乃分六间,取'天一生水,地六成之'之义。乾隆间,诏建七阁,参用其式。且多写其书入四库,赐以《图书集成》,亦至显荣矣。"[2]39

"四库七阁"的题名是有特定寓意的,亦是借鉴天一阁"以水制火"命名理念。乾隆将七阁分别命名为"文渊""文源""文津""文溯""文澜""文宗""文汇",皆以"水系"立意。文宗阁相传因建造在镇江金山上,此处面临大江,故不用水旁"淙"。从此,"天一生水"与七阁的命名结下了不解之缘。

文澜阁是"四库七阁"在江南三阁中唯一幸存的一阁,它对天一阁的宝书楼建筑形制有所继承又有所发展。在建筑布局、空间结构及外观立面等方面,文澜阁多因袭"天一生水,地六成之"的设计理念,但在建造时,针对其"对外开放的皇家藏书楼"的自身特点,对"天一阁"式的藏书楼模式进行了一定的变革:文澜阁为重檐歇山式建筑,虽然在外观上仍是两层建筑的形式,但在其内部却是三层设计,这样做既节省建材又扩大藏书空间;"内天井"式的建筑布局使帝王检阅和士子借阅都变得更为方便;宽敞的阁前月台,使皇上御临、举行仪式、读书曝书等活动都可进行得从容不迫。文澜阁在注重防火的同时,也注重防潮。在建筑构造方面,为采光、遮阳与通风,文澜阁与天一阁同样采用屋顶挑檐,且上下两层均设有室外游廊,一层大厅的格扇门后退至金柱之间,因此文澜阁不仅有利于储书,也更方便阅览。在墙体方面,为阻挡潮气的侵袭,文澜阁设计了厚达三尺四寸的山墙,内墙四周还安装了一层护墙板。文澜阁比天一阁更为突出强调"水"的作用,因而水池的范围更加广大,池旁假山的做法也更具匠心。文澜阁建筑整体外部色彩以寒色为主,色彩沉静而无火气,与藏书楼相匹配。总之,文澜阁的革新和发展使古代藏书楼的建筑形式更趋完善[3]。

三、公共图书馆的代表——遐园

遐园是近代中国建馆较早的省级公共图书馆之一,为清宣统元年(1909)山东提学使罗正钧创办山东图书馆时所建,幕僚姚鹏图佐之。遐园坐落在山东省济南市大明湖南岸,旧为济南贡院,墙垣一仍其旧,大门坐西向东。王献唐《一年来本馆工作之回顾》:"本馆创设于清宣统元年,时湖南罗顺循(正钧)先生以提学使兼充本馆提调,关于房屋之建筑、图书之购藏、金石之搜集,悉由罗君主持。其幕客太仓姚柳屏(鹏图)日夜襄理其事,为功尤伟。"[4]19 遐园参照天一阁而建。王献唐1933年编《山东省立图书馆概况》:"楼阁前后,各凿池沼,曲水回绕,殆仿范氏天一阁旧制。"[5]5 全园占地9600平方米,建成后因景致清雅,藏书丰富,在当时颇负盛名,有"南阁(天一阁)北园(遐园)"之誉。

(一)命名由来

罗正钧以《诗经·小雅·白驹》"皎皎白驹,在彼空谷。……毋金玉尔音,而有遐心",将此园命名为"遐园",取"白驹思贤"之意,以别于"贡院"旧称。罗正钧并手书"遐园"二字,刻作石匾,嵌于门楣正中。

(二)书楼形制

遐园主体建筑为海岳楼(图1)。"海岳",意指齐鲁。海岳楼为储藏图书金石书画之所,建筑采用上下两层木结构硬山顶重楼式,计六十间,屋顶挑檐,室外过廊,同样有利于通风避光。

图1 原遐园内建筑,中为海岳楼,左侧为宏雅阁,右侧为虹月轩

木质结构藏书楼不利于防火,1935年,为保证正在积极收购当中的清代四大私人藏书楼之一的聊城杨氏海源阁珍藏将来能得到妥善典藏,重建钢筋混凝土

结构新式藏书楼"奎虚书藏"(图2)。

图2　奎虚书藏

(三)建筑布局

遐园面山(千佛山)背湖(大明湖),是一座典型的园馆结合的庭院式建筑群落。遐园建筑采取中西合璧手法,其山水格局、园林元素以传统中式手法为主,仿天一阁格局建成。遐园主入口大门是欧式半圆券门洞结合中国传统七花山墙的混合做法(图3)。园内花木扶疏,山石嶙峋,亭台巧置,回廊幽径互相映衬,加之宏雅阁、读书堂、明漪舫、浩然亭等建筑均造型巧妙,古朴典雅,被誉为"济南第一标准庭院"。清宣统元年《山东图书馆章程》第二章"建筑地址":"本馆地址在大明湖西南

图3　原遐园入口大门

隅,东西长二十八丈,南北长三十丈,为从前贡院官地七分之一,墙垣一仍其旧。取'白驹思贤'之意,榜曰'遐园',以别于旧称。""本馆背湖面山,颇饶形胜,建筑亦含公园性质,借以怡悦学者心神。正中曰海岳楼,上下六十间,为储藏图书之所。前为宏雅阁十六间,以储藏古物暨教育用品。阁下,中为检发书籍处,左接待之室,右抄书之室。阅书室在阁前,圆周十有五丈,榜以东坡'读书堂'三字。楼之西,建碑龛五间,循廊而南,为金丝榭二十有八间,以储藏古碑石。榭西北曰碧琳琅馆,为装潢书帖之所。迤南曰明漪舫,为阅书游息之地。楼之东曰虹月轩,为事务室。迤东六间,为员司所居,曰提要钩元之室。东北濒湖于土山建浩

然亭,其南建朝爽台,用以眺远。凡南北土石山,周九十有三丈。引湖水自东南入园,迤西而北,绕楼前,傍山东北入于湖,长七十有五丈。凡喷水池一,荷池一,屿一,汧一,桥四,蓄水厨一。"[6]249-250

遐园建有水系,其布局仿天一阁。王献唐 1933 年编《山东省立图书馆概况》:"楼阁前后,各凿池沼,曲水回绕,殆仿范氏天一阁旧制。……叠山周九十三丈,引湖水东南来,而西,而北,而东北,复入于湖,长七十五丈。"[5]5-7

(四)配套设施

海岳楼内以木结构书架存放图书,"石刻嵌置碑龛;铜器、磁器、玉器,别贮海岳楼"[5]11。另建有博物馆,陈列各种标本、理化器械等。

(五)管理制度

宣统元年开馆伊始即订立《山东图书馆章程》《山东图书馆附设金石保存所暂行章程》,分别刊登于《山东官报》第 32 期(1909 年 12 月 13 日)、第 33 期(1909 年 12 月 20 日)。《山东图书馆章程》第五章"藏书章程"规定:"每书一部,于首册封面上盖用'山东图书馆收藏'印记,书内首页上亦应盖用,以昭信守。""购置旧本图籍,如有损坏,即须修补完整,坐办委员随时督饬司书办理。""各书橱内宜用樟脑,作小纸包,分布四角;并宜于夏日多收莲瓣,压平随意夹入书内,借以避蠹。""每日所阅之书,司书员于闭馆后归还原号书橱,由值日书记查点一次,俾无错乱。""本馆收藏图书目录,区别种类并函数、册数及刊行地方、购入价值,皮某厨某号,立专册三分,一存书楼,一存检发厅,一存坐办处委员,以备稽查。""本馆图书均不得携借出外。""书楼不得吃烟,不见灯烛,日入下钥后非有重要事件,员司等不得登楼。""阅览人非经特别许可,不得上书楼参观。""曝书于三伏期内,届时报告,停止阅览。"[6]252-253

(六)收藏特色

遐园藏书略分三大类,与文澜阁、天一阁有所不同。

第一,常见的官刻图书。公共图书馆以服务社会公众为宗旨,所藏多为常见之普通图书,并不与乾隆等皇家收藏、天一阁私人收藏以注重秘本为要相类。《山东图书馆章程》第五章"藏书章程"规定:"本馆收藏书籍,先购各省官书局出版之书,次及家刻坊板之善本,先期普通适用,然后注意于旧本图籍。""西学图籍,先收京外官版译著之本,次收各国国文原本,次收私家译著之载有译著人姓名者,其隐名、陋刻、庸谬、渔利之书,概不收录。"[6]252 故山东图书馆直至成立二十年之后的 1928 年,才因山东省政府划拨日照马惠阶藏书,第一次收藏善本古籍。"十七年春间,马惠阶藏书全部归馆,凡二百八十六种,六千八百七十五册。

其中明刻精本颇夥,且皆整饬阔大;清刻各书,亦都精刻初印;至宋元旧椠,及钞校善本,仅三四十种。以较旧存,自分天壤,是为本馆收藏善本之始"[5]9。

第二,山东地方文献。山东图书馆历来有重视地方文献搜集与整理的传统。《山东图书馆章程》第五章"藏书章程"规定:"山东为古文明地,自两汉迄今,名儒硕彦代有传书。凡山东人著作,搜罗必备,别为一部,以征是邦之文献,其有家传行述者,应令钞列简端,借资稽考。"[6]252 1916年袁绍昂编《山东图书馆书目》,其内专设"山东艺文"类[2]287,受到民国教育部表彰,并通饬其他各省图书馆仿行。

第三,金石器物。1909年山东图书馆成立时附设"山东金石保存所",罗正钧以提学使兼山东图书馆提调,幕客姚鹏图协助将各县之汉魏六朝石刻四十多种及藩库旧存瓷器、铜器一并运馆中保存[7],设碑龛储藏汉魏六朝唐宋石刻,使山东图书馆兼具省博物馆之职责,这在国内公共图书馆中是不多见的。著名的金石器物有商父乙鼎、商五戈足形鼎、商甲骨、周明我鼎、周五敦、秦二世元年诏版等①。王献唐主山东省立图书馆时期(1929—1948),以"海岳楼"为名编辑出版了两个系列丛书,多为其新收金石类山左文献,其中《海岳楼金石丛拓》收入清刘喜海《封泥货币文字》与陈介祺《秦诏量瓦集拓》《十钟山房金文》《二百镜斋镜文》《齐鲁陶文》,《海岳楼金石丛编》收入《两汉印帚》《双行精舍陶骨印存》《汉魏石经残字》《临淄封泥文字》。《浙江图书馆馆刊》1933年第2卷第3期刊文评曰:"国内图书馆以藏书之多言,首推北平之国立北平图书馆;以保存古器物之丰言,殆无出山东省立图书馆之右者(北平古物则别有故宫博物院、历史陈列馆等之搜藏)。故富于历史博物院的性质,实可谓为山东省立图书馆特色之所在。而该馆亦善能利用其优越的历史地理之环境(齐鲁故壤为大圣贤之故乡,又为三代以降古文明之所萃),搜藏发扬,不遗余力。"[8]

(七)保存现状

遐园藏书楼主体建筑海岳楼、宏雅阁在1937年12月底日寇进兵济南时被烧毁,遐园仿天一阁的水系完整保存至今。1939年,日伪政府在海岳楼遗址上建造单层建筑抱璧堂,该建筑现仍完好保存于大明湖南岸遐园之中,是山东省图书馆大明湖分馆主体建筑之一。遐园于1959年划归大明湖公园(山东省图书馆保留抱璧堂),罗正钧手书"遐园"二字原石现存大明湖公园内。抱璧堂与奎虚书藏为1945年抗日战争胜利时划分的全国十六个抗日战争胜利受降地之一。2009年,

---

① 该批器物现在分藏于国家博物馆、山东博物馆。参见山东博物馆《四川运回古物目录》(1950年稿本)。

山东省图书馆大明湖分馆被省政府公布为"山东省重点文物保护单位",也是重要的爱国主义教育基地。2014年,山东省图书馆大明湖分馆建成国学分馆、尼山书院。同年,山东省图书馆被国家古籍保护中心命名为全国第二家"中华优秀传统文化实践基地试点单位"。

四、天一阁、文澜阁、遐园的传承与创新

(一)书楼形制的博采众长

中国古代藏书楼文化在两千多年的历史变迁中,既有一脉相承、互相借鉴之处,又各具特色。天一阁的宝书楼、"四库七阁"中的文澜阁及遐园的海岳楼,在书楼命名上有博采众长之处,它们取名均来源于经典,天一阁、"四库七阁"更是引"以水制火"的动机定名。在书楼形制上,天一阁将藏书楼设计为硬山顶重楼式砖木结构六开间两层楼房,楼下六间,楼上合而为一大间,打破了一般建筑物忌用偶数的格局。文澜阁为重檐歇山式建筑,仿制了天一阁的建筑形制,在外观上仍是两层建筑的形式,但在其内部设计为三层,既增加了实用效率,又扩大了藏书空间。遐园海岳楼为硬山顶重楼式,上下两层木结构计六十间。在古代建筑屋顶样式中,硬山顶普遍存在且更有利于防风火,重檐歇山顶则常见于宫殿、园林及坛庙式建筑中。

(二)建筑布局的异曲同工

在藏书楼的建筑布局上,天一阁、文澜阁、海岳楼均是格调优雅、具有书香氛围的园林式建筑布局,阁外均布有水系,以防火、保护书籍安全为首要考虑因素,利用合理的防火理念,使存藏的典籍保存完好,得以流传。

(三)建筑构造的酌古御今

在藏书楼的建筑构造上注重防火的同时,也注重了防潮工作,天一阁、文澜阁、海岳楼均利用屋顶挑檐、室外过廊的设计,相比不挑檐的现代建筑,更有利于防雨遮阳、通风避光。

(四)管理制度的择善而从

在藏书楼的管理制度上,天一阁、文澜阁、海岳楼均分别制定了符合私人藏书楼、皇室藏书楼、公共图书馆使用特点的管理制度,使图书能够保存长久、流传有序。

五、结语

天一阁、文澜阁、遐园,仰俯皆是建筑与文化相融相生的风景,是中国历代先

贤精心呵护中华文脉的有力见证。藏书楼作为历代先贤保护中华文脉的重要建筑,以其独特的建筑布局、管理制度和护书理念,在传承历史、保护文脉中起到了不容忽视的作用。今天,在重视古籍保护、传承弘扬中华优秀文化遗产之际,中国历代先贤探索的种种保护文献的精神与举措极富借鉴意义,正在被挖掘整理、传承弘扬。

(李勇慧,山东省图书馆二级研究馆员;马晓钰,美术专业古籍保护方向硕士,山东省文物保护修复中心修复工)

参考文献:
[1] 中国第一历史档案馆.纂修四库全书档案:上[M].上海:上海古籍出版社,1997:212.
[2] 李希泌,张椒华.中国古代藏书与近代图书馆史料(春秋至五四前后)[M].北京:中华书局,1982.
[3] 陈慧珉.皇家藏书楼:杭州文澜阁建筑特色浅析[C]//中国文物保护技术协会.中国文物保护技术协会第三次学术年会论文集.北京:紫禁城出版社,2005:57.
[4] 王献唐.一年来本馆工作之回顾[J].山东省立图书馆季刊,1931,1(1).
[5] 山东省立图书馆.山东省立图书馆概况[M].济南:山东省立图书馆,1933.
[6] 山东省立图书馆.山东图书馆章程[G]//文化艺术志资料汇编:第2辑.济南:山东省文化厅《文化艺术志》编辑办公室,1984.
[7] 王献唐.山东三年来文化事业的一部份:考古与存古[J].山东民众教育月刊,1932,3(6).
[8] 国内图书馆刊物提要介绍:山东省立图书馆季刊[J].浙江图书馆馆刊,1933,2(3):134-136.

名家谈古籍

发明于清代的活字泥版和锡活字印书技术略述*

A Brief Description of the Printing Technology of Movable Type Clay Plate and Tin Movable Type in Qing Dynasty

李国庆

摘　要：活字泥版技术和锡活字铸造技术均为我国古代的特殊印刷技术。在古代文献中可以发现对这两种技术的相关记载，并有实物证据留存。通过对文献与实物的分析，可以梳理出两种技术各自的工序。两种技术既有相通之处，又存在着明显的差异。在比较分析两者异同的基础上，可以更为清晰地认识它们的价值与意义。

关键词：活字泥版；锡活字；印刷技术

有清一代，前贤先后发明了活字泥版和锡活字印书技术。其创思之妙、技艺之巧、工价之廉、操作之便、传本之珍，超乎寻常。本文以原始文献和目验传本的再次解读为依据，就两种印书技术的原始文献、方法异同、世传印本，以及其在我国古代印刷史上所占地位等方面进行简要述评。

一、记述两种清代印书技术的原始文献

（一）记载活字泥版印书技术的原始文献

清雍正年间，吕抚创作完成了一部名为《精订纲鉴廿一史通俗衍义》的长篇小说。他想将其刷印行世，但因雕版刷印费用太高，无力为之，只好将书稿搁置，

---

* 本文系国家社会科学基金重大项目"古籍保护学科建设与基础理论研究"（项目编号：19ZDA343）研究成果之一。

时间长达三十年。某日他突发奇想，以旧有的雕刻印版和本地特有的胶泥为主要材料，创造性地发明了一种活字泥版印书技术，并用这种技术成功刷印了自己撰写的《精订纲鉴廿一史通俗衍义》（图1）。吕抚发明的泥版印书技术，就地取材，造价很低。用他的话说，就是"价甚廉而工甚省"。

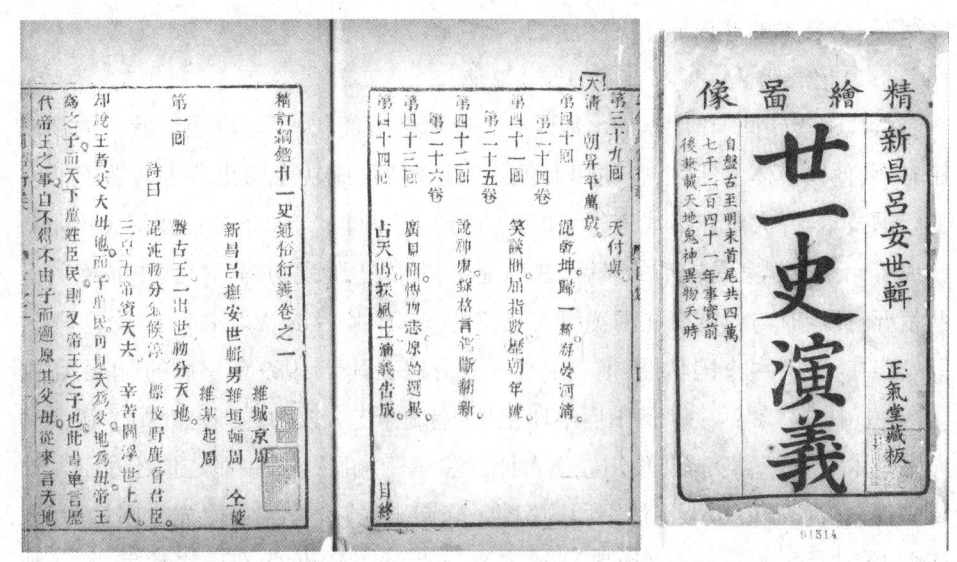

图1 《精订纲鉴廿一史通俗衍义》书影

难能可贵的是，他在书后以图文并茂的形式详细记载了自己发明的"活字泥版"印书技术，名为"印字物件"（图2）。这就为我们今天考察和了解这种印书技术提供了极其珍贵的原始文献。

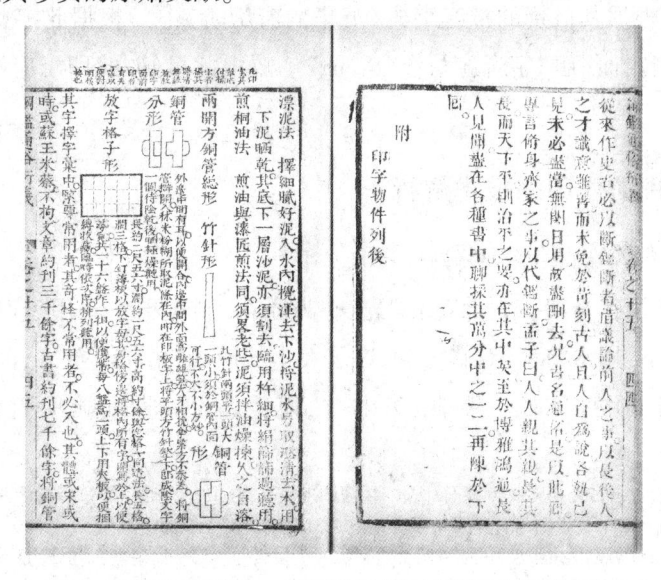

图2 《精订纲鉴廿一史通俗衍义》中所附"印字物件"

因吕抚把上述关于"印字物件"的描述附在了《廿一史通俗衍义》正文的卷二十五之后,且此书流传甚少,故鲜有人读到这篇关于活字泥版印书技术的原始文献。我国著名古籍版本学家、国家图书馆李致忠先生把《廿一史通俗衍义》的印制工艺鉴定为"活字泥版"。白莉蓉在1992年首次披露了有关吕抚发明"活字泥版"印书技术的这篇原始文献[1,2]①。

(二)记载锡活字印书技术的原始文献

清代道光年间,在广东佛山地区有一位邓姓书商,为了印刷当地所需的赌博用彩票,他以单体木活字、金属锡和泥土为原材料,成功发明出一种铸造锡活字的印书技术,并大约在清代道光三十年(1850)至咸丰二年(1852)之间,成功印制完成了元代史学家马端临的名著《文献通考》等书。他发明锡活字印书技术的一些情况,被当时与他有交往的美国人卫三畏(Samuel Wells Williams)记录了下来,并发表在英文版《中国丛报》期刊上[3]。张秀民在其于1989年出版的《中国印刷史》一书中,以"锡活字 佛山唐姓印工"为标题,首次较为详细地介绍了锡活字印书技术[4]725-728。今据艾俊川先生考证,此"唐"姓商人实姓"邓",他还甄别发现了一部久被埋没的邓氏锡活字印刷实物《陈同甫集》[5]。宋平生先生则认为,天津图书馆所藏的"三通"(《通典》《通志》《文献通考》)也为邓氏锡活字所印,他还鉴定发现了清咸丰时期所刻的邓氏锡活字印本《十六国春秋》[6]。

今核卫三畏原文,刻工姓氏实写作"tang",故张秀民等后来的中国学者误以其为"唐"。其实卫氏所用汉语的拼音与今明显不同,亦非西人后来常用之韦氏拼音②,而是根据其自撰的拼音字典《英华韵府历阶》[7]。根据此字典,"tang"应发今"deng"音,而"唐"字音应写作"t'ang"。故由此可知,此印工应姓"邓"而非"唐"。

二、两种清代印书技术解析

(一)活字泥版印书技术解析

第一步,用秫米粉、水、棉花和泥土作为原料,制作出主要用于取字的材料。具体做法如下:用水将秫米粉揉成像梅子大小的面团,再将其放入开水里煮到烂熟,把水倒掉。用小木槌不停地上下杵之,使其成为稀薄面糊,一直打到拉丝不

---

① 多年前,上海古籍出版社向藏有此书的天津图书馆征集《廿一史通俗衍义》时,天津图书馆的白莉蓉研究馆员在统计该书页数时意外地发现了上述有关"印字物件"的文献。

② 韦氏拼音(Wade-Giles Spelling System),又称威氏拼音、威妥玛-翟理斯式拼音,是一种在英文中用罗马字母拼写中文读音的音译系统,由威妥玛(Thomas Wade,1818—1895)创制,翟理斯改良。因其适于欧美发音习惯,得到了广泛使用。直至20世纪七八十年代才逐渐被汉语拼音取代。

断为止;用大梳子做工具梳理弹过的新熟棉花,然后放到稀薄面糊中,搅和均匀;取一块厚板子,在上面先撒上一层干燥的泥土,再铺上掺有均匀搅拌的新熟棉花的稀薄面糊,用斧子持续剁上千百下,目的是把棉花纤维剁碎,达到一定硬度即可,不能松软。这样加工出来的材料,不软不硬,既有合力又有韧劲。

第二步,制作一个两开方铜管,用于取字。制作方法如下:用铜片作为材料,制成有一定长度(约 4 厘米)、内方外长的小铜管。小铜管由左右两个半面组成,可以开合(有咬口,可以扣紧),上下两端开口。打开后装入胶泥,然后合并复原。形成一个外面是铜管、内里充满胶泥、上下两端开口露泥的取字工具。

第三步,向他人借来木刻文字雕版。我们知道,雕版印书的基本工艺是先雕刻木板,再制成雕版,最后用刷子在雕版上面刷墨后覆纸印刷。待一部书稿的印制完成后,这套雕版会被保存起来,以备再用。在文献中,吕抚提到"他人刻就印板",指的就是这些他人束之高阁的木刻雕版。木刻雕版上都是阳文反字。

吕抚从他人手里借来木刻雕版,目的是用两开方铜管把木刻雕版上面的文字逐一套取下来,制成字母(或称"字模""字范"),这些泥活字的字母是阴文正字,成为"活字泥版"的字源。使用两开方铜管,从木刻雕版上套取文字的做法是:手持这个装入了软泥的方形小铜管,把一端放到旧制雕版的一个单体的文字上面,用小竹棍由上到下用力往下挤压,把旧制雕版上的一个文字压实并套取下来。打开方形小长铜管,把一个泥活字取出,晾干,排序,备用。之后把套取下来的字母按照《字汇》①收录文字的顺序分行分格排好,在木格正面写上该字,以便查找和印制。在木格背面写上行格和编码,以便放回原处。

第四步,以胶泥为材料制作泥板。"将油泥打成薄薄方片","以泥片切齐,铺板上"。吕抚用熟桐油与漂洗过的细泥土进行掺和后,用斧杵上下不停地拍打,宁可干燥些也不能湿软,一直打到其极黏腻、拉丝不断为止。然后将这些用油和泥加工成的材料打成薄薄的方形泥片。把泥片切齐后,将其放到刷上了薄油的木板上面,加工成没有文字的一块泥板。

"撮字母,以书样,逐字印之"是制作活字泥版的重要环节。有了字母,有了泥板,接下来就可以制作活字泥版了。按照《廿一史通俗衍义》正文书写的文字顺序,根据设计好的版式行格,提取需要的单体字母,在泥板画好的格式上面逐字压印。"每印一行,用刻字小刀割清一行,待坚燥讫,用沙纸沙平刷印",即完成一行,用工具清理干净一行,直至完成整块泥板的挤压印。这个持字母挤压印的

---

① 《字汇》为明代梅膺祚编。明代至清初最为通行之字典,收字 33179 个。每部中的字按笔画多少顺序排列,少者居前,多者居后。《字汇》首创按笔画多寡排列部首和单字,便于检索。

环节是实现以两开方铜管为工具,把雕版上的文字搬运到泥板上的环节。也就是说,把没有文字的"泥板",变成了可以印刷的有阳文反字的"泥版"。制成的泥版"坚于梨枣",即比雕版使用的梨枣木板还坚硬。

第五步,在泥版上印书。等压有文字的泥版干燥坚硬后,再用砂纸把泥版磨平,就可以用刷子刷墨覆纸印书了。

以上五个步骤可以概括为:阳文反字的木刻雕版→阴文正字的字母→阳文反字的泥版→在泥版上印书。

(二)锡活字印书技术解析

第一步,雕刻单体木活字。选用尺寸相同的木条,在其一端的顶部雕刻一个个单体的木活字。需要刊刻一大批这样的单体木活字,作为锡活字印刷的字源。这些单体的木活字是阳文反字。刻好这些木活字后,需要按照一定的顺序进行排列,以便取用和归还。

第二步,制作整块泥版字母。选用当地特有的一种质地细腻的黏土做材料,把黏土放入水中进行搅拌。此步骤的目的是把掺杂在黏土里面的沙砾分离出来。之后倒出没有迅速沉淀的泥水,这些泥水经干化处理后,就得到了制作字母的材料。把这些黏土材料再进行加工,就可以用来按照设计好的尺寸制成泥板。接着,用雕刻好的单体木活字在泥板上面按照行格顺序压印。至此完成整块泥版字母的制作。这块压印了文字的泥版字母是阴文正字。

第三步,制作锡活字。把经高温熔化的锡液浇入泥版字母中,一次可以浇铸四个单字。等到锡液冷却凝固,取出四个单字时,用黏土做成的模具会破裂成碎片。这些碎片可以重新进行加工,再制成泥板,用于下一次木字的压印。这就完成了用模具浇铸制成锡活字的过程。锡活字是阳文反字。这位邓姓印工利用锡模造出了两种字体,所造锡活字的数量超过了十五万个。

锡是比较便宜的金属材料,当地又特产胶泥,非常廉价。张秀民指出,用这个泥版字母造字"比西洋用铜模铸字既简便,又经济。为了节约金属材料,他所铸锡字只有四分多高,比外国铅字短矮"[4]727。

第四步,排版印书。把铸成的锡活字按照一定方法进行组织,以便印书时寻找和归还。排版印书时,把锡活字一个个排列在光滑坚固的花梨木字盘内,扎紧四边,以免印刷时活字松动。每半页十行,中间是书口,这样就和雕版书一样,把一页分成了左右两面。他用这套锡活字,成功印出了元代史学家马端临的名著《文献通考》。全书共计三百四十八卷,凡一万九千三百四十八面,订成一百二十大册。他还印制了其他几部书。

以上四个步骤可以概况为：阳文反字的单体木活字→阴文正字的泥模→阳文反字的锡活字→在锡活字印版上印书。

三、两种清代印书技术之比较

（一）两种印书技术的相同之处

两种印书技术的基本要素相同，均由字源、字母和印版组成。

首先，活字泥版的字源是木刻雕版。木刻雕版是找别人借用的，用完后物归原主。至于利用的木刻雕版是一种抑或多种，尚有待今后继续考察。锡活字印版的字源是木活字。要先刻一套木活字。邓姓印工为此花费了一万多美元，大部分费用或许就用在了雕刻木活字上面。

经目验原本，我们发现，相同印本上的同一文字，几乎完全一样。据此我们可以做如下推断："活字泥版"在用小方铜管从一块雕版上取字时，对一个相同的字，可以多次套取，取下来的字则完全相同。"锡活字"印版是用一个木活字在一块泥板上，对一个相同的字多次压印，取下来的这个字也完全相同。例如，"锡活字"印本书影中的"之"字。这正是两种取字工艺的绝妙之处。其取字成本之低，超乎想象，真是不能再低了。

其次，活字泥版的字母是单体泥活字。加工一个十分简易的小方铜管，内充胶泥当作取字的材料和工具，从借来的木刻雕版上面逐一套取单体文字，就能获得印书所需要的泥活字。这种泥活字是阴文正字，不能直接用来排版印书，所以称之为字母。

锡活字印版的字母是整块泥版。先以当地自产的胶泥作为材料，经过加工后，制成可以使用的泥板。再根据书稿的文字内容，选用对应木活字，逐字挤压在泥板上。有了文字的泥版，也就成了字母。这个字母是阴文正字。

第三，泥活字的印版是泥版。制作这个泥版需要付出很多心思和精细加工，如用各种工具对单体文字进行修整，对整块印版进行修版。只有这样才能达到刷印标准。持字母挤压印实现了用两开方铜管为工具把雕版上的文字搬运到泥板上。也就是说，把没有文字的"泥板"，变成了可以印刷的有文字的"泥版"。

锡活字的印版是把单体锡活字经逐字排版而成。锡活字印版制作的奇巧之处在于使用一个木活字，经过中间环节的泥模浇铸后，竟然化身为大量相同的锡活字。检持排版，用来印书，确实具有独到之处。

（二）两种印书技术的相异之处

首先，选用的材料不同。创制"活字泥版"用的主要材料是胶泥。创制锡活字用的主要材料是金属锡。

第二,取字的方法不同。创制"活字泥版"时,是从木刻雕版上用充有胶泥的小方铜管把字套取下来,使其转变成一个个单体的泥活字。创制锡活字时,取字方法是先刻成一个个单体的木活字,经过锡液浇铸,使其变成一个个单体的锡活字。

第三,印版种类不同。一个是活字泥版,就是用泥字母逐一挤压在泥片上而制成印版;一个是把制成的一个个单体的锡活字排成印版。

四、利用两种印书技术印制的古籍传本

(一)利用活字泥版印制的古籍

据我们考察,到目前所知,可确认为利用活字泥版印制的古籍,只有《精订纲鉴廿一史通俗衍义》一书。此书二十六卷四十四回。清吕抚撰,清雍正年间新昌吕抚正气堂活字泥版印本,十行二十二字,白口,四周单边。此书世传二部,分别收藏在天津图书馆和北京师范大学图书馆。

第一批《国家珍贵古籍名录》收录了天津图书馆所藏的这部"活字泥版印本"《廿一史通俗衍义》。《天津图书馆古籍普查登记目录》和《北京师范大学图书馆藏古籍珍品鉴赏定级图录》著录。

《廿一史通俗衍义》是吕抚自己撰写的一部长篇白话小说。吕抚少年时喜读史书,但时常苦于书中词义深奥,不能晓畅,于是发奋,想对古今事迹进行文学加工,撰写一部通俗演义小说,以便于观者。遂购求《开辟演义》《盘古志》《夏禹王治水传》《列国志》《西汉传》《东汉传》《三国志》《两晋传》《南北史》《艳史》《隋唐演义》《唐传》《残唐传》《北宋志》《南宋志》《岳王传》《辽金元外史》《英烈传》及《新世弘勋》等书,严加删辑,去其诬讹,补其漏遗,使事必从实。凡越十寒暑而成。每回之后,附以断语。《廿一史通俗衍义》共计二百四十二卷六百八十五回,这部厚重的大书,堪称洋洋为今古一大观。

(二)利用锡活字印制的古籍

在美国人卫三畏提供的英文文献中,只提到这位邓姓印工用自己制成的锡活字印成元代马端临著的《文献通考》一种,虽然提到他还印了其他几部书,但没有列出具体的书名。

笔者留意于此,经多方寻觅,终于找到了几种由这位邓姓印工印制的书,包括《通典》《通志》《文献通考》《十六国春秋》及《陈同甫集》。兹作介绍如下:

其一,《通典》二百卷,唐杜佑撰,清咸丰年间广东佛山邓氏锡活字印本。十行二十一字,白口,四周双边,天津图书馆收藏。《四库全书总目》卷八十一著录,入史部政书类。《通典》是我国第一部记述典章制度的通史,记载了上古至唐代宗年间各种典章制度的沿革。今本《通典》共二百卷,分为九门,食货居首,次选举、职官、礼、乐、兵、刑、州郡及边防。每门之下又各分子目。本书贯通历代史志,独创专门的典章制度通史,在历史编纂学上具有重要地位。四库馆臣称:是书精核,"宋郑樵作《通志》与马端临作《文献通考》,悉以是书为蓝本"(图3)。

其二,《通志》二百卷,宋郑樵撰,清咸丰年间广东佛山邓氏锡活字印本。十行二十一字,白口,四周双边,天津图书馆收藏。《四库全书总目》卷五十著录,入史部别史类。《通志》因是一部个人撰写的纪传体中国通史,故入史部别史类。全书二百卷,有帝纪十八卷、皇后列传二卷、年谱四卷、略五十一卷、列传一百二十五卷。馆臣称,郑樵"其平生之精力,全帙之菁华,唯在二十略而已。一曰氏族,二曰六书,三曰七音,四曰天文,五曰地理,六曰都邑,七曰礼,八曰谥,九曰器服,十曰乐,十一曰职官,十二曰选举,十三曰刑法,十四曰食货,十五曰艺文,十六曰校雠,十七曰图谱,十八曰金石,十九曰灾祥,二十曰草木昆虫"。馆臣称是书采摭浩博,议论精辟,"至今资为考镜,与杜佑、马端临书并称三通"(图4)。

其三,《文献通考》三百四十八卷,元马端临撰,清咸丰年间广东佛山邓氏锡活字印本。十行二十一字,白口,四周双边,天津图书馆收藏。《四库全书总目》卷八十一著录,入史部政书类。《文献通考》是一部记载我国古代典章制度的书。共三百四十八卷。自序称:"引古经史,谓之'文';参以唐宋以来诸臣之奏疏、诸儒之议论,谓之'献'。故名曰《文献通考》。"记载上古至宋宁宗时的典章制度的沿革。全书分田赋考、钱币考、户口考、职役考、征榷考、市籴考、土贡考、国用考、选举考、学校考、职官考、郊祀考、宗庙考、王礼考、乐考、兵考、刑考、经籍考、帝系考、封建考、象纬考、物异考、舆地考及四裔考,共计二十四门(图5)。

其四,《陈同甫集》(一名《龙川文集》)三十卷,宋陈亮撰,清咸丰年间广东佛山邓氏锡活字印本。十行二十一字,白口,四周双边,天津图书馆及广东省图书馆等多家收藏。《中国古籍总目》著录的清初岭南寿经堂木活字印本、清道光间木活字印本及清木活字印本,或许都是这位邓姓印工用锡活字印的书。若此我们依据这部《总目》的著录,知道有七家图书馆收藏此本。陈亮,字同甫,号龙川,学者称其为龙川先生。婺州永康(今属浙江)人。南宋思想家、文学家。《四库全书总目》卷一百六十二集部别集类十五著录。称:"今观集中所载,大抵议论之文为多。""叶适序谓亮集凡四十卷。今是集仅存三十卷,盖流传既久,已多佚阙,非复当时之旧帙。以世所行者只有此本,故仍其卷目著之于录焉。"(图6)

其五,《十六国春秋》一百卷,北魏崔鸿撰。清咸丰年间广东佛山邓氏锡活字印本。十行十八字,白口,四周双边。广东省阳江市图书馆收藏足本,天津图书馆收藏一部残本。《中国古籍总目》没有著录。《四库全书总目》卷六十六史部载记类著录,称是书"宋初李昉等作《太平御览》犹引之。《崇文总目》始佚其名,晁、陈诸家书目亦皆不载,是亡于北宋也。万历以后,此本忽出,莫知其所自来。证以《艺文类聚》诸书所引,一一相同,遂行于世","其文皆联缀古书,非由杜撰。考十六国之事者,固宜以是编为总汇焉"(图7)。

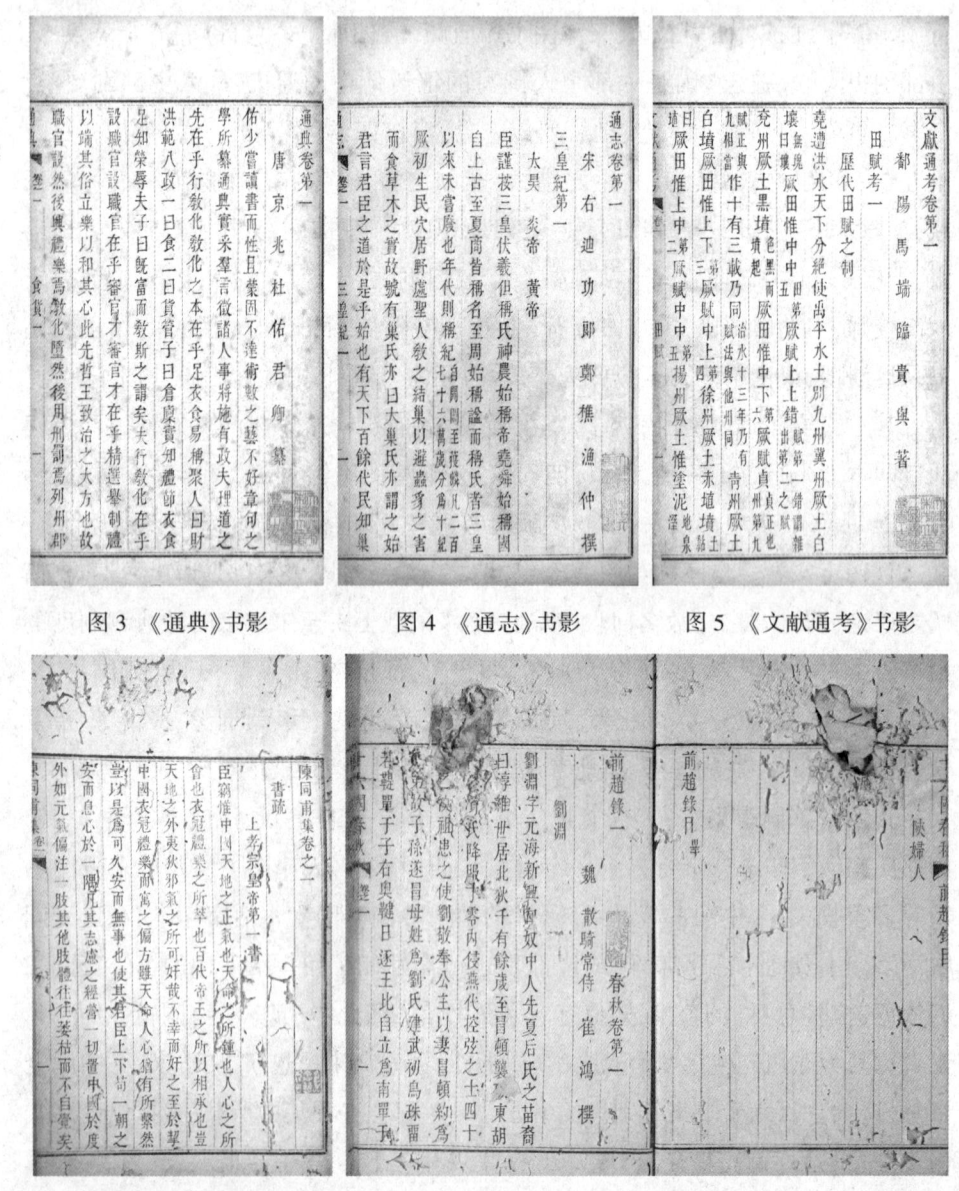

图3 《通典》书影　　图4 《通志》书影　　图5 《文献通考》书影

图6 《陈同甫集》书影　　图7 《十六国春秋》书影

在以上列举的五种锡活字印本中,我们可以再从不同角度进行观察。

从传本存佚情况来看:这套由《通典》《通志》和《文献通考》合成的锡活字印本"三通",不见《中国古籍总目》著录,足以证明这套锡活字印本"三通"传本之稀。目前所知,仅天津图书馆收藏一套足本。据云民间还藏一套"三通"足本。《十六国春秋》,其锡活字印本十分稀见。目前仅知广东省阳江市图书馆收藏一部足本,天津图书馆收藏一部残本。《陈同甫集》,其锡活字印本,目前所知有七家图书馆收藏,也是少见。

从印本行款格式来看:在以上列举的五种锡活字印本中,前四种的行款格式均为十行二十一字,唯独最后一种《十六国春秋》,其行款格式是十行十八字。这位邓姓印工不用相同行款格式印书,不知出于何种考虑。

从印本使用字体来看:五种锡活字印本均使用同一种字体刷印。我们以本文提供的五种锡活字印本书影为据,从正文中使用较多的"之"字来看,其笔画风格,完全相同。

五、两种印书技术的价值

1.两种印书技术都运用了雕版印刷和活字印刷两种技术,并在此基础上,创制出一种独具特色的印书技术。

2.两种印书技术都十分经济,就地取材,通过巧妙构思,制成简单工具,完成印版的制作,充分体现了先贤的聪明才智和发明创造精神。

3.李致忠先生鉴定《廿一史通俗衍义》乃唯一一部活字泥版印版。张秀民先生称赞锡活字印本《文献通考》是"世界印刷史上第一部锡活字印本"。传本证明,这是两种可行的印书技术。

4.两种印书技术和传本的存在,为宋代毕昇发明的胶泥活字印书法,间接地提供了两个佐证,说明宋代毕昇胶泥活字印刷法是可以用来印书的。

5.两种印书技术在中国古代发明的印刷技术当中应该占有一席之地。

鸣谢:对清代发明的这两种特殊印书工艺进行比较分析,是我一直想做的事情。去年,从韩琦先生手里得到了英文版《中国丛报》期刊有关本文内容的电子版,天津图书馆江山先生负责英文版文献翻译工作,天津师范大学外国语学院顾钢教授审校翻译文字并对本文进行润色,广东省立中山图书馆林锐先生提供了两种锡活字印本书影,姚伯岳先生提供了几种参考文献的线索,凌一鸣先生做了相应的修改完善工作。斯稿之成,得到上述诸君的大力支持和无私帮助,在此一并致谢!

(李国庆,天津图书馆历史文献部研究馆员)

参考文献：

[1] 白莉蓉.清吕抚活字泥板印书工艺[J].文献.1992(2):242-251.

[2] 白莉蓉.清吕抚活字泥板印书工艺与泥活字印书工艺之比较[G]//第二届中国印刷史学术研讨会筹委会.中国印刷史学术研讨会论文集.北京:印刷工业出版社,1996:427-434.

[3] WILLIAMS S W. Movable Metallic Types in Chinese[J].The Chinese Repository Vol.XIX P.247-253.1850.Canton; Vol.XX P.281-282.1851 Canton; The Chinese Recorder Vol.VIP.24-25.1875 Shanghai.

[4] 张秀民.中国印刷史[M].上海:上海人民出版社,1989.

[5] 艾俊川.锡活字印本《陈同甫集》与历史上的锡活字版印刷[M].北京印刷学院学报.2011(6):8-11,18.

[6] 宋平生.新发现的清咸丰广东邓氏锡活字印本《十六国春秋》鉴定记[G]//沈乃文.版本目录学研究:第三辑.北京:国家图书馆出版社,2012:277-282.

[7] WILLIAMS S W.An English and Chinese Vocabulary, in the Court Dialect[M].Macao:The office of the Chinese Repository, 1844.

《陆心源全集》前言

Preface to *The Complete Works of Lu Xinyuan*

陈东辉

摘　要：晚清陆心源堪称一代藏书大家，同时也是著名学者，他的主要著述汇集在《潜园总集》之中。《潜园总集》收录陆氏著述十七种，内容广泛充实，至今仍有重要的、多方面的学术价值。

关键词：陆心源；《潜园总集》；《陆心源全集》；古籍丛书；古籍影印

陆心源（1838—1894），字刚甫（亦作刚父），号存斋（亦作诚斋），晚称潜园老人，其堂号曰"仪顾堂"[①]，浙江归安（今湖州）人。陆心源系晚清著名藏书家，其藏书分别收藏于皕宋楼（主要藏宋元珍本）、十万卷楼（主要藏明清时期珍贵刻本、名人抄校本及手稿本）、守先阁（主要藏普通刻本和抄本）等三处。其中，皕宋楼（广义的皕宋楼也包括十万卷楼和守先阁）与江苏常熟瞿氏铁琴铜剑楼、山东聊城杨氏海源阁、杭州丁氏八千卷楼并称晚清四大藏书楼。

陆心源堪称一代藏书大家，同时也是著名学者。作为一名学者，陆心源涉猎甚广，博览群籍，著述等身，在版本目录、宋代历史、古籍校勘、诗文辑佚、金石碑帖、书画鉴藏，以及方志纂修和丛书编刻等领域均有建树，并且工于书法，给后人留下了许多富有价值的文化财富。

---

① 陆心源为学推崇顾炎武，故以"仪顾"名其堂。

一、《潜园总集》之内容

陆心源的主要著述汇集在《潜园总集》之中。之所以将"潜园"作为丛书之名，乃因陆氏晚年辞职退居故里后，于湖州城东莲花庄北购置明代万历间御史朱凤翔之废圃"书带草堂"，加以整修，疏泉叠石，莳花植木，潜心治学，誓不再出，欲以藏书、著述终老林泉，故名其园曰"潜园"，于是丛书亦以园名为名。《潜园总集》属于自著类丛书，有清同治、光绪间刻本，是陆续刊刻而成的。根据原书统计，《潜园总集》收录陆氏著述十七种，共计七百三十四卷，其中既有《仪顾堂集》十六卷这样的个人文集，《皕宋楼藏书志》一百二十卷《续志》四卷、《仪顾堂题跋》十六卷《续跋》十六卷之类的书志题跋之作，仿卢文弨《群书拾补》体例而作的《群书校补》一百卷（实有九十二卷），也有《宋史翼》四十卷、《元祐党人传》十卷、《三续疑年录》十卷附《补遗》《补疑年录》四卷（清钱椒撰，陆心源校正并加按语）等史学著述，《吴兴金石记》十六卷、《金石学录补》四卷、《千甓亭砖录》六卷《续录》四卷、《千甓亭古砖图释》二十卷等金石学著述，《唐文拾遗》七十二卷《目录》八卷《续拾》十六卷、《吴兴诗存初集》八卷《二集》十四卷《三集》六卷《四集》二十卷、《宋诗纪事补遗》一百卷《小传补正》四卷等诗文辑佚之作，以及关于书画鉴藏的《穰梨馆过眼录》四十卷《续录》十六卷，另有《[光绪]归安县志》五十二卷（清李昱等修，陆心源纂）。除《潜园总集》所收之外，陆心源还编刻了《十万卷楼丛书》和《湖州丛书》，并与周学濬等共同编纂了《[同治]湖州府志》。再则，最近有学者对日本早稻田大学图书馆所藏《吴兴文献志》进行了考证，判定其为陆心源手稿，认为该手稿应当就是陆心源纂辑《归安县志》时的副产品[1]。

俞樾在《广东高廉道陆君墓志铭》中罗列了《潜园总集》所收书目及其卷数，具体如下：

《仪顾堂文集》二十卷、《仪顾堂题跋》十六卷《续跋》十六卷、《皕宋楼藏书志》一百二十卷《续志》四卷、《金石粹编续编》二百卷、《穰梨馆过眼录》四十卷《续录》十六卷、《唐文拾遗》八十卷、《唐文续拾》十六卷、《宋诗纪事补遗》一百卷、《宋诗纪事小传补正》四卷、《千甓亭砖录》六卷《续录》四卷、《古砖图释》三十卷、《群书校补》一百卷、《吴兴诗存》四十卷、《吴兴金石记》十六卷、《归安县志》四十八卷、《宋史翼》四十卷、《元祐党人传》十卷、《校正钱澥芗疑年录》四卷《三续疑年录》十卷、《金石学录补》四卷，都凡九百四十余卷。[2]

缪荃孙的《二品顶戴记名简放道员前广东高廉兵备道陆公神道碑铭》，也有一段文字专门涉及《潜园总集》所收各书及其卷数,并加以简要点评[3]。缪文除未提及《千甓亭砖录》六卷《续录》四卷、《古砖图释》三十卷之外(因系举例性质,故可不提),其余各书之卷数以及总卷数"九百四十余卷"与俞文一致。之后相关论著在提及《潜园总集》卷数时,绝大多数沿用俞、缪之说。俞、缪所言与《中国丛书综录》"潜园总集"条之著录有出入,其中最大的不同在于,俞、缪指出《潜园总集》内有《金石萃编续》二百卷,而《中国丛书综录》"潜园总集"条无该书[4]。陆心源曾经在《上李石农侍郎书》中提到"《金石萃编补正》约可得二百卷,较之原书,有赢无绌,甫将就绪,尚待勘校"[5],实际情况是,《金石萃编续》最终并未刊刻,因此各馆所藏之《潜园总集》均无该书。子岳曾经在吴中购得《吴兴陆氏十万卷楼丛书价目》一册,其中列出了《潜园总集》内各书之具体价格,也未见《金石萃编续》[6]。复核原书,《中国丛书综录》的著录基本准确,唯有《金石学录补》三卷,原书为四卷。同时,《中国丛书综录》著录《群书校补》九十八卷,这个九十八卷应该是根据原书目录,因为在原书目录中,《齐民要术校》著录成一卷(正文为二卷),《道德真经指归校补》著录成二卷(正文为三卷)。《群书校补》原书正文共计一百卷,末尾的《尤本文选考异补》一卷之卷端,明确署有《群书校补》卷一百。不过,《群书校补》原书目录中卷十七"《古文四声韵》一卷"、卷二十七至卷三十三"《孙思邈千金方》七卷"之下注明"嗣出",此八卷正文并未收录,因而《群书校补》实际上仅有九十二卷①。关于这两点,《中国古籍总目》"潜园总集"条均已更正。《中国古籍总目》所著录的《潜园总集》中各书之卷数等,与原书一致[7]。

二、《潜园总集》之价值

陆心源之著述内容广泛充实,至今仍有重要学术价值。余嘉锡对陆心源评价甚高,其《书仪顾堂题跋后》曰:"陆氏富收藏,精鉴别,所著《皕宋楼藏书志》及《穰梨馆过眼录》皆为世所称;又长于校雠之学,著有《群书校补》;故是书于板本文字异同,言之极详。然余以为其精博处,尤在能考作者之行事也。"[8]625张舜徽亦谓"其收藏之富,撰述之多,为晚清所罕觏。心源撰述虽博,而要以校书为最精"[9]。

《皕宋楼藏书志》著录了一千一百一十一部典籍,在各条目的书名卷数之后,先列版本,次辑序跋题识,部分条目在末尾还附有按语。该藏书志保留了大量原书序跋,史料非常丰富。相关条目中的按语长短不一,主要涉及版本、作者考订以及文字校勘等,对于古籍考辨和文史研究具有重要参考价值。根据张艳的《陆

---

① 《中国丛书综录》在"潜园总集"条中的《群书校补》之下所列各书之卷数(无《古文四声韵》和《孙思邈千金方》),与原书一致,总卷数也是九十二。

心源〈皕宋楼藏书志〉研究》,《皕宋楼藏书志》提要中的按语共有三百六十二条[10]。不少按语内容丰富,值得关注。例如该书卷八所著录元刊元印本《春秋辨疑》之按语如下:

《春秋辨疑》十卷,元刊本,每叶二十四行,行二十三字,题曰"三楚隐士子荆萧楚著,临江后学性善周自得校正"。《四库》所收乃从《永乐大典》辑出,此则其原本也。《大典》篇目相同,惟《王天子天王辨》末"又可知矣"下脱注文数百字、正文数百字。《书灭辨下》篇"然后辨故"下脱三百余字,余则无大异也。两本皆只四十五篇,《江西志·万姓统谱》作四十九篇者,误也。朱竹垞《经义考》仅录胡澹庵序,谓其已佚,则是书之罕见可知矣。《大典》本胡序脱二十余字,以《澹庵文集》较之,则此本又有不同。《澹庵集》有《萧先生墓志》,亦馆臣所未见也。

《中国大百科全书·新闻出版》将《皕宋楼藏书志》作为条目收录,此乃崇高之荣誉,是对该书价值之充分肯定。鉴于《皕宋楼藏书志》之重要价值,笔者曾于2016年5月至6月,将点校该书作为浙江大学中文系古典文献学专业本科生"目录学"课程之作业,指导学生进行点校,业已完成部分初稿,后来由于浙江古籍出版社在2016年9月刊印了该书的许静波点校本而中止。

《宋史翼》收录了九百四十四人的传记(其中正传八百八十人,附传六十四人),主要是辑录前人相关资料而成,内容丰富,史料价值甚高,对于宋史研究具有重要意义。例如,《宋史·循吏传》仅一卷,共十二人,均为北宋人,除去已重复见于列传中的程师孟,实仅十一人,缺漏也很严重。陆心源根据宋人文集及各地方志中之相关资料,补出《循吏传》五卷,多达一百二十八人[11]。

《群书校补》仿卢文弨《群书拾补》之例,对传本有讹脱或卷帙有残佚者,进行校正补遗,值得我们重视并在古籍整理研究中加以有效利用。

《千甓亭古砖图释》收录了陆氏所藏的汉魏至元代近千方古砖之拓片,这些砖拓字迹奇异、纹样别致,每张拓片旁有陆心源之批注及考证资料。该书对于金石学和古代艺术史研究等颇有助益。

三、《潜园总集》之不足

当然,陆心源之著述也存在不足乃至疏误,前人多有指出。例如,余嘉锡在充分肯定《仪顾堂题跋》"独于提要所不详者,旁稽博考,辑录成篇,略如列传之体,可谓得向、歆之遗意,不失目录家法者。故余作《目录学发微》谓'陆虽不述作者之意,然此一节则轶今人而追古人',非溢美也。陆氏最熟于宋人掌故,尝作

《宋史翼》；故此书于有宋一代为尤详，所引书于史传地志说部文集，皆所不遗"的基础上，也实事求是地指出其"百密一疏"之处[8]626-631。在《宋诗纪事补遗·麻革传》一文中，余嘉锡称颂"陆心源熟于天水一朝史事，所著《宋史翼》《宋诗纪事补遗》及《仪顾堂题跋》，考宋人仕履极详，征引极博，不愧专门名家"，然后也指出了《宋诗纪事补遗》卷三十九中的麻革小传之疏漏[8]665-666。

不过对陆氏之疏误也不能过于夸大。笔者认为，王友胜以下论述较公允：

> 陆心源在厉鹗《宋诗纪事》的基础上，再次辑得宋代诗人3000余家，诗歌8000余首，凡100卷，首帝王，次有时代作者，次无时代作者，次宗室，次宫掖、闺媛、属国，次道流，次释子，次无名氏，次神鬼物怪谣谚，可谓格局宏大，考辨精审，具有较大的文献价值，是继《宋诗纪事》之后，从事宋诗研究的一部重要资料集，对后来编纂《全宋诗》起到了极大的作用。但《补遗》也存在不少的失误，引资此书者当小心谨慎，钱锺书《宋诗选注》序中批评它"错误百出"，不免有些夸张。又厉书小传有仕履未详，时代未著者，或一人两收，或名字舛错者，惟其如此，陆氏特编《宋诗纪事小传补正》4卷，纠误补阙，读者须将两书对读，方可有所收获。[12]

当然，瑕不掩瑜，就总体而言，陆心源的著述具有重要的、多方面的学术价值。陆心源的特点是"述"多"作"少，他的著作文献史料价值很高，在以藏书而著称的学者中属于高产，质量也属上乘，应该说已经相当不容易了。

四、关于陆心源研究中的"皕宋楼事件"

近三十年来，与陆心源相关的研究成果还是较多的，仅著作就有徐桢基的《潜园遗事——藏书家陆心源生平及其他》[13]和《藏书家陆心源》[14]，林淑玲的《陆心源及其〈皕宋楼藏书志〉史部宋刊本研究》[15]，王绍仁的《从皕宋楼到静嘉堂——访书日记》[16]和《皕宋楼藏书流布及宋元版追踪》[17]，周欣、唐艳、邹定霞的《归安皕宋楼书目题跋研究》[18]等多种。论文数量则更多。

不过就总体而言，上述论著大多是关于陆氏藏书（尤其是皕宋楼）以及陆心源生平的。除对《皕宋楼藏书志》《宋史翼》等少数几种著述研究相对较多之外，全面而论，迄今为止，对陆心源学术成就的研究还不够多，同时某些评价存在偏见，有欠公允。笔者认为，之所以出现这种状况，除对其著述之价值关注、重视不够之外，还有一个重要原因是皕宋楼藏书最终流向日本。在过去很长一个时期内，岛田翰《皕宋楼藏书源流考》成为研究"皕宋楼事件"唯一的第一手材料，几乎所有的论著提及此事时，都认为陆心源之子陆树藩乃不肖子孙，坐吃山空，败家倾产,贪财心切,急欲出售家传秘籍,导致皕宋楼藏书东流日本,从而认为陆树藩不但是家族败类,而且也是中华民族文化的罪人。有的甚至认为陆树藩之行径与汉奸无异。其实,《皕宋楼藏书源流考》中有许多不实乃至有意虚构之处。《静嘉堂文库宋元版图录·解题篇》[19]对于当年皕宋楼售书之经过,有较为详细的记载,与岛田氏所言有所不同。由此可见,日方也对《皕宋楼藏书源流考》中有关叙述之真实性有所怀疑。关于皕宋楼藏书流入静嘉堂文库之真正原因,从20世纪90年代中期开始,学术界已有不少新的研究成果,与以前之旧说有很大不同。原皕宋楼主人陆心源之玄外孙徐桢基先生在《潜园遗事——藏书家陆心源生平及其他》一书中,披露了皕宋楼藏书出售的真实原因①。浙江省社会科学院顾志兴研究员在该书之基础上,进行了深入考证,指出皕宋楼售书的原因之一是陆家经营实业破产而导致售书偿债[20,21]。后来,顾先生又进一步挖掘到一些新史料,例如:据清光绪二十六年(1900)上海《申报》等披露,陆树藩在是年八国联军进攻京津之际,曾在上海组织救济善会,亲赴京津两地援救在战火中的南方籍流落北方的官贾平民六千余人,运回灵柩两百余具。这一义举最终导致陆树藩亏空白银十余万两,故出售藏书以应付困境是必然的事[22]。在此基础上,顾先生再次仔细研读相关史料,得出结论:陆树藩对皕宋楼藏书是尽心尽力地加以保护的[23]。此乃当年震撼中国学术界和藏书界的"皕宋楼事件"之真相。我们应以事实为依据,对陆树藩进行公正评价。遗憾的是,笔者所寓目的近年问世的不少论著仍依照旧说,并将岛田翰《皕宋楼藏书源流考》作为"权威"史料加以引用。

陆树藩是陆心源的长子,长子如果成了中华民族文化的罪人乃至汉奸,那么自然会殃及父亲。虽然理论上不能以人废言,但涉及具体人物,古今中外能够真正做到的少之又少,难之又难。因此笔者认为,"皕宋楼事件"或多或少影响了后人对陆心源学术成就的评价和关注。

另一方面,珍贵的皕宋楼藏书东流到日本静嘉堂文库之后,其状况对于国人而言显得有些神秘,从而使得大家对相关问题特别关注。这应该也是关于皕宋楼的研究成果较为丰硕的重要原因。

既然《潜园总集》总体价值甚高,再加上"皕宋楼事件"之真相业已澄清,那么理应对陆心源之学术成就给予实事求是的评价,并且应该进一步加强研究。

迄今为止,《潜园总集》从未以整套丛书的形式加以影印,其中的大部分子目书也未曾影印或排印出版,仅在少数大型图书馆有收藏。笔者长期从事清代学

---

① 此后,徐桢基在《藏书家陆心源》一书中,又对此问题作了进一步深入研究。

术史研究,并且对古籍丛书也颇为关注,因此深知《潜园总集》之重要价值,同时也曾由于在研究中未能及时查阅原书而颇感不便。为了给相关研究者提供便利,我们将《潜园总集》影印出版,并将其中的同治十三年(1874)刊刻的《仪顾堂集》十六卷本替换为内容更全的光绪二十四年(1898)刊刻的二十卷本①,定名为《陆心源全集》,收录陆氏著述十七种,共计七百三十八卷。

(陈东辉,浙江大学汉语史研究中心教授)

参考文献：

[1] 李成晴.日藏陆心源手稿《吴兴文献志》考[J].国际汉学,2019(1):171-177,207.

[2] 俞樾.春在堂杂文:六编四 广东高廉道陆君墓志铭[M]//俞樾.春在堂全书.刻本.德清:俞氏,1899(光绪二十五年).

[3] 艺风堂文续集:卷一 二品顶戴记名简放道员前广东高廉兵备道陆公神道碑铭//缪荃孙.缪荃孙全集:诗文 第1册[M].张廷银,朱玉麒,主编.南京:凤凰出版社,2014:266.

[4] 上海图书馆.中国丛书综录:第1册[M].上海:上海古籍出版社,1986:548.

[5] 陆心源.仪顾堂集:卷四[M].刻本.[出版地不详],1898(光绪二十四年).

[6] 子岳.吴兴陆氏十万卷楼丛书价目[M]//昝亮.藏书家:第21辑.济南:齐鲁书社,2016:166-171.

[7] 中国古籍总目编纂委员会.中国古籍总目:丛书部[M].北京:中华书局,2009:1258-1259.

[8] 余嘉锡.余嘉锡论学杂著[M].北京:中华书局,1963.

[9] 张舜徽.清人文集别录[M].武汉:华中师范大学出版社,2004:515.

[10] 张艳.陆心源《皕宋楼藏书志》研究[D].武汉:湖北大学,2008:32.

[11] 吴伯雄.陆心源《宋史翼》史料价值再评价[J].福州大学学报(哲学社会科学版),2016,30(1):108.

[12] 王友胜.《宋诗纪事》研究中的几个主要问题[J].中国韵文学刊,2018,32(4):34-38.

[13] 徐桢基.潜园遗事:藏书家陆心源生平及其他[M].上海:上海三联书店,1996.

[14] 徐桢基.藏书家陆心源[M].西安:陕西人民教育出版社,2007.

[15] 林淑玲.陆心源及其《皕宋楼藏书志》史部宋刊本研究[M].台北:花木兰文化工作坊,2005.

[16] 王绍仁.从皕宋楼到静嘉堂:访书日记[M].北京:中国文史出版社,2007.

[17] 王绍仁.皕宋楼藏书流布及宋元版追踪[M].长春:吉林人民出版社,2009.

[18] 周欣,唐艳,邹定霞.归安皕宋楼书目题跋研究[M].成都:四川大学出版社,2015.

[19] 静嘉堂文库.静嘉堂文库宋元版图录:解题篇[M].东京:汲古书院,1992.

[20] 顾志兴.湖州皕宋楼藏书流入日本静嘉堂文库真相考评及建言[M]//虞浩旭.天一阁论丛.宁波:宁波出版社,1996:303-318.

[21] 顾志兴.湖州皕宋楼藏书流入日本静嘉堂文库真相考评[M]//黄建国,高跃新.中国古代藏书楼研究.北京:中华书局,1999:165-181.

[22] 顾志兴.皕宋楼藏书流入日本静嘉堂文库原因再探索[M]//徐良雄.中国藏书文化研究.宁波:宁波出版社,2003:463-471.

[23] 顾志兴.关于皕宋楼藏书之出售原因及评价:《藏书家陆心源》的序外文[M]//王绍仁.江南藏书史话.上海:上海古籍出版社,2009:13-31.

---

① 《仪顾堂集》有八卷本、十二卷本、十六卷本、二十卷本等四个版本,其中十六卷本收文一百八十七篇,二十卷本收文二百三十五篇,后者是在前者之基础上编刻而成的,增加了四十八篇文章。张燕婴的《陆心源〈仪顾堂集〉的版本》(《浙江大学学报(人文社会科学版)》2009年第1期)对相关问题作了详细考述,可以参阅。

略论哈佛燕京图书馆齐如山藏书的再生性回归及价值*

A Brief Discussion of the Reproduction Return and Value of Qi Rushan's Collection in Harvard-Yenching Library

黎冬瑶

摘　要：哈佛燕京图书馆藏齐如山旧籍以小说、戏曲为主，数量可观，不乏稀见之善本、珍本，其中多有齐如山题跋，价值甚高。自2009年起，中国国家图书馆与美国哈佛大学哈佛燕京图书馆深化合作，开展了一系列关于齐如山藏书的再生性回归工作。通过古籍数字化、影印出版等再生性保护方式，整理齐如山藏书中的稀见善本和珍本，补充说明齐如山作为藏书家的价值依据，对其题跋的撰写情况及所展现的学术探索形成系统的认知。此外，古籍文献书影也为解决齐氏旧籍入藏哈佛燕京图书馆的时间及佚名题跋的相关问题提供了客观依据。

关键词：齐如山；哈佛燕京图书馆；古籍再生性保护；海外古籍回归

齐如山（1877—1962），名宗康，字如山，以字行，河北高阳人，近现代著名的戏曲理论家、作家，于戏曲研究与创作方面成果丰富，为时辈所推服。齐氏不仅对古代戏曲深有研究，还注重戏曲剧本和古典小说的收藏，其百舍斋藏有各类古籍文献千余种，是民国时期知名的藏书家。齐氏百舍斋藏书于20世纪中期大量流散，主要有国内和海外两个方向：在国内，大部分藏书保存于中国国家图书馆和中国艺术研究院图书馆，少量留存于地方图书馆和私人藏书家手中；在海外，

---

* 本文系国家社会科学基金重大项目"古籍保护学科建设与基础理论研究"（项目编号：19ZDA343）研究成果之一。

总计72种328册藏书于20世纪50年代入藏美国哈佛大学哈佛燕京图书馆（下文简称"哈佛燕京图书馆"）。随着"中华古籍保护计划"的实施，海外古籍的再生性回归已成为有效的古籍保护方式。目前，国家图书馆与哈佛燕京图书馆合作，将留存于哈佛燕京图书馆的齐如山藏古籍文献以数字化和影印出版形式回归，为全面、系统地研究齐如山藏书提供了较为充分的原始文献资料。

一、哈佛燕京图书馆藏齐如山旧籍概况

哈佛燕京图书馆藏齐如山旧籍共72种328册，其中小说48部（在《哈佛燕京图书馆藏齐如山小说戏曲文献汇刊》一书中，因齐氏旧藏《新镌浓情快史》存有两种版本，其中一种版本粗劣，并未择其著录，故该书共收录小说47部）、戏曲23部、曲论1部。这批藏书以其独特性驰名中外，主要体现在以下几方面。

（一）独有藏书

齐如山百舍斋藏书数量可观，但近代中国动荡的局势致使古籍文献资料多有流散，目前齐氏藏书部分在哈佛，多数在中国大陆。仅就中国艺术研究院图书馆一家所藏齐氏旧籍的规模来看，其涉及小说、戏曲及清宫升平署档案等多类古籍文献，藏量颇丰，而通过与哈佛燕京图书馆藏齐氏书目比较，可知哈佛燕京图书馆独有藏书66部，二者共有藏书而版本不同者5部。具体分类统计情况如下：

哈佛燕京图书馆独有小说藏书43部。其中明版重印本1部，为《新刻音释旁训评林寅义三国志史传》；清刻本40部，如《五凤吟》《世无匹》等；清抄本1部，为《新抄浓情秘史》；清活字印本1部，为《台湾外记》。

哈佛燕京图书馆独有戏曲藏书22部。其中明刻本10部，如《山水邻新镌出像四大痴传奇》《邯郸记》等；清刻本9部，如《四元记》《西湖扇传奇》等；清抄本1部，为《新编西川图》；民国王立承抄本2部，为《投桃记》《谭友夏钟伯敬先生批评绾春园传奇》。

哈佛燕京图书馆独有曲论藏书1部，为《度曲须知》，明崇祯十二年（1639）自刻清顺治六年（1649）沈标重修本。

（二）齐如山题跋手迹

哈佛燕京图书馆藏齐如山藏书中，有齐如山亲笔题跋者有《草闲堂新编小史警痦钟》《晚翠堂批点玉楼春》等23部，全部见于所藏小说类目。齐如山所撰题跋除记述古籍基本信息（书名、作者、版本信息和内容提要等）外，亦有作者对版本的鉴定、价值的考证，以及收藏保护的方式。通过这些题跋，可以看出藏书家得之有道的藏书来源、保管有道的护书方法、勤于钻研的学术探索，以及藏以致用的藏书思想，极具研究价值。

（三）稀见古籍版本

哈佛燕京图书馆藏齐如山旧籍中有大量版本稀见的小说、戏曲古籍。版本稀见小说如《墨憨斋新编绣像醒名花》，被划定为古籍善本之列。又如两种版本的《三国演义》：一为《新刻音释旁训评林寅义三国志史传》，上图下文，传本极少；一为《绣像三国志全传》，非通行毛评本，有极大的研究价值。再如《剿闯小说》《新世鸿勋》为清代禁毁书。版本稀见戏曲如《新刻全像汉刘秀云台记》《新刻全像点板张子房赤松记》，为明刻孤本。又如《投桃记》《谭友夏钟伯敬先生批评绾春园传奇》，为民国王立承抄本。

二、哈佛燕京图书馆藏齐如山旧籍价值

（一）稀见、珍善之本的文献价值

哈佛燕京图书馆藏齐氏旧籍原为齐如山赴台时所携带，多为百舍斋藏书中的稀见、珍善之本。诚如促成这批古籍入藏该馆的裘开明馆长所言："这批文献中的一些版本非常珍稀，有些甚至是孤本。"[1]通过梳理这批藏书的收录情况和版本信息，笔者发现其中不乏稀见古籍和精抄本。鉴于篇幅所限，现仅从其小说、戏曲文献中各择取一例，略作探讨。

1.哈佛燕京图书馆藏齐如山旧籍稀见小说《婆罗岸》

《婆罗岸》二十回，清佚名撰。清嘉庆九年（1804）刻本。高12.1厘米，宽8.7厘米。半页八行十九字，白口，四周单边，无鱼尾。十册。扉页刻"婆罗岸全传""嘉庆九年新镌""合兴堂藏板"。卷首钤方形"高阳齐氏百舍斋存书之印"，卷尾钤篆刻"齐如山"之方章，此外还有"齐氏所藏戏曲小说印""哈佛大学汉和图书馆珍藏印""齐林玉世世子孙永宝用"。此本之第五、十五回回末数页佚失。前有嘉庆九年圆觉道人《叙》（图1）。

齐氏旧藏《婆罗岸》，版本稀见。《中国通俗小说总目提要》引孙楷第所云"未见"[2]。《续修四库全书总目提要·集部》[3]与《中国古籍善本书目》[4]均未著录。目前学界所见，如《古本小说集成》[5]第三辑第一百二十八册、《古本小说丛刊》[6]第三十六辑第五册所收录之影印本，均以哈佛燕京图书馆藏本为底本。虽然有学者考证此书还有道光年间慎修堂刻本[7]235，但据各出版机构著录标准看，"稀见古籍"被定义为"孤本和收录古籍的收藏单位为4家以下的古籍"[8]，故哈佛燕京图书馆藏齐如山旧藏《婆罗岸》一书当属稀见古籍范畴，极具学术价值。

图 1　哈佛燕京图书馆藏《婆罗岸》书影

2.哈佛燕京图书馆藏齐如山旧籍戏曲珍本《投桃记》

《投桃记》二卷,明汪廷讷撰,民国王立承抄本。高 21.6 厘米,宽 14.0 厘米。半页十行二十字,白口,左右单边,单鱼尾。二册。有图。题"明新都无无居士汪廷讷昌朝父著"。目录页书口上书"环翠堂乐府",故此抄本当以明刻环翠堂乐府本为底本。钤印有"王立承""孝慈""立承写定""鸣晦庐珍藏金石书画记",又有"齐氏所藏戏曲小说印""高阳齐氏百舍斋存书之印"。据学者考证,此本为齐如山于北京琉璃厂文友堂购得[9]203(见图 2)。

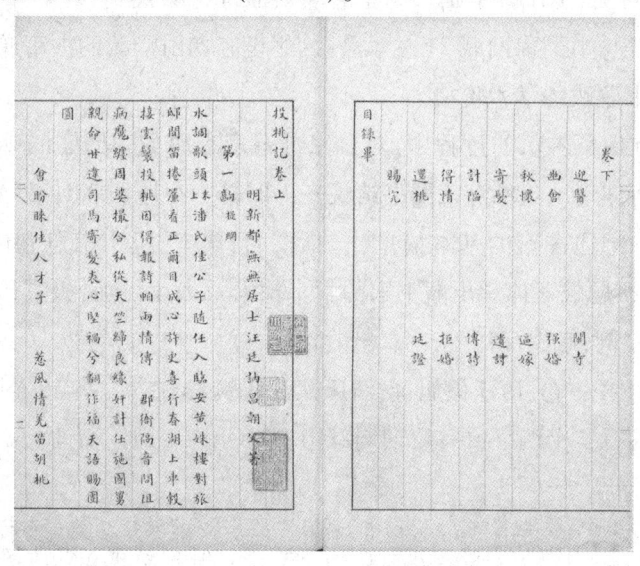

图 2　哈佛燕京图书馆藏《投桃记》书影

齐如山旧藏《投桃记》虽然为民国抄本,却具有十分重要的藏书价值。

其一,抄本选取的底本精良。此抄本以明汪氏环翠堂刻环翠堂乐府本《投桃记》为底本。该底本于《中国古籍善本书目》中著录[10],由中国国家图书馆收藏①,《古本戏曲丛刊二集》[11]第六册据此本影印。汪廷讷(约1569—1628以后),字昌期,亦作昌朝,号无如、坐隐、无无居士,休宁(今属安徽)人。明代戏曲作家。明万历二十八年(1600),汪廷讷始建坐隐园和环翠堂,以文会友,设立书坊,发行私家刻本。汪氏环翠堂刻本古籍在插图方面尤为突出,画面均为典型的徽派版画风格,线条细若毫发,善于刻画人物形象、衣纹褶皱和山石花木,这些更加突出了古籍的版本价值。

其二,抄本由名家誊写。此本为民国时期的藏书家王立承所誊抄。王立承(1883—1936),字孝慈,京兆通县(今北京通州区)人。监生。广西法政学堂毕业,曾任大总统府秘书、政事堂机要局佥事、国务院秘书厅佥事等职务,被授予五等嘉禾勋章[12]。后弃官归田,自名为"鸣晦庐主人",热衷于京剧艺术和古籍购藏,所藏以通俗小说和明清版画最精,善本、珍本居多[13]。沈津先生曾评价曰:"端楷誊写,一笔不苟,极工整,笔墨匀称。格子全部手画,凡写错的字皆有挖补。封面洒银腊笺,包背,装帧也是很考究的。不仅抄得精美,而且《投桃记》的图更是描绘得美妙至极,说实话,图摹得如此完美者,可谓绝无仅有……而此本之图精乎之精,一勾一划之微,绝不轻率从事,实得原本绘图之神韵。"[9]200此外,据王立承著《鸣晦庐藏曲目录》所载,"《投桃记》。汪昌朝撰。环翠堂原刻。瞿安藏本"[14],由此可见,王氏抄本则来源于著名戏曲理论家吴梅(字瞿安)藏书,明确了此本《投桃记》由吴梅旧藏,王立承誊抄,终至齐如山购藏的古籍递藏关系。

(二)藏书题跋的学术价值

齐如山在保藏古籍的过程中,对自家藏书多有研究,其认知、观点和感悟在题跋中均有所体现。哈佛燕京图书馆藏齐氏旧籍中存题跋者计23篇,类目均为小说题跋。除记述古籍的基本信息(包括书名、作者、版本信息和内容提要等)外,齐如山所撰题跋还体现出藏书家的学术探索及表述习惯,极具价值。现列举《吕祖全传》一例,略作探讨。

《吕祖全传》一卷,清汪象旭撰,清康熙汪氏蜩寄刻本。高18.6厘米,宽10.7厘米。半页九行二十四字,白口,四周双边,单鱼尾。二册。有图。书口下刻"蜩

---

① 中国国家图书馆收藏《投桃记》二卷,明汪廷讷撰,环翠堂乐府刻本,有图,善本古籍,有藏书印"瞿安"(朱方)、"吴某之印"(白方)、"瞿安眼福"(白方)。索书号为04128,馆藏地为国家图书馆南区善本阅览室。

寄"。钤有"如山过目""高阳齐氏百舍斋存书之印""齐氏所藏戏曲小说印"和"齐林玉世世子孙永宝用"。1944年,齐如山于北平寓所百舍斋为此书撰写题跋,原文辑录如下:

> 此系原刊初印本,实不多见,惜已残缺。余收此,专为书前几页图画,这种技术自以明朝为最精到,清朝已大见退化。而此画工、刻工尚均能工细如此,殊属难得。因付镶衬而保存之。民国三十三年冬,齐如山识于表背胡同之百舍斋,时年六十有八,正避难家居七年余未出门矣。

第一,从题跋内容可窥见藏书家之学术探索。由此篇题跋可知,齐如山分别从古籍版本、藏书动因、保藏方式等方面进行阐述。其一,虽然齐氏并未对"原刊初印本,实不多见"的认定缘由做出解释,但此言确为其对古籍版本的鉴定结论。实际上,《吕祖全传》较早的版本即为此本(文中"玄"字多不避帝讳,或《序》撰于康熙元年[1662]初夏,而书刻在顺治年间)[15],另有清咸丰九年(1859)宝贤堂刻本现收藏于北京大学图书馆①。其二,此本特色在于书前的插画,这也是齐如山收藏此书的主要动因。此本《吕祖全传》插图绘画精细,共计九幅图,第一幅为吕祖像,第六幅图上有"念翊写"字样,应为绘者名。齐氏能依据插图的绘画技法水平来判断古籍价值,体现出藏书家对古籍研究的专业程度。其三,对于珍本古籍的保藏,齐如山多采用"金镶玉"的装帧技法对古籍加以原生性保护,此举在其题跋中多有提及,除此本"因付镶衬而保存之"外,还有《新史奇观》《世无匹》和《春灯迷史》等,俱已说明。

第二,题跋书影再现了藏书家之书写原状。由于此本未收录于齐氏《小说勾陈》中,故该题跋在很长一段时间内并未公布于世,直到吴晓铃先生在《哈佛大学所藏高阳齐氏百舍斋善本小说跋尾》一文中辑出,读者们才有幸阅览。但吴氏在辑录、出版的过程中稍有疏漏,与齐如山所撰原文存在个别文字的讹误,如在"余收此"后误增一"书"字,还将"表背胡同"擅改为"裱褙胡同"[16]293。此等错讹看似无碍,却终究令人遗憾。就以后者为例,此地虽然自1937年至今始终被称为"东、西裱褙胡同",但在明朝时曾被称为"表背胡同"[17],齐氏所书或为旧时称谓,或为谐音简写,已成为其文字表述的习惯方式,在《警寤钟》和《生花梦》的题跋中亦如此体现,并无依今称而更正的必要。对于古籍题跋在传播过程中的可靠性问题,最为理想的解决方式当数通过海外古籍再生性保护来实现,包括古籍数字化、影印出版、缩微复制等方式,力争将古籍的书影原貌展现在读者面前,这

---

① 北京大学图书馆藏《吕祖全传》六卷(含《吕祖全传》二卷、《证道碎事》四卷),清汪象旭编,清咸丰九年上海宝贤堂刻本。四册一函。索书号为MX/221.4/3124。

对撰写者而言也是极大的尊重。

三、哈佛燕京图书馆藏齐如山旧籍回归

1948年,齐如山携带部分小说、戏曲藏书赴台,将其悉心保存于台北寓所,后迫于生计,将藏书全部售予美国哈佛大学汉和图书馆(今哈佛燕京图书馆)。半个多世纪以来,由于这批珍贵的文献流失海外,学者们很难加以有效研究利用。为响应国家海外古籍回归计划,加快海外珍籍的再生性保护,国家图书馆出版社与哈佛燕京图书馆签署了五年合作计划,促进中华古籍再生性回归。

2010年,中国国家图书馆与哈佛燕京图书馆达成合作意向,哈佛燕京图书馆将收藏的全部齐如山旧籍的电子文件交与国家图书馆出版社进行整理、撰写提要等工作。2011年,中华人民共和国新闻出版总署(现为国家新闻出版广电总局)全国古籍整理出版规划领导小组确定《哈佛燕京图书馆藏齐如山小说戏曲文献汇刊》为2011年度古籍整理出版资助项目。同年12月,全国哲学社会科学工作办公室重大项目成果"海外藏珍稀戏曲俗曲文献汇萃与研究"(11&ZD108)子课题之一《哈佛燕京图书馆藏齐如山珍藏戏曲小说文献汇刊》由国家图书馆出版社影印出版。2012年9月18日,经中国出版协会古籍工作委员会评选,该书荣获2011年度"全国优秀古籍图书奖"二等奖。

(一)古籍数字化回归

2009年,中国国家图书馆与哈佛燕京图书馆正式签署善本古籍开发合作项目,双方的具体分工为"由国家图书馆负责提供资金、技术支持,承担数据质量控制工作,哈佛大学图书馆负责提供技术设备并承担中文善本古籍的数字化、元数据制作和数据传递工作"[18]。2010年9月8日,美国哈佛大学哈佛学院图书馆馆长柯南希(Nancy M. Cline)与时任中国国家图书馆馆长周和平共同启动"哈佛大学哈佛燕京图书馆藏中文善本特藏资源库"网站,首批正式上线包括齐如山专藏在内的中文古籍善本204种。在长达六年的合作时间里,中美两家图书馆不断加快海外古籍的数字化进程,目前该项目已全部完成,实现了读者通过浏览图书馆网站来检索、查阅哈佛燕京图书馆中文善本特藏古籍数字化资源的功能,促成齐如山藏书以再生性保护的方式回归祖国。

以查阅齐如山藏书为例,目前可通过哈佛燕京图书馆网站"中国研究资料库"(Research Guide for Chinese Studies)①中的"齐如山藏书",或中国国家图书馆

---

① 网址:https://guides.library.harvard.edu/Chinese。

网站中的"哈佛大学哈佛燕京图书馆善本特藏资源库"①，检索到相关古籍的数字化信息（中英文对照），包括书名、著者、版本信息、载体形态及附注（残存情况、题跋信息等）等内容，同时读者还能在线阅览古籍的全部数字化书影，图片影像清晰度和色彩还原度均较高。此外，网站还提供单页书影的图片下载服务。

综上所述，古籍数字化手段在古籍传播与保护领域发挥着重大作用。首先，古籍数字化项目加强了海内外图书馆之间的学术交流与合作，让更多的馆藏书籍成为全人类共享的文化资源，同时为海外古籍再生性回归提供了平台；其次，通过古籍数字化手段，相对延长了古籍的使用寿命，而不断更新的数字化技术还为古籍再生性保护提供了源源不断的技术支持；最后，古籍数字化成果为全球读者在学习与研究方面提供了诸多便捷的阅读条件，成为人们了解古籍遗产、增强保护文化遗产意识的窗口。

（二）古籍影印出版回归

2011年，哈佛燕京图书馆和国家图书馆出版社联合编写的《哈佛燕京图书馆藏齐如山小说戏曲文献汇刊》[19]由国家图书馆出版社正式影印出版，该书也是"哈佛燕京图书馆文献丛刊第六种"，收录了哈佛燕京图书馆中齐如山藏小说戏曲文献计72种，以原貌影印的方式出版发行。每部古籍前撰写提要，在第一册中还辑录了吴晓铃所作《哈佛大学所藏高阳齐氏百舍斋善本小说跋尾》一文，便于读者对所录古籍的内容及价值进行把握。现就该书的各部分特点及作用略作说明。

1.序言部分

《哈佛燕京图书馆藏齐如山小说戏曲文献汇刊》于第一册附两篇序言。第一篇为本书原序，编者不仅梳理了哈佛燕京图书馆历史沿革、馆藏情况，更突出介绍了齐如山的藏书历程、馆藏齐氏旧籍的价值及本书出版的特色，向读者全面展示了这批藏书的存藏面貌，并起到了出版说明的作用。第二篇为辑录《哈佛大学所藏高阳齐氏百舍斋善本小说跋尾》一文。作为我国著名古典文学研究专家，吴晓铃在辑录这批藏书的齐如山题跋的同时，还撰写了诸多按语，对古籍的版本、收录等情况进行考证。此篇是对齐如山藏书进行专项研究的开拓之作，具有较高的学术价值。

2.目录部分

《哈佛燕京图书馆藏齐如山小说戏曲文献汇刊》共出版51册，编者按照文献

---

① 网址：http://mylib.nlc.cn/web/guest/hafoyanjing。

类别将藏书分为小说、戏曲和曲论三类,每册又依据书名笔画进行排序,形成了小说30册、戏曲20册及曲论1册的规模。在每册目录中,将收录的古籍分卷(回)单独列出,图书封面也同样标注该册所录书名,依类分册,目次清晰,在推动古籍影印出版走向规范化的同时,有助于读者高效地检索到所需的古籍文献。

3. 提要部分

在《哈佛燕京图书馆藏齐如山小说戏曲文献汇刊》所录的每部古籍文献前,编者都撰写了简明的提要。其中如《人中画》《拍案惊奇》等14部藏书提要为中国国家图书馆李坚女士新撰写,其余提要参考沈津先生《美国哈佛大学哈佛燕京图书馆藏中文善本书志》中的内容编撰。提要内容主要著录了相关古籍的基本信息(行款、版式、尺寸、钤印等),同时还对作者生平、作品情节、版本源流、存藏情况进行考证或说明,为读者提供了阅读影印古籍的指南;提要对古籍的版本情况做的详细记载,有利于考镜源流,为古籍整理、书目研究提供方便。

4. 书影部分

本书采取原貌影印的方式,真实还原了齐氏旧藏的原有信息。通过阅览书影部分,可以概括出以下特点:其一,对原书存在的个别白页及题跋夹条全部影印;其二,排印过程未因成本而改变原书底本的形制,依旧采用原版形制影印,完整展现了原书的版心文字、版框、黑(白)口、鱼尾等信息;其三,通过与哈佛燕京图书馆数字化书影做对比,本书在处理书影图片时并未改变原图像的长宽比例,实现了古籍影印"不失真"的出版目的。

四、回归文献的研究价值举例

随着海外古籍再生性回归工作的深入开展,哈佛燕京图书馆中齐如山藏书已通过多种再生性保护手段呈现在社会公众面前。曾经由于地域、权限等问题而遭受阻碍的学术研究也得以高效开展。其中,借助古籍文献的图像来解决某些学界长期存在分歧或悬而未决的问题,已成为当务之急。笔者试举两例予以考证。

(一)哈佛燕京图书馆入藏齐氏旧籍时间考证

齐如山于1948年12月27日抵达中国台湾,随后定居台北。在离开大陆时,其随身仅携带部分小说、戏曲藏书,这批古籍最终入藏哈佛燕京图书馆。而关于入藏的具体时间,目前在学者们的相关著述中有所差异(见表1)。主要存在两种说法:其一,1953年,齐如山将藏书售予哈佛燕京图书馆;其二,齐如山逝世(1962年)后,由其后人将藏书售予哈佛燕京图书馆。学者们无疑都认同齐氏藏书被质卖资用的事实,但在售出时间、售出者的记述上有明显区别,这对于研究齐如山藏书的聚散情况会产生一定的阻碍。

表1 哈佛燕京图书馆齐如山藏书入藏时间统计表

信息来源	时间	具体表述	学者
说法一	1953年	"1953年,齐氏所藏之戏曲小说价让哈佛燕京图书馆,也算是有了一个很好的归宿。"[9]203	沈津
	齐如山来台后	"来台后,经济状况,一直不算充裕——前面所谈由北京带来的那一批珍本书籍,后经友人介绍,卖到国外,如非不得已,齐是不肯这样做的。"[20]	张大夏
说法二	1962年后	"齐氏于1962年在台北病逝,其后人即将其收藏的部分戏曲小说善本72部卖给了哈佛燕京图书馆。"[21]	卢伟
	20世纪60年代中期	"还有就是60年代中期从台湾齐如山处购得其珍藏的部分戏曲小说,其中有不少明刻善本。"[22]	朱国宏

针对各种不同说法,亟须通过第一手史料加以澄清。笔者在查阅《哈佛燕京图书馆藏齐如山小说戏曲文献汇刊》中的书影后,发现哈佛燕京图书馆在入藏这批齐氏旧籍时都钤有馆藏章,除钤盖"哈佛大学汉和图书馆珍藏印"外,还有一枚带有日期的印章,印文为"CHINESE-JAPANESE LIBRARY/HARVARD-YENCHING INSTITUTE/AT HARVARD UNIVERSITY/DEC 9 1953"(图3)。这枚馆藏章准确地反映出齐如山旧籍入藏哈佛燕京图书馆的日期,即1953年12月9日,亦证明齐如山在世时将藏书售予哈佛燕京图书馆的说法是可靠的。

图3 哈佛燕京图书馆钤印在齐如山藏书上的馆藏章

(二)关于齐氏旧籍中佚名题跋的考证

哈佛燕京图书馆藏齐如山旧籍中有清初刻本《新采奇闻小说全编万斛泉》十二回,此书又名《女开科传》《万斛泉逸史》《虎丘花案逸史》等。此本存有两篇题跋,第一篇署名为齐如山,1944年撰于百舍斋,题跋附于第一回文末;第二篇撰写者未署名,题跋另纸夹在书页中(图4)。现将题跋辑录如下:

齐如山跋云:

> 此书宗旨似借题发挥,各种社会几尽被讥讽,故每回起首皆有论文,且议论多而实事少,在小说中可谓别辟蹊径。中间五、六两回,虽回次缺少,而文字却联贯,当是书成后,有所避忌而删去者。书极难得。此本图字体刊

刻，皆甚精工，洵堪宝贵。中间缺少二页，无法钞补。《中国通俗小说书目》云，满铁图书馆藏有一部，系名山聚刊本，插图六页，记绘工、刻工曰：古越马云生写、黄顺吉刻。正文半页八行，行十八字，板心下题花案奇闻，岐山左臣编次，首有江表蠡庵引云云。以上情形与此本尽同，但彼名《女开科》，此《万斛泉》，又题为“虎邱花案逸史”及“江左蠡庵参订”等等字样，皆为彼本所无。彼本内容如何，余未见。以余揣之，倘内容果同，则或系彼翻刻此本，因此本绘画、刻工皆极精致自然，绝无摹刻痕迹也。民国三十三年十二月三十一日，齐如山识，时年六十又八。避难家居未出门者七载有余，独坐无聊，偶书此遣闷意，明年一年中，定有人来解放我了。

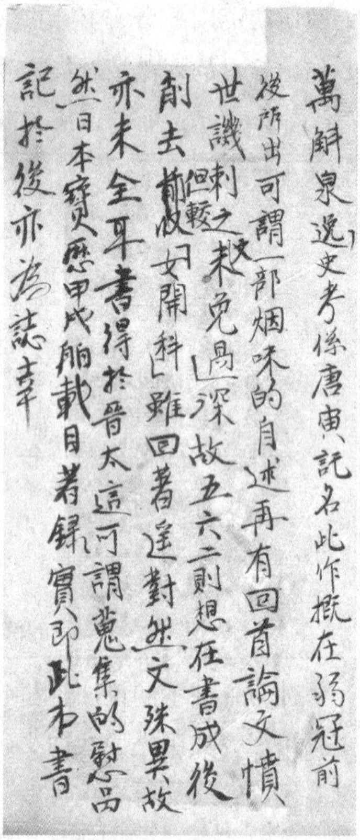
萬斛泉逸史考係唐寅託名此作概在弱冠前
後所出可謂一部烟味的自述再有回首論文憤
世譏刺之文未免過深故五六二則想在書成後
削去但較女開科雖回著遙對然文殊異故
亦未全耳書得於晉太這可謂蒐集的慰品
然日本寶歷甲戌舶載目著錄實即此本書
記於後亦為誌幸

图 4 《新采奇闻小说全编万斛泉》佚名题跋

佚名跋云：

《万斛泉逸史》，考系唐寅托名此作，概在弱冠前后所出，可谓一部烟味的自述。再有回首论文愤世讥刺之文，未免过深，故五、六二则，想在书成后削去，但较《女开科》虽回著遥对，然文殊异，故亦未全耳。书得于晋太，这可谓搜集的慰品，然日本宝历甲戌《舶载目》著录，实即此本。书记于后，亦为志幸。

吴晓铃先生在《哈佛大学所藏高阳齐氏百舍斋善本小说跋尾》一文辑录《万斛泉》题跋时，独采佚名题跋以著述，并附按语云：“跋文系另纸夹叶，文字有错简及难通处，疑是齐氏草稿，尚未遑润色誊正者。”[16]300这说明吴氏仅见佚名题跋而未见齐如山署名题跋，认定佚名题跋的作者即为齐如山。其后，沈津先生指出，此跋吴晓铃《哈佛大学所藏高阳齐氏百舍斋善本小说跋尾》“误为齐如山跋”[7]238。可见，对于此篇佚名题跋的作者情况，即是否亦为齐如山撰，两位学者存在明显分歧。而对此问题进行考证的前提，则是通过找到更多齐如山关于《万斛泉》一书的评语进行综合比较。

如今，笔者在查阅《哈佛燕京图书馆藏齐如山小说戏曲文献汇刊》中的题跋书影后，已获得三份材料：其一为佚名题跋，其二为齐如山撰题跋，其三为《小说勾陈》中的记载。言及三者的关系，有学者指出，"这些题跋是齐如山撰写《小说勾陈》前的草稿，是他较为早期的看法，日后有所修改或补充"[23]。对于《万斛泉》一书，《小说勾陈》中有如此表述："清无名氏撰，题'虎丘花案逸史'，著'岐山左臣编次''蠹庵居士批评'，或云系唐寅弱冠时所作"①。作为齐如山成熟观点的体现，《小说勾陈》中"或云系唐寅弱冠时所作"一句显然为作者客观的分析，此论断的来源则应与佚名题跋中"考系唐寅托名此作，概在弱冠前后所出"一句有关，而"或云"一词说明此观点实为齐氏由他处得来，并非其本人观点，故其在署名题跋中未提及此说。再观佚名题跋与署名题跋，二者在内容上存在某些一致性，如都谈到"讥讽社会"的小说主题及五、六两回中间被删去的情况等，但后者论述还涉及刊刻技艺、版本鉴定等内容，更为丰富、具体。由此看来，佚名题跋并非齐如山所撰，此文应在齐氏藏书之前已存在，齐如山在通过署名题跋论述其个人观点的同时，亦借鉴佚名题跋中的言辞，最终形成《小说勾陈》中的完整论述。

五、结语

作为一位藏书家，齐如山不但大量购藏小说、戏曲等类别的古籍文献，而且在藏书过程中形成了十分合理的藏书、护书思想，这些都在他对稀见、珍善之本的渴求及撰写藏书题跋的行为中得到了体现。虽然齐如山藏书流散于海外对于我国文化遗产的留存是一种损失，但是随着我国古籍再生性保护工作的深入开展，哈佛燕京图书馆藏齐氏旧籍已通过古籍数字化和古籍影印出版等方式回归祖国，此举在促成国人了解齐如山藏书行为、考察齐如山藏书在海外保存情况的同时，亦实现以飨学人的目的。近年来，学者们利用这批回归文献进行的学术研究日益增多，齐如山的藏书实践亦备受瞩目，凸显了海外古籍再生性回归的价值。

（黎冬瑶，天津师范大学历史文化学院硕士研究生）

参考文献：

[1] 程焕文.裘开明年谱[M].桂林：广西师范大学出版社，2008：560.
[2] 江苏省社会科学院明清小说研究中心.中国通俗小学总目提要[M].北京：中国文联出版公司，1990：591.
[3] 续修四库全书总目提要编纂委员会.续修四库全书总目提要：集部[M].上海：上海古籍出版

---

① 原文引自稿本《小说勾陈》，现收藏于中华书局，第31页。

[4]中国古籍善本书目编辑委员会.中国古籍善本书目[M].上海:上海古籍出版社,1989-1998.

[5]《古本小说集成》编委会.古本小说集成[M].上海:上海古籍出版社,2017.

[6]刘世德,陈庆浩,石昌渝.古本小说丛刊[M].北京:中华书局,1991.

[7]沈津.齐如山藏小说五种[M]//沈津.书林物语.上海:上海辞书出版社,2011.

[8]周红.我国图书馆所藏稀见古籍出版现状分析与评价[J].科技情报开发与经济,2014,24(6):3-6.

[9]沈津.书丛老蠹鱼[M].北京:中华书局,2011.

[10]中国古籍善本书目编辑委员会.中国古籍善本书目:集部下[M].上海:上海古籍出版社,1998:2119.

[11]《古本戏曲丛刊》编辑委员会.古本戏曲丛刊二集[M].北京:国家图书馆出版社,2016.

[12]敷文社.最近官绅履历汇编[M].台北:文海出版社,1970:8.

[13]励双杰.鸣晦庐主人王孝慈家世考[J].图书馆研究与工作,2013(1):66-69.

[14]冯先思,梁健康.《鸣晦庐藏曲略目》笺注[J].戏曲与俗文学研究,2018(1):250-305.

[15]石昌渝.中国古代小说总目:白话卷[M].太原:山西教育出版社,2004:223.

[16]吴晓铃.哈佛大学所藏高阳齐氏百舍斋善本小说跋尾[M]//明清小说论丛:第一辑.沈阳:春风文艺出版社,1984.

[17]徐苹芳.明清北京城图[M].北京:地图出版社,1986:29.

[18]吴寒.从哈佛燕京善本到"天下公器"[N].中国艺术报,2017-08-18(8).

[19]哈佛燕京图书馆,中国国家图书馆.哈佛燕京图书馆藏齐如山小说戏曲文献汇刊[M].北京:国家图书馆出版社,2011.

[20]张大夏.我所知道的齐如山先生[J].文艺复兴月刊,1975(68).

[21]卢伟.美国图书馆藏宋元版汉籍研究[M].北京:北京大学出版社,2013:9.

[22]朱国宏.哈佛帝国[M].上海:上海人民出版社,2002:172.

[23]罗景文.齐如山《小说勾陈》研究[D].台南:成功大学,2007:40.

编后记

王振良

国家古籍保护中心主办的《古籍保护研究》，改由天津师范大学古籍保护研究院承办之后，已经连续推出第四辑和第五辑，社会反响十分积极。编辑部再接再厉，完成了第六辑的编辑工作。本辑共刊出稿件 20 篇，分别纳入 10 个栏目。

"古籍保护综述"栏目刊文 4 篇。国家古籍保护中心办公室《2019 年"中华古籍保护计划"实施情况综述》，回顾了 2019 年国家古籍保护中心和各省级古籍保护中心按照《"十三五"时期全国古籍保护工作规划》要求，推进古籍保护工作不断深入，全年坚持保护与利用并重，在古籍普查、名录评审、人才培养、数字化、保护修复、整理出版和开发利用、古籍保护工作宣传等方面都有着较大的进展，"中华古籍保护计划"取得一系列重要成果。安平、陈怡爽、赵洪雅《2019 年"中华古籍保护计划"宣传工作综述》在量化 2019 年宣传报道数据基础上，分析了"中华古籍保护计划"的活动策划和宣传策略，为新时代古籍保护事业的推广提供了建设性思路。赵文友《基于开放共享理念的古籍数字资源服务——以"中华古籍保护计划"为中心》在"中华古籍保护计划"框架下，基于文献开放共享理念，介绍了国家古籍保护中心开展古籍数字资源发布共享实践并带动全国古籍收藏单位资源发布共享的情况，指出古籍资源共享面临着总体数量不高、服务意识较弱、跨系统资源共享困难、缺乏统一检索利用平台等问题。这为古籍数字资源发布共享的进一步推进指明了方向。黄金东《民族高校图书馆古籍保护工作机制探索》,基于文献调研与中央民族大学图书馆的古籍收藏和保护实践,指出了民族高校图书馆古籍保护工作中存在的问题,探讨了可持续性发展的工作机制,同时提出切实可行的解决建议。

"普查与编目"栏目刊文3篇。洪琰《全国古籍普查登记工作收尾及发展方向》介绍了全国古籍普查登记工作现状和《古籍普查登记工作报告》编制进展,指出今后普查编目将向两个维度延伸:一是普查对象向少数民族文字古籍、碑帖等其他类型古籍以及宗教系统收藏的古籍延伸;二是在完成全国古籍普查登记基础上,对基础数据进行分类编排,编纂出版各古籍收藏单位分类目录及提要等。李理、姚小燕《"国际视野下的图书馆古籍编目"高级研修班综述》记述了这次研修班情况,9位业界专家围绕"古籍编目与书志撰写""国内外文献编目发展""特种文献编目"等主题集中授课,同时结合现场考察、分组研讨等教学形式,以培养具有国际视野的古籍编目人才,同时也为古籍编目高端人才培养、古籍编目标准化进程、完善古籍编目学科建设等提供了建设性思路。鲍国强《中国古籍编目标准化工作的回顾与展望》综论了20世纪90年代以来,古籍编目工作遇到的电脑和互联网编目、元数据等数据格式与RDA编目规则出现、文献共享、数字化、"中华古籍保护计划"等新机遇和新问题,指出今后古籍编目标准化工作应该包括《资源描述》修订版、指印标识号、提要、书志、分类法、主题法、元数据和RDA应用以及相应的研究与推广等,具有相当的学术高度和前瞻性。

"保藏与修复"栏目刊文4篇。庄秀芬、杨照坤《古籍修复技艺的传承与发展综述》从2008年"装裱修复技艺(古籍修复技艺)"被列入国家级非物质文化遗产保护项目和2013年国家图书馆"国家级古籍修复技艺传习中心"挂牌谈起,分三方面讨论了古籍修复技艺在全国的传承保护情况:一是依托培训基地举办短期培训班,在古籍保护从业人员中传承修复技艺;二是依托高等院校,让传统技艺进入正规学校教育;三是依托传习所,师带徒技艺传承成效显著。最后还提出建立古籍修复技艺非遗传承长效机制的四点设想,以及古籍修复技艺传承中的困难等。吕淑贤《中国古籍纸张老化特性研究》以五种具有代表性的古籍写印用纸为主要样品,以干热老化、湿热老化和紫外老化三种不同方式进行模拟实验,分别从光学性质、力学强度、化学性质、聚合度、结晶度、化学结构及微观形貌等层面开展检测分析,探讨各种纸张的老化特性及温度、湿度、光照等因素对古籍老化的作用机理。此项研究对古籍保护技术的完善和深化具有重要意义。杨敏仙、张庆尧《藏文古籍修复的探索与实践——以纳格拉藏经的修复为例》指出,藏文古籍修复虽遵循普遍性原则,但因纸质和装帧等特殊性,其修复技术和手法仍有别于汉文古籍。文章以纳格拉藏经修复为例，认为人工纸浆补书法是古籍修复技法的创新，与普通传统技法相比具有优点，值得推广。邱晓刚、邱敏《论宋代蝴蝶装的两种改装形式》探讨了在宋代蝴蝶装基础上经改革与创新演变而来的"黄装"与"蝴蝶装金镶玉"。文章通过分析张士达摘抄黄丕烈题跋的札记，发现张氏创制的"蝴蝶装金镶玉"修复理念与黄丕烈一脉相承，但与"黄装"相比做了大胆的革新与改进。

"再生与传播"栏目刊文2篇。田晨、周余姣《试论古籍的"传承性保护"——以甘肃省博物馆为例》通过对"全国重点古籍保护单位"名录中博物馆数量及"全国古籍普查登记基本数据库"中博物馆馆藏古籍数据的分析，介绍了博物馆系统的古籍保护现状，指出"传承性保护"是其未来发展方向。文章以甘肃省博物馆为例，建议加强古籍"原生性保护"和"再生性保护"的同时，积极探索古籍展览、文化传承体验活动、古籍文创开发等多种形式，推进中华古籍的传播与利用。罗彧《"古籍"名称英译刍议》指出，中国古籍既是中华文化厚重记忆的载体，又是研究中国历史文化的重要依据。由于各种历史原因，中国古籍分散存藏于世界各地，成为中国文化参与国际交流传播的重要元素。然而学界对"古籍"的英译名称尚未统一，不利于对中国古籍的研究、保护和利用，也给学人在国际舞台上交流造成障碍。因此，准确定义中国古籍的内涵，辨析"古籍"的多种译法，进而找到准确的"古籍"英译名称十分重要。

"版本与鉴定"栏目刊文2篇。凌一鸣《五台徐氏批校抄本〈敦艮斋时文〉考述》考察了天津师范大学图书馆所藏《敦艮斋时文》清抄本的作者、版本、批校等，认为此书对研究作者徐润第生平学术、五台徐氏家族历史、清代时文、科举等都颇具意义。文章还辑录了该书的批校者——晚清著名学者徐继畬的珍稀文字，对研究徐氏的思想学术亦有参考价值。翟新明《国家图书馆古籍著录订误一则——兼及〈室名别号索引〉失收二例》，探讨了国家图书馆所藏吴氏式古训斋抄本《七录》的抄录时代，纠正了既往著录中的失误。这虽是个不大的问题，但面对浩如烟海的中华古籍，必须不断累积这类微观研究案例，推进古籍著录信息日趋完善。

"人才与培养"栏目刊文1篇。沈津《鉴往知来 作育英才——谈古籍版本鉴定人才的培养》，是作者接受《古籍保护研究》编辑周余姣访谈的文字，其中提到的前辈版本目录学家对青年人才培养所做贡献、版本鉴定人才培养的三要件（志向、名师、实践）、版本鉴定人才的基本功和学术修养等，均能促进学界对古籍保护人才培养问题的思考。

"历史与人物"栏目刊文1篇。李勇慧、马晓钰《藏书楼文化在中国文化传承中的历史地位——以天一阁、文澜阁、遐园为中心的调查》以天一阁、文澜阁、遐园作为私人藏书楼、皇室藏书楼、公共图书馆的代表,并以遐园为中心,从藏书楼命名由来、书楼形制、建筑布局、配套设施、管理制度、收藏特色、保存现状等七个方面,论述了藏书楼对于中华文化载体的保护和传承意义。

"名家谈古籍"栏目刊文1篇。李国庆《发明于清代的活字泥版和锡活字印书技术略述》指出,活字泥版技术和锡活字铸造技术均为中国古代特殊印刷技术,在文献中可以找到相关记载,而且有实物证据留存。文章通过对文献与实物的分析,梳理出两种技术独特的工序,认为它们既有相通之处,又有明显差异。这种具体而微的比较研究,使两种技术各自的优势、价值与意义体现得清晰明了,有利于深化对古籍印刷技术的认识。

"书评与书话"栏目刊文1篇。陈东辉《〈陆心源全集〉前言》谈的主要是晚清藏书家陆心源的《潜园总集》。《潜园总集》收录陆氏著述十七种,内容广泛充实。本文除了概述《潜园总集》内容,对其学术价值和不足之处也做了更为充分的论说,最后还重点观照了学界众说纷纭的"皕宋楼事件"。

"研究生园地"栏目刊文1篇。黎冬瑶《略论哈佛燕京图书馆齐如山藏书的再生性回归及价值》缕述了美国哈佛燕京图书馆所藏齐如山旧籍的再生性回归过程,明确了齐氏作为藏书家的文化地位。文章考察了这些旧籍入藏哈佛燕京图书馆的时间,并对藏书的文献价值、题跋的学术价值等进行了初步探讨。虽然学术深度还可强化,但条分缕析的论述仍显示了新生代学人的锐气。

《古籍保护研究》的整体质量在提高,作为编辑,我们欣幸的同时,更大的压力却随之而来。第四和第五两辑出版之后,编委会和编辑部从不同渠道,接到诸多赞誉和鼓励的信息,我们只能将其化作约稿和编稿的动力,以此来回报关心《古籍保护研究》的读者和学人。最后仍要感谢顾问、编委、作者的支持理解,感谢大象出版社编校人员的辛勤付出,一如既往地感谢!

2020 年 8 月 25 日

征稿启事

《古籍保护研究》集刊的编辑出版,旨在推行"中华古籍保护计划",为古籍保护工作者搭建一个古籍保护工作与研究成果的交流平台,广泛宣传古籍保护工作的重要意义,总结先进工作经验,及时发表古籍保护研究成果,推进古籍保护工作与学科建设向纵深发展。

本刊由国家古籍保护中心主办,自2015年底到2018年底共出版三辑。自2019年第四辑起,由国家古籍保护中心主办、天津师范大学古籍保护研究院承办,定为每半年一辑,一年两辑,分别于每年3月31日、9月30日前由大象出版社出版,每辑约25万字。

本刊设定栏目为"古籍保护综述、探索与交流、普查与编目、保藏与修复、再生与传播、收藏与整理、版本与鉴定、人才与培养、历史与人物、名家谈古籍、书评与书话、研究生园地"等。敬希广大古籍保护工作者、专家学者及古籍爱好者垂注并赐稿。

一、稿件要求

1.稿件必须为原创,要求观点明确,层次清楚,结构严谨,文风朴实。

2.篇幅一般在1万字以内,有关古籍保护方面的重要工作综述、重要研究成果和特邀稿件不受此限。

3.论文层级一般为三级,采用"一、(一)、1"的形式。文章结构为:文章标题(请附英文标题)、作者姓名、摘要(100~300字)、关键词(3~5个,用分号间隔)、正文、参考文献、作者介绍。

4.文章标题用三号宋体加黑,居左;作者姓名用小四号仿宋,居左;摘要、关键词用楷体,居左。正文用五号宋体,1.5倍行距;小标题加黑,居左空2格。

5.参考文献列于文后,请按《信息与文献　参考文献著录规则》(GB/T 7714—2015)要求标注。

6.注释采用页下注的形式,每页重新编号,均用圈码(①②③……)表示。

7.所有来稿请提供作者基本信息,包括姓名、工作单位、职称或职务、联系地址、邮政编码、电子邮箱、电话号码。

二、投稿事宜

1.请将稿件发至 gjbhyj2018@163.com,邮件主题注明"《古籍保护研究》投稿"字样。

2.编辑部于收到稿件后 60 日内回复处理意见。

3.来稿一经刊用,即按本刊标准支付稿酬,出版后另寄赠样书 2 册。

三、联系方式

联系人:周余姣　凌一鸣

电话:022-23767301

邮箱:gjbhyj2018@163.com

地址:天津市西青区宾水西道 393 号

　　　天津师范大学古籍保护研究院

邮编:300387

《古籍保护研究》编辑部

2020 年 8 月 30 日